理解全球媒介

跨文化传播译丛

浙江大学"985"三期创新平台"浙江省一流学科计划——新闻传播学"资助出版教育部哲学社会科学研究重大课题攻关项目《国际传播的理论、现状和发展趋势研究》（项目编号09ZJD0010)

启真馆 出品

跨文化传播译丛

Terry Flew

UNDERSTANDING GLOBAL MEDIA

理解全球媒介

[澳] 泰瑞·弗卢 著

李 欣 译

ZHEJIANG UNIVERSITY PRESS
浙江大学出版社

图书在版编目（CIP）数据

理解全球媒介 /（澳）泰瑞·弗卢著；李欣译 . —
杭州：浙江大学出版社，2017.12
（跨文化传播译丛）
书名原文：Understanding Global Media
ISBN 978-7-308-17094-9

Ⅰ . ①理… Ⅱ . ①泰… ②李… Ⅲ . ①传播媒介—研
究—世界 Ⅳ . ① G219.1

中国版本图书馆 CIP 数据核字（2017）第 162625 号

理解全球媒介
[澳] 泰瑞·弗卢 著 李欣 译

责任编辑	王志毅
文字编辑	何啸锋
装帧设计	王小阳
出版发行	浙江大学出版社
	（杭州天目山路148号 邮政编码310007）
	（网址：http://www.zjupress.com）
制　作	北京大观世纪文化传媒有限公司
印　刷	北京中科印刷有限公司
开　本	710mm×1000mm　1/16
印　张	18
字　数	242 千
版 印 次	2018 年 1 月第 1 版　2018 年 1 月第 1 次印刷
书　号	ISBN 978-7-308-17094-9
定　价	56.00 元

总　序

　　1648 年以前的世界，不过是一个个隔离的孤岛，虽然出现过古埃及、美索不达米亚、古印度及中国等四大古代文明体系，但这几大文明基本上只有地域性影响力，全球性秩序还没有成为表征那个时代的重要概念。欧洲三十年战争后签订的《威斯特伐利亚和约》，把王权和神权的边界确定下来，承认国家主权不可随意被剥夺，欧洲文明开始了全球性扩张，主权国家的概念也影响到世界格局的确立，全球性秩序逐渐成为一个很重要的概念。

　　近几百年来，一直是欧洲文明主导着世界秩序。不过海湾战争后，特别是苏联和东欧的解体、两极格局的结束变成了美国一家独大的世界格局，这个阶段世界秩序出现了一个新的特征，那就是人权、民主等普世原则等成为超越主权的新的游戏规则，成为美国强势在全球施展影响力的主要工具。当然，最近俄罗斯在乌克兰的动作多少从美国制定的游戏规则和美国近几年单方面行动的作为中获得了一些灵感。尽管第 68 届联合国大会 2014 年 3 月 27 日投票通过有关乌克兰问题的决议，申明对乌克兰主权和领土完整的承诺，同时敦促各方通过直接政治对话和平解决乌克兰危机，但俄罗斯置联合国决议不顾的可能性会比较大。因为根据《联合国宪章》，联合国大会决议与联合国安理会决议有所不同：前者具有政治影响力，但没有法律约束力；后者具有强制性，相关国家必须接受并履行。

　　尽管金砖国家在迅速崛起，但当今的世界格局，仍然是美国一家独大。美国除了军事和外交方面的强势影响外，美国还借助其先进的传播交流技术（尤其是交通与传媒技术）的飞速发展，主宰着全球的经济、消费与文化的全球化进程。至少到目前为止，我们可以认为，无论是国际分工、国际贸易体系、国际金融都存在严重的不平等现象，美国主导的经济、文化与政治游戏规则成为这个世界的不二法则。

网络社会的兴起、跨境物质的流动、全球各地区间人类生活方式的互相连接使得"社会"这一概念发生了巨大变化。符号和人都很复杂、易变，产生了一种由"社会化"到"信息""传播"的转变。[1]安娜贝拉·斯瑞伯尼（Annabelle Sreberny，2000）曾指出，"当代修辞学主张，我们生活在一个单一的世界里，在其中，事件与空间均已消亡，距离的体验已不复存在"[2]。诚然，随着海底电缆、卫星电视、移动电话以及互联网的出现，国际电信使得时空逐渐消亡，让全世界的人际关系获得自身的即刻性和内在性。全球信息传播重新界定了全球和地方的物理界限，厘定了时间的线性进程，这些都不再虚幻。[3]

新兴的媒介技术和通信手段，尤其是因特网，让人们产生了错觉，以为重构时间与空间是 20 世纪 90 年代的现象。麦克卢汉观察到，空间消亡而时间成为关注的中心是电子时代的决定性结果。但事实上，传播权力并没有因为传媒技术的进步发生根本性的改变，不少学者的研究便表明，全球数字鸿沟仍然存在，在线信息往往以欧美国家为中心，国家信息流，仍然是从发达国家流向非发达国家，发达国家（尤其是美国）生产的文化产品、娱乐产品，仍然主导着全球文化消费市场。但正因为美国的强势地位，让许多人开始反思"西方是最好的"这一观点存在的问题，包括法国、日本在内的发达国家，更包括中国、俄罗斯、印度、南非等金砖大国，重新评估自己传统文化的价值和意义，一股去西

1　Lash, S., Urry J., *Economies of Sign and Space*, London:Sage,1994; Castells, Mannel, *The Rise of the Network Society*, Oxford: Blackwel,1996.

2　Sreberny, Annabelle, "The Global and the Local in International Communications", In James Curran and Michael Gurevitch, eds., *Mass Media and Society,* 3rd edition（93-119）. London: Arnold,2000.

3　Appadurai, A., *Modernity at Large: Cultural Dimensions of Globalization.* Mineapolis: University of Minnesota Press,1996; Bass, A., *Translator's introduction to J. Derrida. In Writing and difference*, ix-xx. Chicago: University of Chicago Press, 1978.

方化、"脱美"的风潮正席卷全球，"欧洲中心论"、"冲击—反应"、"传统与现代"等传统模式无不一再受到更广泛、更严厉的挑战。

与世界权力格局向东转移的同时，重建国际信息新秩序也得到自醒自觉民族和国家的普遍认同。问题是，世界权力的转移是否会导致新的国际冲突？世界和平的理想，是否能够从中国、印度这样的传统文明中获得新的营养？未来的国家实力，如何在硬实力与软实力之间找到一种良性的平衡？不同文明之间的冲突真的是世界潜在的规律？

笔者认为，影响世界和平最关键的因素是资源稀缺所导致的利益之争，但与此同时，那种"你们"与"我们"、"东方"与"西方"之类的二元思考框架，也影响着人们无法超越自我格局的思维定式。这种"你们"与"我们"、"西方"与"东方"的区隔，不仅表现在地缘政治、经济利益之中，也表现在意识形态和文化价值等方面。从"黄祸论"到"中国威胁论"、从亨廷顿的"文明冲突论"到布热津斯基的"全球权力危机论"、从福山的"历史的终结论"到保罗·肯尼迪的"美国的衰落论"，都能够发现"西方"与"非西方"、"我们"与"他们"的实质性区别。诚如保罗·柯文所言："美国人在处于逆境时，依然可能在感情的最深处不由自主地回到那种经过夸大的'我们'与'他们'的两分法思想中去，认为'我们'代表'文明'，'他们'则代表文明的对立面。"[1]这种思维定式以自我为中心，建构对于他者的想象，误解、误读与认知偏见在所难免。民族国家间、宗教信仰间，乃至思想观念与意识形态间之隔离与冲突盖与此有着密切勾连。在全球化时代，社会交往频度、广度和交往技术都较以往有着根本区别。因此笔者认为，人类社会唯有完善"与他人共在"的交往理性，超越"东"/"西"的二元思维定式，方能化解文明之冲突，建立起和平的世界交往秩序。[2]

历史上从来不乏智者对此进行深入的思考。芝加哥大学的谢尔登·波

---

[1] ［美］保罗·柯文：《在中国发现历史——中国中心观在美国的兴起》，林同奇译，北京：中华书局2002年版，第59页。

[2] 吴飞："与他人共在：超越'我们'/'你们'的二元思维"，载《新闻与传播研究》2013年第10期。

拉克（Sheldon Pollock）教授曾出版过一本专门论述世界主义精神的著作，名叫《世界主义》。在该书中，他专门讨论了印度的世界主义精神，以及这种精神与欧洲历史上出现的世界主义精神之间的差异。与世界主义对等的概念——"天下"，同样见之于中华文明。它的确隐含了"世界主义"的含义。"天下主义"与西方的"世界主义"尽管存在差异，但它仍可以看作是古希腊"世界主义"的对应词（杰拉德·德兰迪、郭忠华，2011）。[1]在西方，随着希腊城邦扩张到波斯，然后又到印度，四海为家的世界主义思想便自然而然萌生了。古希腊犬儒学派的代表人物第欧根尼声称"我是一个世界公民"，第一次清楚地表达出世界主义最初的理念之一就是追求个人自由。而智者学派的安提丰（Antiphoon）的雅典思想家就"以毫不含糊的词语断言，所有的人都是平等的，并谴责贵贱之分和希腊人野蛮人之分"，他的见解"表述了一种坚定的世界主义"。[2]之后斯多葛派的哲学家们认为，世界主义是一种普世观念，反映了人类成员间亲密而安全的关系，就其本身而言，它不是一种个人的自由行为。斯多葛派批评了古希腊人思想中将政治团体局限于城邦的倾向。芝诺（Zeno）认为，一个理想的世界城市应建立在一个囊括更广泛的人类社会成员的基础之上，他强调政治责任来源于强烈的主观情感。公民是宇宙整体的一部分，即国家应当是一个世界国家的想法，形成了罗马人和基督教思想的世界普救说的基本观点，给当代社会展现了一种超越我们现在所属的人类社会的景象。

1772 年，法国著名思想家让－雅克·卢梭在他的《关于波兰政府的思考》一书中，预见到了一个新时代的来临。在这个新时代里，再没有法国人、德国人、西班牙人和英国人之分，而只有一种人的存在——欧洲人。他们有共同的品味、一样的激情以及相同的生活方式。1784 年康德发表了《世界公民观点下的普遍历史观念》，宣称历史正在趋向于

1　[英] 杰拉德·德兰迪、郭忠华："'世界主义'共同体如何形成——关于重大社会变迁问题的对话"，载《学术月刊》2011 年第 7 期。

2　[德] E. 策勒尔：《古希腊哲学史纲》，翁绍军译，济南：山东人民出版社 1992 年版，第 97 页。

缔造一个世界主义共和政体的秩序，而这一秩序将取代由民族共和国组成的世界。1795年9月29日71岁的康德写下了著名的《永久和平论》一文[1]，在这篇文章中，他明确提出了法律层面上的世界主义（第一次明确地提出了世界主义宪法），开创了世界主义政治哲学，再次将世界主义推到学术前台。不过，尽管世界主义的思想无论在自由主义者还是在马克思主义者那里都可以找到知音，但在理论和实践上却很长时间处于停滞状态。

直到"冷战"之后，随着南非种族隔离制度的瓦解、信息技术革命、全球化和移民运动，以及各种全球性问题的出现、全球公民社会的壮大和全球治理的发展，世界主义的理念也得到广泛的复兴和发展。人们发现，国家不再是国际体系中的唯一行动者，尽管它仍然是最重要的行动者。相反，在处理全球公民社会的事务中，国家已越来越力不从心，各种跨国组织和国际协议（如联合国、世界贸易组织、APEC、G20、奥委会、绿色和平组织等）发挥着越来越大的作用。[2]尤其是在"9·11"事件之后，恐怖分子、买卖武器者、洗钱者、贩毒者、拐卖妇女儿童者和知识产权的现代抢夺者都是通过全球网络运作的。与此同时，各国政府官员——警方调查员、金融监管者，甚至法官和立法者——越来越在全球范围的网络上交换信息和协调行动以打击全球犯罪，解决共同的难题。[3]尽管正在形成的全球公民社会是否能组成一个世界之城仍不确定，但它的确为建立一种新的世界主义奠定了基础。

当然"世界主义"不过是众多关于国际新秩序思考的一种向度，其他诸如现实主义国际政治、文明冲突论、天下体系、依附理论、文化帝国主义、软实力论等，都各领风骚，在国际关系与全球传播中占有一席之地。

1　[德]康德：《永久和平论》，何兆武译，载于《历史理性批判文集》，北京：商务印书馆1990年版，第97—144页。

2　参见[英]罗兰·罗伯逊、[英]扬·阿特·肖尔特、王宁等主编：《全球化百科全书》，南京：译林出版社2011年版。

3　[美]斯劳特：《世界新秩序》，任晓等译，上海：复旦大学出版社2010年版，第1页。

近几年中国一直主张建立公正合理的国际政治经济新秩序，并明确提出和平共处五项原则是建立国际新秩序的基础。其基本内容是：各国政治上应相互尊重，共同协商，而不应把自己的意志强加于人；经济上应相互促进，共同发展，而不应造成贫富悬殊；文化上应相互借鉴，共同繁荣，而不应排斥其他民族的文化；安全上应相互信任，共同维护，树立互信、互利、平等和协作的新安全观，通过对话和合作解决争端，而不应诉诸武力或以武力相威胁。但这种新秩序的建立，注定是一个漫长的历史过程。

总之，进入21世纪以来，地球虽然还是那个世界地球，但全球秩序发生了一些重大的变化。全球化、新媒体技术、软实力、符号资本等成为传播学研究者最为关切的核心概念。而随着中国通过改革开放，经济上取得巨大发展，GDP超过日本，成为全球第二大经济实体，作为世界重要成员的国家身份认同变得异常强烈，中国领导人顺势提出了中国梦旗帜，积极参与国际事务，努力重构自己大国形象并谋求在世界格局中的有利地位。因此重构与自己实力相当的国家形象就变成当下最热闹的研究课题。但如何向世界说明中国，如何清晰地表达中国的和平发展理念，同时又如何向国人说明"中国梦"以求形成整合力量，仍然是相当复杂而艰难的工作。

为此，浙江大学传媒与国际文化学院组织翻译了这套丛书。这些著作从多个不同的角度，来分析全球传播与跨文化传播方面的理论与实践问题，对中国学界、政界，甚至是商业领域都有着重要的参考意义。丛书的译者，大多有较长时间的相关领域的研究和学习经历，数位译者在海外工作，这确保了翻译的质量有一定的保证。浙江大学出版社有一支优秀的出版编辑队伍，他们辛苦的劳动和认真细致的工作，使这套丛书得以顺利出版，特此致谢！

吴　飞

2014年3月28日

目　录

图表目录

图示

表格

案例研究

前　言

在与澳大利亚布里斯班昆士兰科技大学创意产业系的教师和学生工作时，我获得了写这本书的大量洞见。斯图亚特·坎宁安、约翰·哈特利、克丽斯蒂娜·斯珀吉翁、布拉德·哈斯曼、金娜·泰、剑努·包，阿谢尔·布伦斯、阿卜杜拉，蒂娜·林，在与他们的工作中，都增益了此书的很多观点。作为此书草稿的阅读者和许多思想的源泉，我要特别感谢迈克尔·基尼，他对于中国媒介和创意产业的研究在此书的关键议题形成中提供了大量的洞见。

我也要感谢克里斯蒂·利斯曼和卡勒姆·吉尔摩的研究对本书的贡献，斯蒂芬·唐纳德在悉尼科技大学的工作为本书提供了基础。伊丽莎白·杰卡、汤姆·欧里根、约翰·辛克莱和格蕾姆·特纳等人在澳大利亚的工作为形成我自己的分析提供了检验标准。

我也受益于在巴塞罗那、谢菲尔德、惠灵顿和西雅图国际会议以及在悉尼、布里斯班和珀斯的国内会议和座谈会上表达一些这本书观点的机会。本书的一些部分在《文化政策国际期刊》（10 [3]，2005）以及《电视和新媒介》（8 [3]，2006）中发表。

我非常感谢麦克米伦出版社的团队在本书的写作过程中给予的支持，包括谢瑞·基普、艾米莉·萨尔茨和劳拉·伍德沃德。

最后，我深深地感谢安吉拉·诺曼罗在本书的写作过程中给予的包容。在这本书写作的后期阶段，我们的第一个孩子夏洛特·索菲亚·弗卢来到了这个世界上，这意味着当一个项目正接近完成，而一个更大的、更具挑战性的项目正在来临。

致　谢

非常感谢以下作者和出版社允许我在本书中使用他们的作品：

图示

图 1.1　塞奇出版社，2002 版，发表于罗伯特·G. 皮卡特，《媒介经济》，p.21.

图 4.1　澳大利亚电影，2004，发表于《更大份额的蛋糕》，马尔科姆长联营公司，p.13.

图 4.2　塞奇出版社，2004，发表于艾伦·J. 斯科特，《文化产品产业和城市经济发展：全球语境下的成长和市场竞争》，《城市事务评论》39（4），p.476.

表格

表 3.1　联合国贸易暨发展会议，2003，《世界投资报告》，纽约和日内瓦：联合国，p.2.

表 3.2　泰勒和弗兰西斯，2001，发表于约翰·邓宁，《全球资本主义在海湾》，p.17.

表 3.4　联合国贸易暨发展会议，2003，《世界投资报告》，纽约和日内瓦：联合国，p.5.

表 5.1　罗曼和菲尔德出版社，2004，发表于简·兰曼奇·皮埃特斯，《全球化和文化：全球的混合物》，p.55.

第一章　全球媒介导言：关键概念

概述

　　传播媒介已成为现代社会重大发展的核心。它们已经被认为是单一民族国家和国家认同概念形成的关键；是公民、民主和相应的人类自由理念形成的关键；是政治文化和公共空间发展的关键；是资本主义商业企业成长的关键。传播媒介形成了人们可在世界范围内取得联系和从事娱乐活动，增进地区、国家以及全球社会和文化理解的主要途径。历史地看，传播媒介对帝国的兴衰、外交、战争和语言文化规范，以及我们今天提及的全球化和现代性概念的形成过程都是必不可少的。

　　当我们提及媒介这个术语时，应从三重意思进行理解。首先，它指的是**传播的技术手段**。"媒介"这个术语是"介质"的延展，或者信息收发的技术手段。人类超越时间和距离的传播过程需要将信息传输给他人的技术手段。现代人类社会历史上重要的技术媒介包括印刷业（报纸和活字印刷）、广播（收音机和电视）、电话和互联网。关于**大众传播**的媒介，汤普森把大众传播定义为"由信息或符号内容固化和传递的符号产品的制度化生产以及广泛传播"（Thompson，1995: 26）。他提出大众传播构成有五个特征（Thompson，1995: 18-31）：

　　　　1. 技术的和制度化的生产和扩散的发展，包括传播的基础设施和媒介产业的发展；

　　　　2. 符号形式的商品化，或者被买卖的媒介内容，以获得经济利益和符号价值；

3. 在制造和接收符号形式之间，存在着一个时间和空间的结构性断裂；

4. 符号形式的可利用性和耐久性经由空间和时间延展；

5. 符号形式的公开流通，以及它们所扮演的调整公共空间与公共文化的角色，通过散落在多元与散乱背景中的各式人等看到与观察到。

传播技术手段构成的**基础设施**使媒介传播成为可能。但是，正如汤普森的分析所指出的那样，尽管这个基础设施的构成是印刷设备、电视和广播天线、铜线、宽带电缆、环绕地球的卫星等等，但它们的影响显然是社会的和文化的。然而，怎样构建基础设施所产生的种种问题常常是来自于技术和工程方面，而不是社会交往和人类互动所产生的影响（Star and Bowker，2005）。在媒介和传播研究中有一个有影响力的传统，把媒介的技术属性当成是理解其社会影响的关键起点。按照约书亚·梅罗维茨的说法，**媒介理论**"关注单一媒介或某一类特别媒介的独特特征"，是为了检验媒介的变量，例如"传播是单向的还是双向的，信息的广泛传播有多快，在媒介中学会编码和解码是困难的还是容易的，有多少人能够在同一时间参与到同一信息中来"（Meyrowitz，1994: 50）。传播技术及支撑它们的基础设施在媒介全球化的过程中扮演了核心角色。它主要依靠全球网络化的传播基础设施得以实现，这些基础设施不仅使文化商品、文本、图像和加工品得以国际流通，而且使全球商业、全球政治、全球战争和冲突、组织传播的全球化以及理念、信息和意识形态的全球沟通中心化成为可能。

我们所指的媒介的第二层意思**与媒介内容生产和分配的制度和组织形式**有关。最简单的层面，指的是**媒介产业**，本书认为，在20世纪，公司形式作为管理媒介的生产和扩散而形成的显性制度安排已经很普遍了。媒介制度在生产、分配和接收的循环中得以形成。那些生产原创内容的人，在媒介内容生产中形成专业价值的人扮演着重要和复杂的角色：这些专业人士包括演员、卡通绘制者、制片人、导演、记者、摄影

师、摄像师。[1]那些内容提供者（例如数字内容开发者），聚合受众（比
如市场代理、受众研究分析师）以及通过提供日常的内容（例如主要运动的管理者）和收益（例如广告公司）与媒介共生的产业，也和核心媒介产业关系密切。在所有的这些关系中，媒介产业在一系列**市场**中运作。这里使用的市场概念包含一系列的交易形式，这种交易形式产生在代理人（正式的和非正式的，货币化的和非货币化的）和下面将会详细讨论的媒介市场本质之间。[2]

　　"媒介"概念的第三层意思应被理解为**被读者、听众及用户接受与消费的信息化和象征性的内容**。这当然是关于什么是媒介的一般理解，它指的是报纸、杂志、收音机、电视、个人电脑、移动手机和其他接收设备所提供给我们的内容。重要的是，没有内容能够独立于它产生和分配的技术性的基础设施和制度形式。考虑到媒介内容的本质和重要性，当它被更大范围的公众接受时，就要注意媒介是怎样和文化紧密联系在一起的。"文化"是一个众所周知的易变的概念，被英国文化主义者雷蒙·威廉斯确定为"英语中两三个最难的词语之一"（Williams，1976：87），它和媒介的关系将在下面详细讨论。在这一点上，值得参考汤普森关于文化的两个原则概念的界定。一个是把文化描绘为人们在一个特定的地方和时间做什么或是"一系列价值、信仰、风俗、约定、习惯和在一定社会和历史时期的实践特征"（Thompson，1991：123）。另外一个是文化的**象征性**概念，或者是社会、文化、语言和心理关系的潜在系统，在这个系统内，人们致力于了解他们广泛的社会环境和行为。

　　这三个相互关联的媒介因素——技术的基础设施、制度形式和接收的文化社会环境——引申了媒介涉及的三个更深层的关系。[3]首先是**媒介权力**的问题。如果传播媒介能被理解为建构社会行为的一种形式，"建构文化、政治学和经济学……并且决定人生怎样度过"（Jordan，1999：1），全球媒介理论需要考虑媒介权力怎样形成，由何而成，为了促成某人的目标和兴趣而致力于有目的的社会行为和资源分配了什么使这样的行为出现成为可能和习惯。其次，有需要去培养一个对全球**媒介**

市场的理解。一方面，基于媒介的同时代公共传播的中心性，经常会讨论的是"媒介不仅仅是另外一门生意"（Schultz，1994）。同时，私有的商业媒介在全球扮演一个主要的角色，运用公司所有的形式和依赖通过各种手段卖媒介产品而产生的利润，要求一个对一般的经济市场的理解，在此之内，媒介产业和相关的代理机构得以运行。并且，与其他类型的资本主义商业和工业相比，它也要求媒介产业有独有的特征。第三，我们需要考虑**媒介和文化**之间的关系。这需要理解文化日益增长的"媒介化"的程度，也就是，信息化和象征性的内容散布正日益增加时间和空间的距离，在公共和私人环境里接收都日益产生，在这一点上，公共和私人领域的界限正越来越模糊。它还包含一个对于文化（这里被理解为一个深层的关系结构的程度）的认知，人们在特定时间和地点在社区内的理解和符号系统，对于全球传播引发的看似无疆界的信息和传播技术发展的可能性，能够作为消解的因素。

这一章剩下的部分我们将就以下的主题展开：

- ■媒介和权力；
- ■媒介市场；
- ■媒介制度和政策；
- ■媒介和文化；
- ■新媒介技术。

这将为介绍媒介全球化产生的问题提供一个背景，包括考虑到是否将建构一个新的文化帝国主义形式。它将引导第二章一个评估，关于这些关键概念和问题如何通过不同的和全球媒介相关的知识传统得以解决。

媒介和权力

我们认为研究全球媒介比较重要的原因之一，并且是架构不同的媒介理论时的一个核心要素，是因为我们把媒介的全球循环和**媒介权力**的问题联系在一起。汤普森把权力定义为"一种追逐某人目的和兴趣的能力、一种打断事件进程和影响事件结果的能力"（Thompson，1995：13）。他提出传播可以被理解成一种社会行为，在此传播的代理者在结构化的社会环境中致力于有目的的行动。如果传播因此被理解成一种有目的的社会行为，而不仅仅是一种信息的转换，那么它也可以被理解为一种权力得到运用的形式。在国际关系领域里有关权力应用的研究中，苏珊·斯特兰奇提出权力从来都不简单地是一种关系，或者"A 让 B 做一些他们本来不想做的事情的能力"，而是一种**结构的**，被理解为"一种决定事情怎样被完成的能力，一种建构框架的能力。在这个框架中各国互相之间，和人民之间，以及和公司之间互相联系。如果一个党派正在决定关系中的背景结构，那么每一个政党在关系中的相对权力就会增加或者减少"（Strange，1988：24，25）。法国哲学家米歇尔·福柯的工作也注意到了这种研究的需要，不仅是简单的抽象的权力，而是**权力关系**，或者是"战略、网络和机制，一个决定运用这些技巧后被采纳，但却不再是它原来的样子了"（Foucault，1988：103-4）。

汤普森（Thompson，1995）已经发现媒介和**符号文化权力**相关，这种权力来自于控制、使用和分发与信息和传播相关的资源的能力。符号权力比较关键，因为它是首要的途径，他人的行为能够被它塑造，通过价值、信仰和理念的传递，或是**文化**机构和活动。汤普森把符号化权力和经济权力、政治权力和强制权力进行类比，如表 1.1 所示。

表 1.1　权力的形式

权力的形式	资源	机构范式
经济权力	物质和财物的资源	经济机构（例如，商业公司）
政治权力	权威	政治机构（例如，民族国家）
强制权力	身体的和武装力量	强制机构 （例如，军队、警察、监狱）

权力的形式	资源	机构范式
符号化的权力	信息和交流的方式	文化机构（例如，宗教机构、学校和大学、媒介产业）

来源：Thompson（1995），p.17

按照汤普森的模式，媒介特别重要，因为它不仅是一种制度化的设置，文化和符号化的力量可以通过它产生，而且多数的公司也通过它投资、雇佣员工、生产产品和服务，然后产生巨大的经济能力。正如斯图亚特·霍尔所指出的，被媒介组织所连结的经济、技术、社会和文化的资源意味着"定性地和定量地……媒介在文化的维度已经建立了决定性和基础性的领导地位"（Hall，1977：341）。考察媒介权力的本性我们要注意两组问题。一是它在多大程度上被看作是关系化的、与本质的影响主要相关，或者它是否结构化、与意识形态问题相关。二是它在多大程度上反映了其他社会权力系统（经济、政治和强制），或者有其自身内在的动力。寻找两个维度的媒介权力——文化—符号化和政治—经济——相互连结的过程，定义了**批判的媒介理论**。

1950年代和1960年代，作为学术领域的**大众传播**的出现是和这一时代社会科学领域内自由多元主义盛行紧密相关的，它把权力等同于**影响**。依据社会自由多元主义的模式，权力首先是和"A影响了B产生了决策X"这样的能力相关的，它关注的是媒介对于行为变化的影响。[4]在关于大众媒介和自由多元主义传统的批判性综述中，霍尔提出了这最终促成了社会的实用主义模式：

> 媒介很大程度上反映和表达已经形成的舆论。毕竟媒介没有太大的影响力，这个结论的断定依据一个信念，也就是，在宽广的文化意义上，媒介大大强化了那些基于双方广泛同意的基础已经被接受的价值和理念。（Hall，1982：61）

媒介批评理论的发展部分程度是对这种媒介权力在大众传播范式里相对乐观的回应。大众传播范式的批判是多层面的，[5] 有两个特别的批判路径，在这种路径中，媒介与权力的关系，以及媒介权力的本质，得到了讨论。第一，权力等同于影响，首先和个体从特殊的媒介信息中产生的行为效果联系在一起，但这个观点，在权力运行于结构性和关系意义上时，被证明是不充分的。正如霍尔（Hall，1982）所研究，社会和文化的权力是"规定游戏规则的权力"，决定什么是"不正常"行为的权力，还是通过表现的过程来定义社会现实的权力，这从来不是对事件的反映，而是意义的积极生产。霍尔提出：

> 如果媒介不是简单地反映和表达已经形成的舆论，而是反过来试图再造那些特有的情境定义，这些情境定义使现有的事情的结构得到特权和合法化，原来仅仅被视为强化的角色现在必须依据媒介在共识形成中的角色被重构。（Hall，1982:63-4）

换句话说，大众传播的传统已经将媒介关系等同于与影响关联的权力，对于特定的媒介信息来说，这种影响是行为化的、个体化的、经验地可测量的，而批判的媒介研究传统从**意识形态**、主流意识形态的复杂关系的表征、认同问题和社会现实的建构，或者霍尔所称的"现实效应"理解媒介权力问题（Hall，1982:74-5）。

第二个对大众传播传统的批判关注它联结媒介权力和其他权力关系的失败。特别是，大众传播的传统倾向于接近经济、政治、强制和符号化的文化权力，这种权力在本质上和操作上都是分散的，而批判的范式把这些看作是相互联系的。结构不平等的关系就是一个例子，通过这种不平等，资本主义社会的统治利益——特别是统治阶级利益——在从属的社会群体之上维持控制或霸权，或者在全球范围内，主导的西方利益对于"欠发达"和"第三世界国家"维持政治、经济的权力。通过这样做，他们在资本主义社会提出结构不平等的马克思主义批判理论以说明"财产所有权、经济控制和阶级力量是不可分割地连结在一起"（Murdock and Golding，1977: 28）。在这个批判范式里，媒介的独特性要求我们理解媒介如何不断地变成资本主义经济的中心，其中有两个问题是核心。首先，这种范式要描绘所有权和控制集中的模式，以证明不仅"媒介是首要的和最重要的生产和分配商品的工业和商业组织"（Golding and Murdock，1973: 207），而且它们在资本主义经济中的重要性是巨大的和与日俱增的。第二，这种范式要求一个对这些经济控制结构和文化生产、分配过程的关系的分析，以评估默多克和戈尔丁的观点，"只有在限制其创造和分配的物质利益中定位文化产品，它们的范围和内容才能被充分解释"（Murdock and Golding，1977: 36）。

批判的媒介研究传统关注的两个问题与媒介权力的本质以及媒介权力和其他权力的关系有关，它们对定义理解全球媒介的两种方法至关重要，我们在第二章里将有更多讨论。第一个问题是，在理解媒介文化符号权力的本质和重要性的时候，经济之于意识形态的关系。**政治经济学**的方法倾向于首先解释经济因素，认为经济因素伴随着不同程度的直接决定和相对自治塑造了文化发展。与此相反，**文化研究**方法倾向于强调语言和意义系统的重要性，通过特殊的、偶然发生的、有疑问的定义来探讨它们与经济和政治权力系统的勾连关系，因为意义的本质一经产生和被解释在复杂的传播体系内传者和受者之间是很少相同的。[6] 第二个问题是，媒介权力在多大程度上反映了其他的权力形式，或者拥有了自身的制度关系、性能和动力。在最近一次比较有贡献性的争论中，库尔德里和柯伦（Couldry and Curran，2003）区分了对媒介权力概念的两种理解，一种是把这种权力简单地看成广阔的、有更多意义集合的一个组成部分，其中媒介权力只在和其他权力形式（经济的、政治的、社会的、文化的、强制的等等）相连结时才起作用，还有一种是把媒介权力理解成一个实体，有自己的权利，有自己生产和分配的动力，但是也和其他权力相连结。这种区分的意义在于强调媒介自身如何提出争论——产品如何生产、分配、消费和调节——能塑造其他的制度和权力关系，从而质疑在许多媒介权力之中存在的隐性阶层，在这里某种意义上反映了其他权力关系，比如经济资源和政治权力的控制。

媒介市场：受众、广告商、金融和创意内容

媒介组织在三个市场里运行。首先是**创意内容市场**，或者是生产和／或分配足够吸引受众、读者或用户拿金钱和／或时间来换取的内容的能力。第二是**金融资源市场**，或者是对正在进行的制作提供财政支持，以及在技术、发行平台、制作领域扩张上获得新投资的能力。这些收益中的一部分可以从投入到生产和分配活动中的利润中获得，但资金也可以从一些财政机构的贷款、股票分红以及政府津贴、税收奖励和其他方式中获得。这些资源变化的平衡主要是基于所讨论的媒介组织是私人拥有的、公立的，还是其资金来源及权属结构是复合的。后者的例子比如公共服务广播（PSB）组织，虽然收入部分来源于商业广告以及私人拥有的媒介，但从政府获得财政资金。第三是**受众／读者／用户的市场**，或者是顾客的花费和投入到媒介组织内容的时间、注意力之间的竞争。加纳姆（Garnham，1987）提出媒介和文化产业以及公司的竞争有四种方式：（1）顾客的消费；（2）广告的消费；（3）消费时间，被称之为"注意力经济"（Pine and Gilmore，1999）；（4）人才和专业能力。

受众市场在**媒介经济学**里被详细地讨论。媒介产业的一个显著特性之一就是**双重产品市场**（Picard，1989）。媒介组织在受众或者用户为其提供的产品所耗费的时间和金钱的市场上竞争。它们还在**广告市场**上竞争，把吸引的受众卖给其他产品和服务的生产商，这种售卖基于其生产的产品和服务吸引的受众或用户的规模及特征。它们吸引的广告类型从分类广告、地方广告到专业广告服务，比如出版物插页和全国性广告。媒介组织也在特殊的**地域广告**上竞争，可能是地方的、国家或者是国际的。在一些案例中，特别是有关广播范围的配置中，政府的行政权力决定市场的地理范围。另外一些例子中，尤其是有关互联网的，到达全球

的媒介使媒介组织竞争的市场空间潜在地无疆界和全球化。媒介市场的
形式如图 1.1 所示。

对于媒介批判理论家来说，对媒介产业的结构、金融和控制关系的
理解是一个从未间断的问题，特别是从政治经济学的视角来看。媒介
组织能够从四个广义的途径为其正在进行的制作和新的投资获得财政
支持。

    1. **留存收益**，或者是从销售（包括广告销售）中留取利润用以
再投资；

    2. **债务融资**，从金融机构借款用以财务扩张和新的投资；

    3. **产权投资**，或者是卖出公司股份；

    4. **政府融资**，从直接津贴到特殊的贷款和税收奖励。

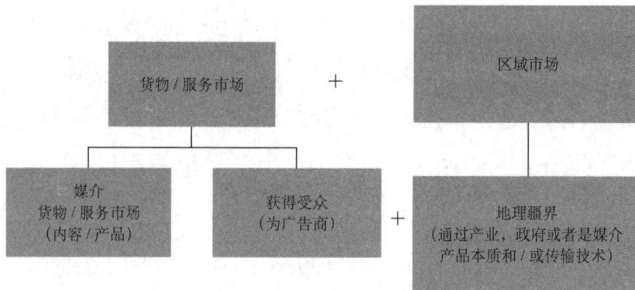

来源：Picard（1989），p.21

图 1.1　媒介市场的本质

尽管留存收益带来的资金增长，确保了拥有媒介组织的人对它们的
控制，但是无论是为了保持竞争力而投入新技术，还是为了占领市场而
扩张，都需要运用其他的金融工具，尤其是债券和股票。这些外部的金
融工具带来了新的风险。一旦举债，风险就是债务不能被偿还，媒介组
织的控制权将转交给银行和其他的金融机构，而伴随着股权的风险就是
公司可能会遭遇其他的收购行为。

媒介的扩张不仅包括为了在特定市场扩大份额的竞争战略，而且包括在多个市场的生产和售卖。扩张的形式包括：

1.**横向扩张**，通过行业内部竞争者的接管、兼并、收购，他们在其中占据主导地位，或者产生新的产品和服务。

2.**纵向扩张**，相关产品的接管、兼并、收购和在行业供应链上分配利益，或者在相关领域产生新的公司。多伊尔（Doyle，2002a，2002b）圈定了媒介供应链的三个关键因素：**产品**，或者是原创的媒介内容；**包装**，打包内容进入市场化的产品和服务（比如报纸、杂志、音乐 CD，视频和 DVDS，有节目编排的电视和广播网络，门户网）；**分配**，或者最终传递媒介产品到用户。

3.**斜向扩张**，或**混合合并**，在互补的领域进行扩张，要么兼并和收购，要么发展一个新的企业，使产品的协同效应得到发展。

4.**多样化**，扩张进入非媒介领域，或者相应的非媒介公司扩张进入媒介产业。

最后重要的媒介市场是**创意内容市场**。在很多方面，这个市场很少被媒介经济学家和各学科的媒介理论家理解。理解媒介创意市场要考虑媒介商品和创意产业的独特个性。**媒介商品**拥有三个特性使它们与其他商品相比较时突出出来。首先，媒介产品的生产和分配有很高的投资风险。因为媒介产品在很多时候是**经验产品**，生产者对消费者的偏爱没有一个清晰的理解，消费者在消费之前对创意产品的本质也不十分了解，所以他们的满意度来源于经验，在消费行为发生之前不能精确预见。[7] 第二，很多媒介商品在形式上是**非物质**的。柯林斯等人观察到"给用户提供价值的是信息而不是介质，而信息是非物质和无形的"（Collins et al.，1998: 7）。但是音乐、广播媒介和印刷品都有一定程度的物质性。一个人能够在一个相对短暂的，十分连贯的消费瞬间听歌或者看电视节目。如果一个人买了有歌的 CD，或者是有连续剧的 DVD，这是一个更加有形的物质形式。书是非常有形的和物质的，但是另外的印刷媒介，例如报纸和杂志，在同一天里或者在等牙医、发型师或生活助理时被随便地消费和丢弃。第三，对**创新**不间断的需求。这涉及赖安（Ryan，1992）所定义的很多文化商品缩短了的产品生命循环。

　　　多重的高风险、相对的非物质性和不可避免的对创新的高要求，意味着众多的媒介和文化产品原创的生产成本高，而复制的成本几乎为零。因此，新媒介和文化商品的生产，是不断研发新原型的过程，所以"快速的产品创新是媒介产业存在的条件"（Collins et al.，1998：9）。风险管理战略已经花费大量的时间来处理这些偶然性，比如内容流水线或者是**节目库**；类型和格式的使用，建立明星制和长期运营节目、连续剧为受众提供有关内容的背景信息；以时间为坐标的分配（例如，广播电视播放节目在一年中的关键节点，以及一天里的关键时间吸引大量观众）；公司的扩张战略，比如纵向的兼并和集团化，这样可以提供更多可控制的内容生产和分配（Garnham，1987；Hesmondhalgh，2002）。

　　　媒介商品的特征例如经验产品的高风险，消费的相对非物质化，不断创新的要求是**创意产业**更典型的特性。理查德·凯夫斯把创意产业定义为那些"提供和文化、艺术、娱乐价值广泛连结的商品和服务"的产业（Caves，2000：1），包括书和杂志、视觉和表演艺术、音乐、电影、电视、时尚和游戏。凯夫斯定义了创意活动的七种独特属性：

　　　　　1. 高度的**需求不确定**，因为经验性产品的用户偏好是未知的，除了依据过去的经验，其他的对生产者来说都是未知的。这就是凯夫斯所称的"对等的无知"或"无人知晓"原则（Caves，2000：3）：生产者不知道消费者的需求，消费者直到消费前不知道生产者将给他们什么。

　　　　　2. 创意产品把创意者特意体现在创意工作中的关照和承诺，与使商品生产和走向市场的"乏味"的商业技巧结合起来。

　　　　　3. 为了生产创意产品，基于合同把大量有各种高度专业技能的人集合在一起的需要，也就是所谓的团队作业的"混合成员"
元素。

4. **多样性**原则，不仅有"水平的"产品细分（例如，动作片
不同于浪漫喜剧、动画片和西部片），没有两样创意产品是同样的，
还有垂直的产品的细分（没有两个动作片是一样的，是否动作片 A
好于动作片 B？范·迪索的片子好于史蒂芬·席格的吗？范·迪索
的一部片子就好于自己另外的一部片子吗？——这些都靠个体消费
者的主观喜好来定）。

5. **垂直差异化技能**的存在，或者"A 单/B 单"现象，两个创
意人承担同样的工作，比如歌手或演员，基于其创意才能的"畅销
性"不同，细小的和非常无形的技巧的差别、原创性、熟练程度和
天分都可以导致巨大的收入差别。

6. 复合型创意团队的合作需要，有比较紧密的时间安排，提出
合作的方案，项目和时间管理。

7. 创意产品的"**持久性**"，最成功的创意产品有能力在长时间
段里获得**经济租金**（例如，在原创作曲和商业发布后长时间里，披
头士乐队歌曲的旧目录不断地被购买、演奏、用在电影中、被其他
艺术家翻录等等）。

对于凯夫斯来说，创意产业的危机和不确定性主要靠两种方式来
管理：合约和制度。**合约**是创意产业的基础，可以采用多种形式，但是
有两个主要问题。一个是**信息不对称**，合约中一个签约人比另一人签约
人获得的信息量少，因此被剥削，处于不利地位。另一个是**分配的决策
权**，或者是谁在创意产品的生产、分配和售卖的种种层面做最终决定的
问题。因此**制度**对正在进行的项目合约、风险和奖励的管理是关键，特
别是因为复杂的创意产品的制作（例如，故事片和连续剧）有比较高的
固定成本，这些成本要通过一系列的项目才能有好的分配。媒介公司是
最当然的制度形式，创意产业的风险和合约受它管理，不过其他代表艺

术家的协会和个人也起着非常重要的作用。同时，正如凯夫斯提到的，创意内容市场相比其他传统的资本和内容市场来看是更不稳定和不可预测的，因为它最终是创意者技能和天分的竞争，我们很难将创造力制度化，因为它很难量化和程序化。[8] 伴随着管理和商业化，创造力的复杂性下面再作讨论，理查德·佛罗里达在他的分析中列出了**创意阶层**的问题，他发现"创造性来自于人。但当人被雇用和解雇，他们的创造能力不能被买和卖，或者是随意地打开和关上"（Florida，2002：5）。

媒介组织和政策

媒介权力和媒介市场的分析都关注到了**媒介组织**的本质，或者在组织内部征求、生产、管理和分配媒介内容时发生了什么。这也显示了**媒介政策**的重要性，它在大多数情况下都作为国家政府对媒介组织结构、行为和业绩的一个制度化的管理机制。

20 世纪，大型的公司组织开始垄断媒介和相关产业，就像它们在大多数经济领域一样，媒介所有权更加集中，小规模的商业媒介生产和发行商被大的公司集团吸收。国内媒介市场集中和集团化的历史过程被很好地记录下来（例如，Golding and Murdock，1973；Curran，1977；Sanchez-Tabernero et al.，1993；Meier and Trappel，1998；McChesney，1999；Bagdikian，2000；Doyle，2002a），这里不再一一详述了。我们能够考察到有五个因素是在公司制度机构内媒介生产和分配日益增长的相互牵扯的原因和结果。

首先，公司是一个**独特的法律形式的财产**。公司法给了股份有限公司一个永久的法律身份，把它们从股东中分离出来。有限责任的原则意味着公司的股东法律上不能够对超出他们的股票价值所代表的财富负责。这种法律保护多年来极大地提升了公司内部的投资，特别是增加了银行、保险公司和其他类型的金融公司的制度投资。这意味着以贷款或股票的形式投在公司里的资本正快速增长，使公司在一个更大的规模上运作。9

第二，公司形式的企业，在公司内部的股东、董事和管理层中产生了三重不同力量，从而产生一个疑问：**谁控制了公司？法定的所有权**能够以股息的形式从公司那里获取收入，**经济的所有权**有能力通过公司的资产行使它们的权力，在公司法下，这种权力是伴随着公司自身作为法律实体产生的（Herman，1981；Scott，1985；Clegg et al.，1986）。在公司内部行使**战略控制**的能力，意味着承担长期计划而不是执行短期管理的能力，这将取决于强势的股东，有能力的投资集团和董事们（比如，通过金融组织直接控制），或者是在组织内部的公司管理者。无论如何，这种权力操纵的能力不是绝对的：它总是因公司的绩效、公司股份的交易、公司的金融地位和获得大多数董事成员支持的能力而异。

第三，现代公司大小和规模成长也伴随着产品、分配和消费管理日益增长的复杂性，以及**如何控制**最小化风险、最大化利润和管理不确定性这些过程的问题。贝尼格（Beniger，1986）和马尔干（Mulgan，1989）提出**控制革命**发生在 19 世纪晚期和 20 世纪早期，以日益增长的企业规划为前提，它对经济关系以及信息、传播技术、运输和组织变革的交互关系的管理至关重要。组织的科层化促使多部门化公司的发展，也标志着商业历史学家阿尔弗雷德·钱德勒（Alfred Chandler）所定义的在公司管理中"可以看见的手"的胜利，因此"协调和配合意义上的控制和市场的稳定性从外部、分散的市场传递到公司内部的繁文褥节"（Mulgan，1989: 79-80）。在第四章中将会考察一个关键性的问题，即是否有一个深远的突变的控制轨迹，从组织化的、内在的控制到更加流动的、临时性的网络，以利于更加集中化的决策制定，这个突变是由技术和传播媒介基础设施的发展而促进的。

第四，公司形式的增长赋予了作为管理危机和协调不同行为的手段的法律"**契约**"一个新的意义。而公司形式已经为管理项目、合同、危机和奖励提供了一个基础的制度框架，特别是那些案例，其生产过程花费高昂的成本因为分散成一系列的项目，**契约**已经建立了另外一套显著的机制，以管理那些社会关系。威廉姆森（Williamson，1975，1985）把公司理解为一个契约的连结，或者是管理交换成本和合伙经营的制度手段，从而最大化利益，最小化风险，在市场失效、不完善信息和某种不确定性的背景下组织相互依赖的关系。制度和契约之间的关系正被特别地作为一种管理某种危机、经济不确定性和组织的复杂性的方式塞进媒介产业中，由于复杂和偶然的劳动力分工，项目的时间约束性以及独特的困难，这种困难产生于创造性工作的个人驱动和非相容因素与官僚、商业导向的公司组织形式的结合之中。

第五，**官僚的组织形式**自身提出了既是首要的又是深层次的问题，在媒介产业中创新性管理的方式。德国社会学家马克斯·韦伯，从下列特征来定义经典的官僚主义形式：（1）高度复杂的层级和权威；（2）高度发达的劳动力和角色分化；（3）一套形式化的规则和程序；（4）基于业绩和技术资格的雇佣和提升；（5）理性和编码化的决策制定程序；（6）工人和管理者之间正式的、由规则束缚的关系（Demers，2002）。戴维斯和斯凯思（Davis and Scase，2000: 55）已经注意到官僚主义在商业和公共媒介里的抬头。在官僚模式里，控制和协调机制是清晰和分层的，有创造力的人在公司里靠传统的收入和地位高低来激励，这某种程度上是一种组织和组织价值的"内化承诺"。尽管如此，官僚的公司模式不能坐视有创造力的工人，因为正如凯夫斯所观察到的，"创意产品内在和个性的特点很难和有序的、规则驱动的大型官僚公司相融合"（Caves，2000: 16）。戴维斯和斯凯思已经注意到，典型的有组织的创意工作，如何在组织内部推广过程中呈现出高度的个人自主性、不墨守成规和一定程度的不确定性，深刻地挑战官僚的和规范驱动的工作组织模式（Davis and Scase，2000: 17–21）。

政策性机构在管理各种形态的媒介所有权、生产和分配中有着核心的作用，正如詹姆斯·迈克尔所观察到的，传播媒介的管理"古老得就像世世代代的仇恨，经典得就像应该是谁用信息鼓和长角号的问题"（Michael，1990 : 40），简单来说，媒介政策可以被理解为一套法律和规则，不同国家有着不同精确的形式，但是通常会提出如下的问题：

  1. 通过市场准入进行控制以确保媒介服务的按计划发展；

  2. 限制媒介所有权的集中，以限制媒介的权力和影响；

  3. 限制国有媒介的国外所有权，这和国家安全和领土主权有关；

  4. 本地和本国内容的促进，某种意义上更多地反映本地和本民族的文化，特别是在像广播一样的大众媒介上；

  5. 促进一些适合特殊受众需要的节目制作，比如儿童、老人、少数人群（比如原住民社区）或者是居住在边远地区的人口；

  6. 促进能够反映文化、语言和其他形式的社会多样性的节目制作；

  7. 制定节目制作标准以确保公正、准确、负责的关于公共利益事件的报道，不中伤和侵犯社会中特殊的群体或是非理性地破坏社会和谐；

  8. 制定节目制作标准以阻止被认为对社会完整有害的资料的扩散，同时，限制扩散和接近那些对社区划分特别有害的内容。

  在这个层面上，媒介政策也被认为是公共政策的一个分支，在政策目标、政策工具和政策效果之间有一套自己的关系，并且有一套自己的参与者、制度和文化（例如，Considine，1994；Hill，1997）。有两个特殊因素在媒介关系和理解全球媒介方面让政策凸显出来。首先，媒介组织公司的形式附带着一系列**法律和政府的要求**，包括法律和管理的一般形式（例如，公司法、职场法律、竞争政策），也包括针对社会化的、有文化影响的媒介公司的特殊政策和管理模式。普赖斯（Price，1995）、斯特里特（Streeter，1995）和唐纳德（Donald，1998）已经认识到——尤其与广播媒介相关——权属性质（比如广播执照）和广播市场如何成为政府政策的产物，以及法律法规塑造产业结构和行为的方式，所以，媒介组织所采用的制度化形式是被媒介政策塑造的。
普赖斯也指出政府在建构广播电视时的角色，因为"政府建构指的是，政府在决定所有权、管理和内容体系，以分配电视信号以及和节目生产有关的方面上所做的努力"（Price，1995: 16）。这种通过政府批准的产权制度建构的广播权力被看作"国家塑造经济组织结构——行动者进行交换和生产的制度安排"的一个例子（Campbell and Lindberg，1990: 634）。

第二，媒介已经被公认在公民身份的形成中扮演了独特的角色，是单一民族国家的纽带，是文化认同的形式。盖尔纳（Gellner）注意到现代民族主义所定义的特征是"努力使文化和政策一致，赋予文化自身的政策顶部，而且不仅仅是一个顶部"（Gellner，1983: 43）。在历史的层面上，安德森（Anderson）把作为文化技术的媒介和现代民族主义连结在一起，关注现代单一民族国家出现时印刷资本主义的兴起。安德森把民族理解为"想像的政治共同体"（Anderson，1991: 6），并且提出，对于扩展社会疆界，以及通过"深的、水平的市民社会"的共同联盟提升符号一致性，以超越民族国家内的分歧来说，作为一系列扎根表象和日常实践的"神话"的民族主义符号学维度至关重要。在同一脉络上，舒德森（Schudson，1994）注意到，现代民族国家自觉使用语言政策、正规教育，以及国家事件、文化政策、博物馆的高级文化展览等集体仪式促进民族文化集成的方式。在媒介全球化的语境下，国家媒介和传播政策组成了施莱辛格（Schlesinger）所称的"传播疆域的维护"，调节和干预了全球媒介流和地方文化的影响（Schlesinger，1991a: 162；参见Flew and McElhinny，2005）。

媒介和文化

媒介对全球文化和符号资源供应来说非常重要，因而对全球文化运动和符号权力也至关重要。霍尔注意到通过媒介组织所提供的经济、技术、社会和文化资源的连结已经意味着"数量上和质量上……媒介已经建立了一个决定性的和基础性的文化领域的主导"（Hall，1977: 341）。全球媒介的文化冲击的争论是当前全球化思考的前沿，但是这些关于文化争论的关系是非常复杂的。哈特利（Hartley，2002: 51）已经注意到文化是**多话语性**的，因为"它在一系列不同的话语中被调动起来了……你不能输入一个固定的定义进入任何一个语境中，希望它能被理解"。在同一脉络上，波斯特（Poster，2005: 134）注意到，特别针对新媒介，"文化成为每一个人的问题"，在清晰的文化理论化的缺场下，有一个强大的趋向接受一个维持现状的缺省背景。对于全球媒介来说，用不同的理论方法去理解媒介和文化之间的关系，将会在第二章里深入探讨，但是在那之前，建立三个重要的概念化的预判非常重要。

首先，从人类学和美学的角度理解文化有一种紧张的关系。"文化"这个词来源于"耕种"，在16世纪至18世纪的欧洲从农业和畜牧业又延伸至心性修养。到了19世纪，文化和文明联系在一起，人类心智发展的理念和文明的进步通过提倡伟大的学术著作和广泛的艺术作品的生产和传播连结在一起（Bocock，1992）。这导致了一个问题：对于与美学相关的智识传统来说，对于为了附着和归因在不同形式的艺术和文化价值的发展标准下而广泛生产和传播的大众文化产品来说，什么构成了"伟大的作品"（Cooper，1992）？与此相反，人类学意义上的文化，自身与艺术和文学的经典作品无关，而是认为文化与经历过的人类和社区的体验有关。或者正如爱德华·泰勒（Edward Tylor）在1903年所描述的，"复杂的整体包括知识、信仰、艺术、道德、法律、习惯和任何其他的社会所需要的能力"（引自Thompson，1991: 128）。在此定义中，文化和"什么是好的"或"什么是优秀的"无关，而是和**作为生活体验的文化**，或者人们在特定社区背景中用可获得的资源生产和消费文化有关，也就是不被作为一个优秀的个案，而是作为一个符号形式的多样的资源库去理解。

思考文化以及它和媒介的关系的第二个关键问题与霍尔所形容的

文化研究的文化主义和结构主义的**两个范式**有关。霍尔注意到像理查
德·霍加特（Richard Hoggart）、雷蒙·威廉斯、汤普森（E.P.Thompson）
这样的英国文化历史学家形成的文本，是把文化当作一种鲜活的体验来
理解的，超越了低级和高级文化的二分法，代之以"所有的社会实践
所编织的概念化的文化，这些实践反过来又成为人类活动的一个普遍形
式……经此，男人和女人们创造了历史"（Hall，1986: 39）。这种对于
文化的理解随后逐步形成了文化研究的核心，霍尔所定义的文化主义的
传统——聚焦于普通人的鲜活的体验——被同一时期不同形式的结构主
义者挑战。结构主义者更加关注人们在从事活动时的首要社会条件，而
较少关注人们做了什么。结构主义者关注一些方式，在这些方式中，个
人在社会和文化中不能做"自由人"，而是一个社会、文化、语言和独
特个体行动的独立存在的心理关系系统的当然产品，这种产品拥有不是
与生俱来的底层结构的代码，这些代码易于接近那些希望接受的个体。
结构主义受克劳德·列维－施特劳斯（Claude Levi-Strauss）文化人类学
发展的强烈影响，符号学研究领域把语言作为系统或代码进行理解，正
如安伯托·艾柯（Umberto Eco）所提出的，"传播的每一种行为，预先
假定一个意义系统作为必要条件"（Eco，1976: 9），还有马克思主义者
意识形态理论的结构主义改写，特别是法国马克思主义哲学家路易·阿
尔都塞（Louis Althusser）的著作。阿尔都塞沿着结构主义的路线进行
了一个激进的马克思主义意识形态理论的反思，提出了当意识形态是一
个"表征体系"，它远远不是一个非常错误的为了服务统治阶级和其他
利益的社会现实的表征，而是被那些个体基于鲜活体验的历史经验所发
展的一个"想像的关系"。然而，这个想像的关系如此深深地结构性地
嵌入个体的意识里——在激烈的知识和政治断裂缺席中——他们将无意
识地和在日常的基础上复制维持权力和统治结构的社会生活的状态（参
见 Barrett，1991）。

　　作为一种鲜活体验的文化（文化主义）和作为一种复杂的象征体系
的文化（结构主义）之间的关系，在应用于流行的大众媒介形式时，会

产生一些有趣的张力，特别是批判的媒介和文化理论对于流行媒介文化理论的关系问题。文化研究已经占领了这个空间，异化了对媒介和受众关系的理解，从人们怎样使用媒介的经验主义研究，比如大众传播研究领域内受众研究的**"使用与满足"**方法（Curran，1990；McQuail，2005: 423-8），到那些**主流意识形态**的观点（认为流行媒介的主导意义反映了那些拥有和控制这些制度的人群的阶级利益）。它非常详尽地阐释了以下三个关键概念的演进（参见 Hall，1986；Fiske，1987，1992；Turner，1990；Hall，1993b）： 21

1. **霸权：** 复杂而又富有争议地提出"统治阶级赢得了系统中从属阶级的自愿认可以确保他们的从属关系"（Fiske，1992: 291）。霸权的理论特别注意到一些方法，在这些方法中，象征符号是符号的整体——比如民族主义，"国家利益"和"常识"——在这一方法中使用，这些方法掩饰和删除了在特定的人群中社会差异和矛盾的其他的标志。

2. **协商式阅读：** 媒介文本在多大意义上拥有优先阅读是与主流的意识形态相一致的，但是这种解释，或者阅读，是被一部分人群所争议的。特别是，那些在主流文化中从属的关系和政治经济力量，比如工人阶级、年轻人和少数民族及少数性倾向群体，在基于他们自身经验的基础上可以培养主流文本的更加"协商的"甚至"相反的"解读。

3、**文本的多义性：** 符号学指出文本的意义从来不是反映出作者的意图，而是通过一个结构和系统的解释从属于一个更加宽泛的社会协商。流行文化的文本，特别流行的媒介，需要这种解释是多义的，对多元社会和多元族群一系列的解释是开放的，这是为了流行，以及在资本主义的语境中获得商业成功。

新媒介技术

在最简单意义上，新媒介理论提出，1980年代以来信息传播技术革命获得了一个强劲的推动力，我们见证了印刷和广播这样老的媒介的没落，和伴随着数字技术、聚合和计算机网络的新媒介的兴起。1990年代，互联网的全球普及在这场争论中标注出了一个临界点，清楚地显示出新媒介性质上的独特属性，但是相当的电子设备——尤其是移动电话——已经显示出了新媒介的核心特征，例如：

1. 信息传播技术、传播网络和媒介内容与计算机芯片处理能力指数式增长的融合（正如摩尔定律所指出的那样——Verhulst，2005: 333）。

2. 所有的文本形式都数字化，演讲、图片和声音转换成信息内容，在制作、存储、传输和使用中可操作和改变。数字化的文本能够迅速地穿越物理的距离，也能够被存储在一个非常小的物理空间里。

3. 网络在全球范围分布，通过开放的、灵活的、适配的传播基础设施，能够无限制地扩张，只要代码和协议能够通过网络分享。

4. 急剧地降低了作为内容生产者和消费者的进入门槛，依据受众可以全球抵达。

5. 生产者和使用者之间互动，使用多重的反馈循环和媒介文本，文本得以保持不断地重复使用，再利用，或者是其他形式的修改。

6. 与20世纪大众传播媒介一个对多个的特征相比，多种多样的传播形式产生，从一个对一个到多个对多个，这种潜质导致"非中介化"，或者更直接的传播形式，这种传播形式不遵从强大利益集团或受培训过的像记者和编辑这样的媒介专业人士的"守门人"功能。

　　虽然所有这些趋势的影响力在社会各层面和互动中真实存在时，情况虽如此，但是对于新媒介重要的第二次诉求——特别是在繁荣昌盛的1990年代——最终没能发生。例如，新媒介标志着电视和其他的传播媒介形式的死亡的这种诉求仍然是不确定的（比如，Gilder，1994），很明显，互联网在全世界被快速地接受决不意味着受众和广告商大规划转移出大众媒介。同样地，认为传统的媒介巨人的力量将会衰落和新一代数字产业领袖将会冉冉升起的想法，不仅过高地估计了一些"dot.com"时代宠儿的商业模式的质量（正如2001年4月纳斯达克新技术股票的崩盘所残酷显示的那样）。这种想法也同样低估了传统巨型媒介回应媒介融合的能力，新旧媒介公司战略合作伙伴关系的范围，多大程度上数字媒介内容本质上是新的，而不是现有的媒介形式的一种结合物（Boiter and Grusin，2000）。所有这些情况都说明对媒介历史，对那些现有媒介人迎接新媒介挑战的适应能力到什么程度缺乏清楚的意识；众多案例中的一个就是广播和电影应对电视的出现，显示出技术决定论者对媒介未来解读的局限性（Flew，2005a）。

　　利弗洛（Lievrouw）和利文斯敦（Livingstone）提出对于新媒介的思考扩展了媒介和传播研究的视野，这种拓宽是通过把后者对于媒介生产、文本和受众的关注转移到"传播和传送信息的**加工品和设备**，人们传播和分享信息的**行为和实践**，以及围绕这些设置和实践培养的**社会安排和组织**来实现的"（Lievrouw and Livingstone，2005: 2，**黑体**为作者所加）。利弗洛和利文斯敦确认了新媒介分析者们的一个关键局限，他们的失误在于超越了设备的发展程度或者是在狭隘的意义上谈技术。为了理解为什么一个新的媒介设备，或者实际上是一个新的内容形式，有人总是不去问为什么这是一个新的设备和形式，而是去问对于社会来说什么是新的（参见 Livingstone，1999）。用这种标准，我们可以讨论，手机使 SMS 信息比 DVD 播放器新很多，因为手机通过传播媒介强烈地改

23

变了空间、时间、社会交往的纬度，反之，DVD 播放器需要一个已经建立的个人和预先打包的媒介内容互动模式的提升版本。换句话说，手机已经剧烈地影响到了传播的行为和实践，将会在更宽阔的社会空间里产生长远冲击力，范围从家庭关系到城市空间的建设。同样的脉络，人们可以辩解说，互联网对新闻和新闻生产的冲击滞后时代。1990 年代的大部分时期，互联网对新闻业的冲击被认为是通过计算机辅助框架的报道，或者记者怎样能够使用新媒介更好地扮演他们的传统角色。直到"博客"出现，在 2000 年代，显而易见，"开放新闻"地址和协作的在线新闻生产使互联网不仅是一个简单的让传统新闻做得更好的工具，而且是对传统新闻业"守门人"功能长时期建立起来的一系列的行为和实践潜在的侵蚀（Bruns，2005）。换句话说，有关新媒介的关键问题是与

24 社会组织和管理形式相关的新媒介内容和设备以及新的传播活动和实践的冲击力，或者"新的媒介技术和实践的方式是被组织和被管理的"（Lievrouw and Livingstone，2005: 2）。

空间中的媒介：理解全球媒介

这个章节把媒介和空间关系相联系，这会作为一个前提来考察各种各样的媒介和传播理论在和全球媒介相联系时如何提出议题。有关新媒介的争论是这种方式的一个范例，媒介和传播理论通过这种方式指出了媒介形式、关系和实践所产生的显著变化。初看起来，一个人能够从可利用的关于新媒介的文献综述中得出结论（例如，Di Maggio et al.，2001；Harries，2002；Gauntlett，2004；Marshall，2004；Wellman，2004；Flew，2005a；Lievrouw and Livingstone，2005）。有关不同的社会、经济和文化关系怎样在新媒介的语境中发生改变的一系列命题被提出和讨论，包括随后的从"旧"到"新"的媒介环境的转移，如图1.2 所示：

旧媒介环境		新媒介环境
模拟媒介	➡️	数字媒介
离散媒介	➡️	融合媒介
公司	➡️	网络
生活性文化	➡️	虚拟文化
民族国家	➡️	全球化
作为专业的新闻	➡️	博客和自媒介

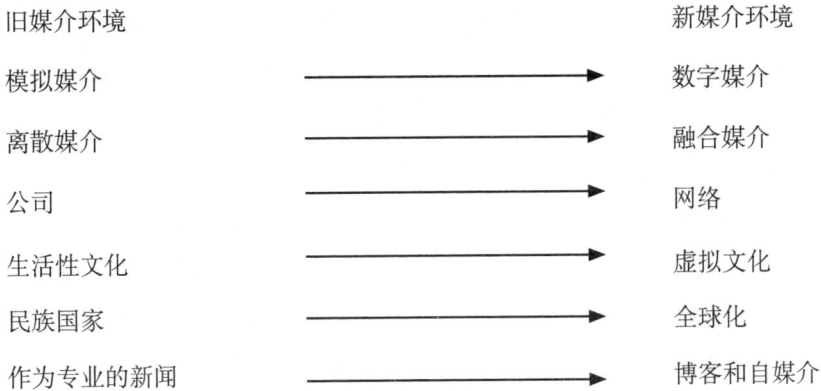

图 1.2　从"旧"媒介到"新"媒介的情境转换

　　上面所列出的所有作者都意识到这种趋势是争议的主题，没有人不批判地接受从 20 世纪旧媒介到 21 世纪新媒介的转换。但是，我的观点是，在媒介和传播的研究中有一个深深根植的传统，这一传统穿越不同的知识范式，思考媒介技术和形式随时间改变和基于更加宽阔的政治经济和社会文化环境的影响。

　　还有一个同样要强烈关注的是认真思考与环境相关的媒介**空间**维度。一个不断重复的主题——实际上，通常在全球化的文献中，特别是媒介全球化的文献中有个陷阱，也即有一种倾向假设我们从地方的、国家的媒介体系移动到一个全球媒介体系是短时间内无缝的方式。这种争论非常典型地首先根植于新媒介技术的全球到达，其次根植于媒介公司的跨国扩张和全世界范围内越来越多的人们日益增长的在一般数据库里媒介内容和图像的可利用性。特别有吸引力的是，当这个讨论与新媒介的理解结合在一起的时候，这种理解把技术的发展放在更加广泛的与知识经济相结合的一套技术趋势中：计算机网络的兴起，在离散的社区中使用互联网和卫星电视，作为基于政治动员的全球"关键词"的增长，以及包括媒介管理在内的多种管理形式的国际化。在这本书所要介绍的方法框架中，这一系列有关媒介全球化的讨论，将从细节上得到重新审视，从作为经济、文化、地理、历史和政治的复合角度。

这不是说，没有一个路径能清楚地表明媒介和传播空间的前景。最著名的加拿大传播研究的传统之一，就是把传播技术的跨界能力与主权、独立、认同和全球连结联系在一起。可以说有关全球媒介的最早的理论家是加拿大的传播理论家哈罗德·英尼斯和马歇尔·麦克卢汉，他们两人都强调了不同媒介技术特征的重要性。特别是他们的"偏倚"不仅指向经过时间（时间偏倚）信息的持续性，而且指向信息的空间分布（空间偏倚）。出于对帝国的兴衰复杂而特殊的阅读，经由与它们最初的传播体系相关的历史，英尼斯（1951）提出现代帝国的形成扎根于他们通过空间快速传播信息的能力，因此能够超越分散的空间而获得集权的统治。从英尼斯的角度来看，媒介技术的进步更进一步解域（deterritorrial）了全球传播，比如卫星电视和互联网，可以被看作是这种"帝国项目"的进一步延伸（参见 Angus and Shoesmith，1993；Acland and Buxton，1999）。马歇尔·麦克卢汉提出了加拿大传播理论主要的对立观点，他以自己的标准界定——这种观点被批评为幼稚（例如，Stevenson，1995）——遍布全球的大众传播媒介形成了"地球村"（McLuhan and Powers，1969），"地球村"有能力吸引感官上的经验及一些文化样态，然后超越与手写文字相关联的地域限制及特殊的语言文字（Cohen，2000；Marshall，2000）。麦克卢汉引发的争论通过德克霍夫（de Kerckhove）和勒万松（Levinson）在新媒介领域里展开。

英尼斯和麦克卢汉是我们所指"乐观"和"悲观"的思想系列有用的代表人物，这个思想有关媒介影响思考的空间维度，即使他们的争论在特别的语境中被传播时十分明确地和特殊的媒介相联系，他们没有特别经验性地关注他们的发现。另外有一些全球媒介理论思辨模式的变体，使用一些显著的方法提取出在媒介技术进步和传播、信息管理以及冲突和监督之间历史联系的意义，比如法国政治理论家保罗·维利里奥（Paul Virilio）（对维利里奥思想的有用总结，见 Readhead，2004b；参见 Headrick，1981）。麦肯齐·沃克（McKenzie Wark）作为一个媒介理论家一直和维利里奥的理论取长补短，他把**传播载体**作为一种技术形式的概念强化了传递特性，而不是"越来越强的流动性和灵活性，越来越强的互联性和抽象化"趋势（Wark，1994: 222-3）。以沃克的分析，全球媒介载体吸引全球的人们到一个更加有意识被传播技术驱动的互联性中，反过来，又产生一种越来越显著的一系列通过非媒介交互形式形成的地方体验文化的分离，正如华克所指出的，"我们不再有根，我们有天线"（Wark，1994: 64）。

在这本书里所采用的理解全球媒介的方法是更经验性的而不是思辨性的。媒介是否现在最好被理解为全球化运作的问题，与过往的媒介（首先是地方的或者国家的）形成了一个质变，是一个需要从各种角度更近一步仔细审查的问题。毫无疑问，传播和媒介技术形成了一种态势，全球传播有一种史无前例的能力，迎来了全球媒介浪潮。为了确定这种能力是否已经转换成了一个全球媒介的时代，所有这些意味着按照其他社会、政治、经济和文化关系，我们需要更进一步地考察这个章节中的关键问题，我们正在经历的向全球媒介的转换意味着什么：

1. 在文化和符号权力领域已经发生了基本的转换，远离了原有 27 的国家框架参考形式，转向那些全球媒介传播吗？

2. 所有这些具有媒介冲击和影响性质的改变都能反映在其他的权力形式中，比如经济的、政治的和强制的权力中吗？

3. 媒介市场日益在全球而不是在地方和国家的规模上运作吗？

4. 媒介组织日益在全球扩张的逻辑上进行运作，有一种通过全球媒介公司对国家媒介空间进行殖民化的趋势吗？

5. 法律、制度和管理的国家组织在面对这些全球性的力量时日益没有效力了吗？

6. 我们看到了一个日益增长的全球文化组织的膨胀，伴随着身份性和主体性形成过程中媒介角色日益增长吗？

7. 新媒介的数字化、融合、网络化和全球化力量代替了传统的传播印刷、广播和摄影的重要性了吗？

在本书的其他部分，以上主题都会被相当批判性地考察。第二章将会对已知的全球媒介研究的两个主要的传统——批判政治经济学和文化研究进行概述。这两种理论都从制度主义、文化政策研究以及文化和经济地理的角度提出了重要和原创的洞见。这一章以相当数量的"强全球化"的理论家，例如曼纽尔·卡斯特（Manual Castells）、迈克尔·哈特（Michael Hardt）、安东尼奥·内格里（Antonio Negri），以及这些作品怎样以多学科、多角度的方法进行批判。

第三章进行一个经验主义的分析，媒介公司的全球化在多大程度上与批判政治经济学家的争论达到一致，以至于我们已经或正在走向一个全球媒介垄断时代，少数跨国的媒介托拉斯统治了全世界的媒介产业。本章利用有关跨国公司的经验性的工作，视角来源于制度主义、国际经济，以及质疑强烈全球化诉求的经济地理学，比如那些批判的政治经济学家。本章也观察到当已经有一个媒介产品的全球化后，我们需要非常小心地假设这里面有一个由成本驱动的"逐底竞争（race to bottom）"因素，正如全球化在一些区域被一系列的地方特殊资源和技术驱动是同样重要的因素一样。

第四章通过考察一些因素延伸了这些讨论，这些因素推动一群地方特殊资源的新形式，作为基于成本和解域（deterritorialization）驱动的全球化的平衡体。五个通常作为相关的因素被定义为：知识经济的兴起；新的竞争理论强调了创新是国际竞争的驱动力；日益增长的基于网络的组织形式的重要性；与地域优势相关的产业群的出现；全球公司产品生产和流通管理中全球的生产网络日益重要。市场关系的社会植入，"非对称性的相互依赖"和"文化对话"的理论被重视，从而为地域和全球的再思考理论提供一个基础，这个基础不是从自上而下的文化帝国主义视角出发的。

第五章提出了全球媒介文化的问题。讨论了文化作为一种生活体验和作为一种媒介化的符号传播之间的区分——基于此讨论一些问题，例如，创意产业和创意城市话语，国家的和亚文化的身份的媒介性，亚洲跨国媒介的兴起。同时还讨论了文化和公民身份之间的关系，这和国家主义和单一民族国家的兴起都相关，还有在更加全球流动的媒介空间身份和文化杂交问题。

最后，在第六章，我们考虑了这些发展的政策含义。当不断被提出的与媒介全球化无关的单一民族国家的诉求被强烈质疑时，正如通常传统上所理解的那样，同时媒介的全球化对于媒介和文化政策也带来了重大挑战，这给创意产业的发展战略指明了方向，国家的角色是不断地"授权"给产业的发展而不是保护民族的身份。文化政策上升为亚国家层面的城市和地区，同时超越国家层面的国际贸易协议和全球市民社 ₂₉ 会，以联合国 2003 年在日内瓦和 2005 年在突尼斯发起的世界信息峰会而结束。

第二章　全球媒介理论

概述

我们在第一章已经界定了一套标准，借此全球媒介的发展能够被批判性地评估。它聚焦于六个问题：媒介同政治、经济、强制和文化权力之间的关系；媒介市场的本质和操作；媒介组织和公共政策的发展；媒介和文化之间复杂的关系；新媒介技术的含义；全球媒介的空间维度。第二章将会分析，依据这些标准全球媒介理论有何不同。本章的第一部分关注两种有影响的理解全球媒介的学术范式：批判政治经济学和文化研究。考虑到这些理解当代全球媒介的方法的优缺点，我们还会从一些新的角度进一步揭示这些范式中产生的问题。我们提供了四种可选的方法：制度主义的；文化政策研究；文化和经济地理学；全球化理论。这些方法提出了一些问题，这些问题有关是否全球媒介的发展需要被理解为，不是一个已经建立完善的趋势的延伸，然后用现有的思考范式理解，而是特定的新现象，需要一个新的概念和理论工具详细阐述。

批判政治经济学

批判政治经济学至少在三十年内提供了最有影响力的理解和诠释全球媒介的框架。它源起于对大众传播理论在 1950 年代和 1960 年代的一个批判，指出这些路径不能够给权力和意识形态问题的显著性以合适的权重，特别是经济、政治和符号的力量怎样在文化范围里相互作用。它指出在媒介和传播产业中存在一个占主导地位的经济结构，为通过媒介流通的多种多样的理念和观点设立了界限，反过来又促进了一整套霸权理论，或是"占统治地位的意识形态"在更广泛的人群中传播。这一大众传播理论的批判与马克思主义的资本主义批判再发现相联结，把自由民主社会的媒介批判和更宽泛的基于阶级划分的社会秩序的概念理解相联系。马克思主义还提供了一种方法，那些互不相关的，以学科为基础的学术研究中产生的碎片化的知识能够被不断地再阐述为更紧密的、具有交叉学科形式的研究和学问（例如 Blackburn，1972）。政治经济学家们把资本主义经济关系结构放在首位，因为基于阶级关系的支配结构被认为是定义资本主义经济和包括那些阶级冲突的生成动力学的关键因素。加纳姆（Garnham，1995：70）指出，"政治经济学把阶级——也就是，生产方式的进入结构和经济过剩的分配结构——看作是支配结构的关键"。

媒介和传播的批判政治经济学路径已经发展了四个主要的应用，或"支柱"，形成了研究和学术应用的领域（Mosco，1996；Golding and Murdock，2000）。首先，有关**社会总体性**的媒介研究有一致性，或是当它们与媒介领域相关时，在经济、政治、强制和符号权力之间有相互的联系。这表明了跨学科研究和学术的需要，以及在媒介和传播研究与更广泛的一系列力量、决定因素和社会关系之间发展联系的需要。其次，需要有一个"**历史视角**"，或者是戈尔丁和默多克（Golding and Murdock，2000：74）所指出的那样，"'慢的和有觉察力的节奏'，以循序渐进的经济信息和规则系统的延伸为特征"。戈尔丁和默多克（Golding and Murdock，2000：74-7）定义了四种历史的过程作为媒介政治经济学的中心：媒介作为经济部分和文化影响力的增长；媒介的公司控制的扩张；日益增长的媒介形态的商品化；在媒介产业中政府日益改变的干涉性。第三，批判的政治经济学家们关注日益变化的存在于商业媒介产业和政府之间的平衡——包括公众服务广播。问题在这里就产生了（在后面的章节里将被详细展开）：是否在1980年代以来的媒介全球化和迁移中有一个共生的关系，在通常的新自由主义标签下分类，减少政府的干预，在战略层面上私有化政府拥有的企业，例如电信和广播业。最后，批判的政治经济学家们非常强调"**实践**"的概念，或者是学术研究以及实践和其在广泛的语境中寻求影响之间的关系，这种关系产生在伦理规范中。戈尔丁和默多克"把传播体系定义为一个公共空间，公共空间是开放的，多种多样的和可进入的……也作为一个基本的标准来对抗批判政治经济学衡量现存体系的行为和制定方案"（Golding and Murdock，2000: 77）。以反映行动者和共同体利益之间宽广对话的方式发展和呈现研究成果的需要，也是一个"专业行动的宽泛概念，预想一个比学者们意图接受的更广的公共性"（Mosco，1996: 9）。

第五个要素必须要考虑，批判政治经济学一定是**全球的**，一以贯之的全球视野已经成为批判政治经济学发展的核心。从批判政治经济学的视角分析全球媒介的典范是美国学者赫伯特·席勒（Herbert Schiller），席勒在他的第一本书《大众传播与美利坚帝国》（Schiller，1969）中提到，国际广播商业化运动是由美国**娱乐、传播和信息**（*entertainment, communications and information, ECI*）**产业**的兴起所驱动的，它们在美国经济中的优势地位已经到了"美国工业经济的活力完全等同于国际广播商业化运动"的程度（Schiller，1969: 96）。在一个持续三十年的讨论中，席勒强调了三个主题。首先，美国媒介产业或者是娱乐、传播和信息产业的增长、所有权的集中和地理上的扩张——也包括通信和信息技术产业——必须从美国政治、军事、经济和外交政策更广的战略上来观察。第二，娱乐、传播和信息产业的影响决不简单的是政治和经济的；这些部分不同于其他商业企业的分支，因为它们"直接但不可测量的对人类意识的影响"，以及"对公众定义和提出它们自己角色"的能力（Schiller，1996: 115，125）。结果就是席勒所定义的"美国流行文化产品"已经建构了世界上其他地区的人民追求的文化理念，导致了"市场和消费向全世界惊人的成功扩张"（Schiller，1996: 115）。第三，席勒指出，娱乐、传播和信息产业的经济力量连同文化商品和媒介信息的全球到达，导致了"**文化帝国主义**"。在《传播与文化控制》一书中，席勒如此定义文化帝国主义：

> 文化帝国主义的概念……描绘了某个社会步入现代社会系统的
> 整个过程，这个社会的主流阶层是怎样被影响、被施压、被强迫，
> 有时候是被收买去形成社会制度，并使这个制度与系统中的核心结
> 构和价值相适应，甚至有所提升。（Schiller，1976: 9）

依据媒介、权力与文化之间的关系，批判政治经济学的视角致力
于两个批判对话。首先是自由多元主义媒介理论。在从 1960 年代流行
的"现代化"理论（Lerner，1958；Schramm，1964）到目前作为一种
和全球政治经济相匹配的美国"软实力"的思考中（例如 Nye，2004），
批判政治经济学家们提出，这样的模型因为媒介和传播研究排斥从经
济、政治和文化的权力结构进行更开阔的思考而有基本的瑕疵（见
Mattelart，1994: 147–64；Thussu，2006: 42–50 对这些争论的总结）。

第二种和马克思主义的对话在许多方面更为复杂。在通常的水平
上，马克思主义提出了一个命题：文化和思想领域不能独立于形成和最
终限制它的政治经济力量去理解。这就是为什么意识形态概念对于马克
思主义者的文化理论如此重要。这种观点的两个关键性变量可以从卡
尔·马克思和弗里德里希·恩格斯的著作中找到。首先，可能是最有影
响力的，是在马克思的《德意志意识形态》中形成的：

> 统治阶级的思想在每一个时代都是统治的思想，也就是社会物
> 质资料的占有者同时也是社会知识力量的占有者。有物质生产的手
> 段供其使用的阶级，同时也拥有精神生产手段……统治的思想不过
> 是占优势的物质关系的理念表达。（引自 Barrett，1991: 9）

也许最大胆和最显著的"统治阶级＝统治意识形态"公式的重
新评价被乔姆斯基和赫尔曼在媒介的**"宣传模式"**中提出（Chomsky

and Herman，1988）。乔姆斯基和赫尔曼提出，美国媒介很大程度上基于垄断阶级的思想运作，凭借"金钱和权力能够过滤掉信息以适合印刷，排斥异议，使政府和统治阶级的信息得到公众理解"（Chomsky and Herman，1998: 2）。对于乔姆斯基和赫尔曼来说，五个"过滤器"所导致的结果影响到通过大众媒介的思想流动。

34　　　　（1）大众媒介公司的规模，日益集中的股权、所有者的财富以及利益导向；（2）作为大众媒介首要收入来源的广告；（3）对政府、商业公司、信息源的依赖以及由权力机构和上述信息源资助和认可的专家的依赖；（4）作为媒介惩罚手段的"炮轰"；（5）作为国家宗教和控制机制的"反共"。（Chomsky and herman，1988: 2）

在后"冷战"和后"9·11"世界，这种模式仍旧是有效的，同时"反恐战争"成为美国政府合作的优先驱动力。

"统治阶级 = 统治的意识形态"或者说宣传模式来源于第二种路径，在马克思的《政治经济学批判》导言里提出，文化和意识形态是作为一个社会信息的层级而存在的，经济关系是主要，但不是绝对主要的，政治和意识形态"层级"的关系通过社会关系被最大程度地理解和质疑：

　　　　在社会生产中，人们进入了确定的关系，这种关系是不可或缺的，并且独立于他们的意志，生产关系适应于物质生产力发展的确定阶段。这些生产关系的总和形成了社会的经济结构，在此基础上，产生了法律和政治的超级结构，这些超结构适应于社会意识形态的确定结构。**物质生活的生产模式决定通常的社会、政治和知性生活**。（引自 Larrain，1983: 42；黑体为我所加）

这种进入媒介和权力之间关系的路径，也即把资本主义体系之下的经济利益关系看作主要但非决定性的，长久以来在批判政治经济学领域是最有影响力的。两个最重要的倡导者是美国的政治经济学家彼得·戈尔丁和格雷厄姆·默多克。戈尔丁和默多克强调媒介内容与其受众之间关系的分析如何需要不仅"被作为产业的文化产品解释方式"而且被"人们在更广的经济信息之下所决定的消费选择的方式"建构。(Golding and Murdock，2000: 72)。在他们的媒介、传播和文化政治经济学视野里，戈尔丁和默多克提出了三个对媒介形态和媒介表征的多样性产生结构性限制的因素。然而，如此之后，他们强调在与乔姆斯基和海尔曼的鲜明对比中，产生一系列的矛盾和争论，"所有者、广告主和重要政治人物不会总是如他们所愿去做……在一个既有束缚又有便利的结构中"（Golding and Murdock，2000: 74）。首先是单一民族国家和公司之间的权力关系，公共和私人所有权以及国有资产的私有化问题，商业媒介的"公共利益"调节形式和本质也在改变（参见 Curran and Park, 2000）。第二，他们提出，主流的经济利益即使不是决定性的，也强烈地影响着受众可接触到的文本的范围和多样性，这些媒介文本的分歧有结构和意义上的限制（参见 Condit，1989；Budd et al.，1990）。第三，他们注意到基于收入的障碍延伸到文化和传播产品及服务，重申了阶级的划分。这不仅是谁能进入所谓和新媒介相关的"数字鸿沟"的问题，而且对于那些没有进入高收入人群来说，事关媒介和传播资源的增值范围和相关性（Gandy，2002）。有关新媒介，丹·席勒（1999）指出 1990 年代以来，信息通信技术（ICT）在全世界快速膨胀，是一个强势的适应全世界信息产业政策的泛合作目标的起因和结果，它是发端于美国的新自由主义管制规范（Schiller，1999: 40）。新媒介解放能力读本的兴起忽略了数字资本主义实际上在全球强化了亲资本主义的规范、价值和政策——从批判政治经济学的视角来看——进一步强化了社会经济和政治的不平等，这种指向商品化和更广泛的社会治理的趋势——绵亘在通信到教育之间——笼罩于亲市场和新自由主义意识形态之下（参见 McChesney and Schiller，2003）。

同样重要的是，一些批判政治经济学家提出资本主义目前的发展阶段就是经济和媒介文化在空间上的日益重叠，持这一观点的重要理论家是尼古拉斯·加纳姆，尽管这一观点的主要内容被雷蒙·威廉斯在其著作中界定：

> 现代信息体系如此明显地成为发达资本主义社会的主要制度，它们得到了同样的关注……被赋予了工业生产和分配的制度……这种分析导致生产力定义中的经济基础和上层建筑公式的理论修正，在社会领域，大规模的资本行动和文化生产现在已不可分离。（Williams，1977: 136）

加纳姆（Garham，1990）从理论的高度提出，经济基础／上层建筑模式和它的变种在把"物质"和工业产品以及把"意识形态"和文化产品合并这个方面误读了马克思主义。加纳姆反而提出文化的唯物主义理论的关键问题是理解文化形态工业化的过程，或者服从于资本主义商品生产的一般形态和实践的过程。类似的理解文化产业的路径见于麦戈（Miege，1989）有关文化产品和文化工作关系的分析，赖恩（Ryan，1992）有关创意实践和法人组织在文化部分的矛盾的分析，和赫斯蒙德霍（Hesmondhalgh，2002）综合多种文献到文化产业的经济和社会实践认知的著作中。

这些主题和路径的结合在最近的一篇有关全球媒介的政治经济学著作里呈现出来。爱德华·赫尔曼和罗伯特·麦克切斯尼的《全球媒介：全球资本主义的新传教士》（Herman and McChesney，1997）这本著作重新阐释了很多赫伯特·席勒在 1970 年代论述过的有关文化帝国主义的关键性议题，对 1980 年代和 1990 年代媒介在全球获得的里程碑式集中的趋势做了一个全面的综述。赫尔曼和麦克切斯尼的观点将会在第三章进行详细的论述，他们提出从 1980 年代早期到现在，"伴随着真正的全球商业媒介市场的出现，民族国家的媒介卷入了一个剧烈重建的浪潮"（Herman and McChesney，1997: 1），随着集中而来的后果是媒介权力掌握在几个跨国公司（MNCs）手中以及媒介在全世界范围内彻底的商业化。他们提出全球媒介体系已经变成"整个全球市场经济不可或缺的一部分"，不仅因为资本在全球疯狂投资媒介、通信和信息产业（席勒所提出的"信息复合体 [ECI complex]"），而且因为"全球媒介为广告商和使全球市场顺利进行的消费主义价值观流行提供了一个有活力的平台"（Herman and McChesney，1997: 189）。

《全球好莱坞》（Miller et al.，2001）是全球媒介批判政治经济学的一个重要文本，这本著作试图将有关全球媒介的争论从"文化帝国主义"——和附带的意识形态和影响的问题——转向全球生产体系，或者米勒所指的"**新的国际文化劳力分工**"。对于米勒等人来说，主要由美国发端的视听媒介产业全球化目前阶段最为显著的是，它们已经结构性地将"手工活动"——也就是把电视和电影节目作为物质的人工制品——从"智力活动"或者是思想、概念、类型和规划格式中区别开来。这种思想起源于亚当·斯密和卡尔·马克思，米勒以及其他人提出，生产过程（手工活动）在寻求更低的劳动成本和其他成本时已经被空前全球化了，与此同时，与新的生产概念相联结的知识产权的产生和所有权（智力活动）正在高度集中。米勒等人建言，新的国际文化劳力分工（NICL）作为一种理念解释和批判性地质询"文化劳动、劳动过程的全球化以及好莱坞通过文化市场协调和保护权力的方式之间的区别"（Miller et al.，2001: 52）。米勒《全球好莱坞》的论点明显是批判政治经济学的传统，并未脱离主流的意识形态、文化民族主义，或者是基于效果的媒介文本受众关系的理解。在这个层面，他们的观点横贯批判政治经济学以及文化研究等其他学说的许多传统成果之间，提供了一个本书论点不断发展的标准。

文化研究

从某些方面来讲，将文化研究和批判政治经济学这两种理解全球媒介的不同方式并列有些奇怪。这两种路径分享了对社会现实的理解，这种理解来源于批判理论和像雷蒙·威廉斯这样的文化理论家的著作，两者都试图批判媒介和文化领域主流的趣味，两者都从1960年代和1970年代"新左派"和反殖民运动中出现的与马克思主义批判性的对话中吸取了大量的智力资源。同时，两种路径也都明显地看到对方显示出的严重缺陷，正如在一些代表两种路径的学术著作中所描绘的，有时候甚至是一些恶毒的攻击（例如，Garnham，1995；Grossberg，1995；Mosco，1996；Ferguson and Golding，1997；Hartley，2003）。

文化研究特别关注**文化权力**问题，或者是在不同的文化形态中传播技术所生产、分配、解释和质询的路径，在这样的时代里，技术使媒介在人群中广泛分布。尼尔森等人（Nelson et al.，1992: 4）把文化研究定义为"跨学科的领域……涵盖社会艺术、制度和传播实践众多领域的研究。"文化研究还特别关注在以大众媒介为中介的现代社会里，媒介、权力和文化之间的关系。正如斯图亚特·霍尔所观察到的，"20世纪发达资本主义媒介在文化领域业已建立了一个决定性的、根本的领导，它们已经在文化和意识形态领域激进地**殖民化**了"（Hall，1977: 340）。

文化研究和批判政治经济学的差别经常围绕着意识形态的问题，围绕着经济和文化领域的发展对当代社会大众流行文化的影响方式展开。霍尔提出，文化研究通过**霸权**的概念来表达这些问题，或者是"一个阶级**塑造与生产**比另一个阶级处于优势地位的认同（通过严格筛选的社会知识形式使其成为可能）……（换句话说）占统治地位的意识形态的主要工作"（Hall，1977: 339）。作为霸权的意识形态概念来源于意大利马克思主义者安东尼奥·葛兰西，与反映一个阶级统治另一个阶级的意识形态概念相反，它意味着不断地在社会阶级之间改变权力平衡，所以"考虑到斗争和反抗的维度，不同文化之间对抗的维度，在此，霸权不得不协商和赢取胜利"（Newbold，1995b: 329）。这一理论也承认，文化在任何特定的场合和地点都未被给予总体性：理念没有一个必需的"阶级属性"（例如民族主义和宗教信仰）；中间阶层和团体有他们自己的价值观和专业理念（例如，知识分子、政府管理人员、媒介专业人士）；也正如雷蒙·威廉斯（1965）所定义的文化实践的"残留的"和"突现的"形式，和特定历史时期的主流文化有着复杂的关系。

在一系列有影响力的论文中，霍尔（Hall，1977，1982，1986，1996）形成的霸权概念作为知识分子实践跨学科的政治领域成为文化研究的核心。对于霍尔来说，霸权的概念确定了意识形态和文化不能被认为是"上层建筑"，它很大程度由经济"基础"的发展水平来塑造。因为意识形态通过和语言、文化、生活经验以及潜意识的关系，充斥在社会和社会关系的方方面面，所以在经济和文化之间没有一个简单的决定关系。换言之，意识形态从来不是一个通过推广错误理念获得阶级优势的简单工具，因为：

> 霸权不能被一个单一的、统一的统治阶级，而要被一个阶级的联盟来维持……霸权不仅是被赋予的永久的状态，而且必须去积极地赢取和**保护**……没有**永久**的霸权：它只能在特定的历史关键时期建立、分析。（Hall，1977：333，黑体为作者所加）

霍尔也把霸权看作是在两种主要的文化概念之间提供向前的路径，由此形成了1970年代的文化研究。英国的传统是用民主文化中所隐含的议程再评价从属阶级和"普通人"以寻求依据生活经验理解文化，"在整个人生的诸多元素中去研究关系"（Williams，1965，引自Hall，1986：36）；欧洲的结构主义传统，通过建构阶级关系、语言和符号体系把决定性的文化元素强加在生活经验之上。霍尔提出在这两个传统的关系中——关注"被那些非常紧密组合又不互相独立的文化／意识形态概念所规划"的复杂领域——霸权的概念通过不同的，有时是相反的路径，"条件和意识之间的辩证法"，能够提升唯物主义文化理论（Hall，1986：48）。在霍尔的著作中对霸权的核心理解方式是**接合**的概念，这个概念不

39

但指在特定的历史关键时期不同元素间形成的复杂的统一体，也指话语通过陈述和意义的排序和调节在建立"共识"时所扮演的角色，同时也指社会矛盾通过语言以及特别的术语和概念的"内涵斗争"来表达的程度（Hall，1996）。前者的例子是不同社会中宗教和国家的关系，在一些国家它与阶级力量紧密联系，在另一些国家则成了政治反对派的力量源泉。后者的例子是，那些如"民主"、"人民"、"共识"以及"民族认同"的术语在不同的时代和地点有不同的和有争议的意义（Hall，1982）。

同时代的大众媒介为分析和测试这些命题提供了有利的条件。同时，霍尔一直被批评"相对较少地说到大众传播机构"，而且缺乏"经济和国家如何塑造文化产品的具体说明"（Stevenson，1995: 41，43）。霍尔的文化研究通过媒介信息的**编码/译码模式**形成了媒介政治经济学。媒介文本的**编码**过程伴随着媒介的组织结构、组织文化和生产实践以及产品关系、技术基础设施，通过报纸或电视节目生产出来。在这种生产过程中，媒介文本在主流意义中被编码，为使文本能够到达受众，编码必须对受众是有意义的，或是符合受众的期待，这种期待是由受众所期望消费的媒介文本所构成的。然而，在接受媒介文本的过程中，受众致力于**解码**这些媒介文本，或者"阅读"媒介文本的内容，以使这些内容在被消费的过程中变得有意义或令人愉悦。

1980 和 1990 年代从文化研究的视角所做的有关媒介的重要研究（例如 Fiske，1987，1992；Morley，1980，1992；Ang，1991）聚焦于这个框架的后一个方面，区分媒介文本的"优先阅读"和受众的解码实践的细微差别，这种解码实践（i）在文本的"主导符码"中实施，（ii）"协商"主导符码，（iii）做出相反的阅读或者在可选择的参考框架中去解释文本的"畸变的解码"。这些受众的阅读实践又折射了社会结构、政治倾向和统治阶级意识形态等问题，因为阅读是"根植于嵌入社会结构中的文化差别——指导和限制了个人对于信息的解释"（Morley，1992: 118）。对于费斯克（Fiske，1987）来说，大众媒介导致了"两个经济"——费斯克的特殊兴趣是在广播电视——作为文化商品的自然属性，大众媒介在"金融经济"中循环，它们的运作很大程度上被政治经济学解释，在**文化经济**的领域，媒介文本的流行被"意义、快乐和社会认同的交换和流通"所决定（Fiske，1987: 311）。这部著作因其政治结论的有效性被广泛讨论，特别是指出了大众流行媒介建立了一套抵制主流意识形态而不是强化它的设置（见 Fiske，1987: 316-26）。尽管少有评论，但同样值得注意的是，这样一种分析解码过程的方式是一种路径——媒介文本在金融经济中生产和流通——被批判政治经济学的著作中大量提到。我将回到下面的观点，把制度主义和文化政策研究的贡献看作是对媒介组织和政策的理解。

文化研究另一系列问题是它们的参照框架是否从根本上是民族国家的，以及如何很好地用来批判解释全球媒介。这一点由斯特拉顿和昂（Stratton and Ang，1996）提出，他们注意到文化研究历史上是怎样产生在回应英国出现的特别问题时，以及它们如何被一代文化理论家们所理解[1]，与此同时，他们的方法论把特性和情境作为理解文化和权力的关键问题。尼尔森（Nelson et al.，1992: 8）把情境分析定义为"嵌入的、描述的、历史性的和特殊语境的"。斯特拉顿和昂（Stratton and Ang，1996）注意到，从这点上扎根，自下而上的研究方法仍旧保留了一套从英国经验产生而后又应用于其他国家语境的给定的学科概念。这个问题类似于社会学中的"社会"一词，一套管理的原则被看作是放之四海皆准的，之后延伸到民族社会的比较研究中（美国社会、法国社会、中国社会等等），"所有这些国家的具体情况又被依据通用的社会学大师的概念和理论分类和描述"（Stratton and Ang，1996: 364）。他们提出的强调民族文化研究的路径，特别要分散起源于北大西洋走廊的"大叙事"，存在过度地强调民族主义者关注的问题，产生了"有关文化研究和民族国家之间假定的适合的反射性缺乏"，所以"民族国家之后成为……理所当然的文化研究形成的特定版本的决定性语境"（Stratton and Ang，1996: 380）。

对于涉及媒介全球化的文化研究，一个超出民族国家界定的能力是特别重要的，因为最高端的媒介正在民族国家形式以外被操控，这种操控依据媒介金融、生产、发行和接收来进行。然而，同时在文化消费实践中仍然有一股强大的本地化趋势，这种趋势扮演着全球化和霸权的大众流行文化的刹车的角色。研究这些问题的一个路径在阿帕杜莱的著作中提到，它来源于文化人类学而不是文化研究。阿帕杜莱提出全球化和全球文化理论的概念支撑，进而指出，**文化杂交**而不是文化控制是**存在的目的和理由**。阿帕杜莱（Appadurai，1990）提出，全球文化经济基于促进一个普遍的全球文化（文化同质化）和促进文化差异（文化异质化）之间的张力。他提出全球文化在五个平面上流动：

1. 种族景观（ethnoscapes）:人们穿越世界的迁徙，作为旅行者、移民、逃难者、流亡者、外来工人和学生等等；

2. 技术景观（technoscapes）：全世界复杂科技的流动，与投资项目相联系的资本和技术劳力的流动；

3. 金融景观（finanscapes）：通过货币市场、金融机构、股票交易和商品市场实现的剧烈的和不可预见的金融资本的全球流动；

4. 媒介景观（mediascapes）：经由出版、广播、电影和录像以及高速发展的互联网和数字媒介的影像、叙事、媒介内容等等的全球流通；

5. 意识形态景观（ideoscapes）：例如民主、人权、环境意识等等的意识形态、概念、价值和"关键词"的全球流通。

对于阿帕杜莱来说，当前的全球文化阶段最为独特的是，这些在流动间增长的分裂，意味着"一系列新的全球分离不仅仅是一个简单的全球文化政治整个放置其中的单向道……国际间技术、劳力和金融之间的变迁仅需一个现存的新马克思主义模式不均衡的发展和国家形式的温和改变"（Appadurai，1990: 306）。在他后来的著作《离散的现代性：全球化的文化面向》（Appadurai，1996）中，阿帕杜莱更加聚焦于全球传播和文化中的文化因素，提出使当今全球化时代具有文化独特性的核心元素之一是电子媒介的全球化和大规模的迁徙。

对大规模迁徙以及多文化社会流散社群的生活经验的强调使阿帕杜莱建构了文化的定义，这种定义围绕着：(i) **情境的不同**，或是和本地的、具体的和重要的东西相关联，(ii) 建立群体认同的基础，(iii) 在其他竞争领域作为一个群体认同的关节点能被动员起来。跟随这个定义而来的是文化作为群体认同被建构起来，这个认同基于文化政治之中情境的不同，或者"为更大的民族或跨民族政治服务的文化差异的有意识的动员"(Appadurai，1996: 15)。全球媒介的流动机会主义地将它自己置于"这个非领土化的丰饶的领域，金钱、商品和人被卷入无止境的全球范围的相互追赶中"(Appadurai，1990: 303)。阿帕杜莱的著作寻求打开一些空间，在此"自下的全球化"可以理解为"底层"对有关全球化的多样性和他们的文化冲击"发声"的机会，所以采取"自下的全球化"的激进分子为了重新协商这些全球流动的元术语，以取得更多的赋权和民主成果，而对著作给予更多的认知。与之相比，阿帕杜莱提到投机理论，独立出现的这些本地斗争的一个理解忽略了一个事实，"国际市民社会的理念排除自下的全球化的努力将会没有前途……这些形式的研究对于学术研究来说是一种义务，幸运的话，对于世界百分之八十以上的贫困者来说，能使这些协商有更多的结果……他们在社会和财政上存在更多的危机"(Appadurai，2003: 3)。

制度主义、媒介公司和公共政策

对批判政治经济学和文化研究视角的批评是，它们常常致力于对媒介组织的内动力进行一个相当基本的分析。赫斯蒙德霍(Hesmondhalgh，2002) 有一个观点指出，批判政治经济学的语境经常在北美学术文献中被作为争议性的案例，而不是在那些——主要是欧洲的——被文化研究理论所影响的传统。赫斯蒙德霍提出媒介批判政治经济学和文化研究不仅需要关注所有权的问题，而且要关注"市场结构的问题怎样影响文化产品组织和日常的、每天生成的文本"（Hesmondhalgh，2002: 34）。把全球媒介的宏观动力转向工业组织和组织文化的问题的能力对于全球媒介理论的有效性是一个重要的基准。在文化研究的情境中，有时有一个趋势，为了关注媒介消费和使用的政策，生产过程很大程度上通过政治经济学的方式去解释。例如费斯克（Fiske，1987）的文化经济积极可能性的理论，非常依赖于已存的遵循金融经济的媒介内容，媒介内容的操作很大程度上通过新马克思主义政治经济学解释。

制度是现代社会主流的组织形式。无论是经济资源集中到大的公司，民族国家作为主要的经济、社会和文化生活管理者的成长，或者是我们在组织里的工作方式以及加入协会、工会或专业协会宣称与那些相同职业的普遍的亲密关系，制度都是 20 世纪和 21 世纪早期资本主义现代性的核心组织形式。马奇和奥尔森（March and Olsen，1989: 1-2）观察到"社会、政治和经济制度已经变得越来越大，相当复杂和资源丰富，初步印象对共同生活越来越重要。现代经济和政治体系的主要参与者都是正式的组织，法律和官僚体系在现代生活中占据了主要的地位"。制度不仅作为法律实体存在（例如公司），更是作为非正式的机制连结个人和组织与他人的关系。理查德·斯科特（W.Richard Scott，1995: 33）把制度定义为"给社会习惯提供稳定性和意义的认知的、规范的和可调节的结构和行动。制度可以被各种各样的载体承载——文化、结构以及日常工作——它们在司法权的多样性上进行操作。"作为制定制度、建立日常程序和承诺提供奖励（或对违规行为进行处罚）的机制，制度有**可调节的**元素。制度也有**规范**元素，因为随着时间的过去，它们的持久性是依赖在一个制度内的人接受一套广泛共同价值的意愿。结果，在它们回应外部世界时有路径依赖，这种路径被重要人物和制度宣传所塑造（Hall and Taylor，1996；Peter，1999）。最后，制度有**认知**元素，因为它们给予身份认同，提供一个个体可以共享话语的条件。人类学家玛

44

丽·道格拉斯（Mary Dauglas，1987）提出，为产生**个体人格**或者一种社会"自我"，通过形成一种情势框架，定义身份认同和产生一种外在于整套可用话语的意义，制度形成了认知和散漫的状态。

对于制度作为一种形式的重要性的关注一直是制度主义的特点，这种形式不仅调节个人的行为，而且使集体行为成为可能。这种关注作为社会科学领域的方法论有一个漫长且充满异议的历史。制度主义从一个非常折中的角度呈现自己，为方法论提供一个可选择的思维方式，这种思维方式由理性人假设形成，例如新古典主义经济学，或者个人的行为怎样被其在社会结构中的位置最大程度地塑造的过度的功能主义解释，正如我们在一些马克思主义版本里发现的那样（Hindess，1989）。制度主义高度关注技术与组织、市场中的权力运用、所有权和控制问题、制度行为的改变以及在历史时间上的社会组织之间的相互影响（Hodgson，1988；Stilwell，2002）。例如，霍奇森（Hodgson，1988：208）形容公司是一个"权力的制度"，部分功能是"一种被保护的飞地，以免于潜在的稳定和有时的破坏性，甚至是竞争性市场上肆虐的投机"。

制度主义的传统在本质上是异质的。它的核心元素是——除了在经济理论中——在所有的社会理论形式中被认为是**权力**的关系（Galbraith，1973）。**市场的社会嵌入式**被给予了应有的历史和现时的重要意义。后一个概念，也即市场和制度互相建构的关系在卡尔·波兰尼的著作中被历史性地发展了（Polanyi，1944，1957；参见 Jessop，2002），他提出，经济体应被嵌入在制度和社会进程中解读：

> 人类经济……被嵌入或裹胁在制度、经济和非经济之中。非经济内含的东西是至关重要的。对于政府或宗教来说，经济的结构化和功能化与货币制度或者可以减轻劳动痛苦的工具和机械的可获得性同样重要。（Polanyi，1957：34）

值得注意的是，制度主义的思想也是存在差别的，或者称为"弱"和"强"的制度主义（Hall and Taylor，1996；Peter，1999；Coriat and Dosi，2002）。**理性选择制度主义**（rational choice institutionalism）处在"弱"的理论谱系的一端，把制度的发展理解为规则系统，理性个人可以从集体行动中最大化个人的利益（Rutherford，1996）。这种路径很大程度上利用社会科学的方法论个人主义，特别是新古典经济学，发展了"新组织经济"，强调财产权利、寻租行为和交易成本对于制度发展的重要性（Williamson，1985；Hall and Taylor，1996）。

在"强"的一端，法国调节主义学派（Regulationist School）的政治经济学家（Aglietta，1987，1998；Boyer，1987，1988，1990；Lipietz，1987）发展了资本主义经济动力的模式，连结了马克思主义、制度主义和宏观历史学的方法论。科利亚和道斯（Coriat and Dosi，2002: 102）观察到"调节主义"所指的"**制度的积累**"（a regime of accumulation），这一术语来源于马克思主义理论的扎根于历史时间的资本积累，以六套制度安排为基础：

1.雇佣劳动关系（雇佣类型，劳资纠纷的管理体系，工会代表，工资形成等等）；

2.产品和服务市场的竞争形式；

3.制度管理的财务市场，包括股票和信贷市场；

4.消费规范；

5.国家干预经济的形式（经济管理政策，纠纷的调节，工业发展，税务，福利，健康和教育，公共产品的提供等等）；

6.国际交换体系的组织。

46　　科利亚和道斯把"调节理论"定义为"强制度主义"的形式，借此可以形成认知的过程和个体的身份，利己主义和制度的维持连结在一起，制度是"历史的载体"，这种决策随着时间的流逝在社会发展中产生了路径依赖（Coriat and Dosi，2002: 100）。

在第一章中已经提到，制度分析与全球媒介研究的相关性，来源于20和21世纪**公司形式**对于媒介组织的中心性。五个因素有它们自身的重要性，这种重要性体现在逐步提升在公司制度形式里日益增长的媒介生产和分配的纠结里：

1. 公司独有的法律形式；
2. 谁控制公司的问题；
3. 日益增长的公司制度的复杂性和向多部门组织形式的转移；
4. 作为一种风险管理方式和不同活动协作方式的合同的角色；
5. 作为一种管理创造性的方式的官僚机构的角色，以及在有创造性的工作环境中的挑战。

第一章还提到制度组织的公司形式产生了与政策和管理相关的独特问题，不能假设国家政治制度做出的决策简单地反映了各个独立存在的力量的联盟。历史制度主义者（historical institutionalists）如斯克波尔（Skocpol，1985）批评了一种概念，也即政策很大程度上由国家制度之外的力量和利益平衡所决定，提出"形成……利益集团与阶级的政治能力，在很大程度上有赖于特定国家的结构与行为，反过来，这些社会行动者又寻求影响国家的结构与行为"（Skocpol，1985: 27）。这种路径提出邓利维和奥利里（Dunleavy and O'Leary，1987）所定义的公共政策的"密码图像"（cipher image）的问题，政策形成很大程度上被视为有权力的公司和政府利益之中的精英分子的交易已经取得的成果的反映。在这样的路径中，政策形成和实现的制度特异性被很大程度地抹去，政策成果被典型地视为独立于政策过程的结构性规则。结果是我们只剩下"不舒服的推理，国家制度的研究有些离题"（Johnston，1986: 69）。在澳大利亚传播政策的新马克思主义批判中，关于怎样最好地理解结构和能动性之间关系问题的努力，皮尔斯（Pearce，2000）观察到，这些部分"没

47 有注意到……很多卷入传播政策中的利益集团**在那时**所想到的是他们的利益",而是分配利益基于他们自身外部的,"公共利益"和"商业利益"的意识形态的理解(Pearce,2000:371)。

潘图森(Pontusson,1995)指出制度主义通常被理解为一种中层理论,关注的是能动性和结构之间,或个人主义和结构主义之间的关系。在社会科学里作为"中层理论"的本质问题是在这个紧紧依附的框架之外的本质问题。潘图森提出,为了发展"发达资本主义的比较研究",制度主义应该和批判政治经济学的宏观路径结合起来(Pontusson,1995:143)。这和塞耶的论点类似,塞耶指出调节理论是作为"中层理论"或检验不同种类的宏观经济过程的社会植入的资本主义分析而出现的(Sayer,1995:24);同时它也是制度主义和马克思主义之间对话的反映,这种对话产生在批判政治学领域(Dugger and Sherman,1994;Stilwell,2002)。

重新思考国家能力:文化政策研究

对于自由多元主义和全球媒介的批判理论来说,国家理论是一个重要的领域。受制度主义理论和文化政策研究的影响,近些年来有一个重要的再思考:如何理解与全球媒介相关的国家机构?从自由多元理论生发的政治经济学路径富有挑战性地提出,国家是利益冲突的中立仲裁者,而不再强调在政府政策之上的公司利益的权力和影响(Miliband,1973)。1970年代出现了一个重要的争论,有关资本主义社会中国家的角色和本质,"工具主义者"的视角——视国家为统治阶级的代言人,因为它们在资本主义制度中拥有最大的权力和影响——被**结构主义者**挑战,他们更注重阶级利益,相互矛盾资本之间的竞争,以及为了维护合法性把国家视为"超越一切"特殊利益的需要(Poulantzas,1972;Jessop et al.,1990)。从政治经济学的视角,莫斯科提出"国家必须提48 升资本的利益,即使是它作为更宽泛的社会公共利益的独立仲裁者出现"（Mosco，1996: 92）。凯尔纳（Kellner，1990）借用葛兰西的霸权理论提出，这种在国家战略之间潜在的矛盾加速了私人资本的累积，它们维持某种程度广泛合法性的需要部分受制于"一种排他的逻辑，宣判那些声音沉默，批判资本主义的商品生产模式，超出了那些媒介拥有者们所能允许的边界（Kellner，1990: 9）。

这些路径一直从**文化政策研究**的视角来批判，它们如何代表了媒介权力、政策和文化之间的关系。托尼·班尼特，文化政策研究的顶级学者之一，提出了更加制度化理解文化形式和实践的方法的需要，它可以为文化政策确立机会，影响政府代理和机构的明确行为（Bennet，1992a）。班尼特提倡文化研究是**有用的**，在一定意义上可以连接文化政策信息的制度结构和理论，得到了一些像麦克罗比（McRobbie，1996）这样的文化研究理论家的回应，后者把文化政策定义为文化研究的"迷失的议程"。这也可和更宽广的作品连接起来，和米歇尔·福柯（Foucault，1991）的**"治理"**概念连接起来，福柯的概念把理解政府的焦点从谁控制正式国家制度和结构转移到**治理技术**的微观政治上，这种治理技术形成了对政治问题和直接引导他们的行动形式的理解（Miller and Rose，1992）。亨特（Hunter，1988）在著作中提出，文化研究需要转向更多的历史依据以及与文化制度约定的制度化的特殊形式，同时提出"文化的兴趣和属性……仅能被描述和相对评估为……一系列历史制度，这些属性在其中被阐释和形成"（Hunter，1988: 106）。

班尼特（Bennett，1992a: 26）提出，文化最好被看作"一套历史的特殊的制度化嵌入式的治理关系，在这种关系中，思想的形式和延伸的种群行为以转换形式为目标——部分经由一些社会主体的形式、技术、审美和精英文化延伸"。对于班尼特来说，这种方法把当代文化政策倡议和现代社会文化信息的历史分析连接在一起，通过把文化的"政府化"看作更宽广的趋势的一部分，这种趋势把知识的特殊形式用作人口管理的技术。班尼特把这种重新修订的研究文化制度的分析框架的含义看作是四个层面的。首先，把对文化历史的强调从那些把制度发展理解 49

为文化批判的方法中转移出去，更多地朝向一个更精细的对管理目标、目的和组织自身成果的制度分析（参见 Hunter，1988）。第二，班尼特不把文化政策看作一个可选择的文化研究的附加，而把它看作"文化定义和形成的中心"（Bennet，1992b: 397）。第三，指出文化研究发展的视角将是"不仅在实质上，而且在形式上，在于影响或服务文化相关领域内明确的代理者的行为"（Bennet，1992b: 397）。第四，这种透明性使建立一种在文化理论家和班尼特所谓的"文化技师"或者文化政策生产者和管理者之间的长期对话成为必要（Bennet，1992a: 32）。

班尼特的著作，在澳大利亚新兴的文化政策研究领域的一些作者（Cunningham，1992；Hunter，1994；Mercer，1994；Bennett，1995；Meredyth，1997）那里，获得了广泛的回应。路易斯和米勒（Lewis and Miller，2003）指出，作为一种方法的文化政策研究在英国和澳大利亚比在美国会更有意义，在英国和澳大利亚有批判知识分子和本土的管理当局寻求合作项目的历史。[2] 在美国，文化政策研究出现在文化经济这些领域，与围绕着公共基金和文化机构的问题有相对强和直接的联系（Di Maggio，1983；Lewis and Miller，2003）。一些作者在更制度化和程序化的方向表示了发展文化研究的渴望。米勒（Miller，1994）观察到文化政策研究的一个成果出现在与文化研究的对话中，而不是如同它在社会科学所养成的，政策研究缺乏围绕咨询公司的伦理学的问题意识，缺乏研究者通过客户"猎获"的问题，缺乏政策修辞和实现完成之间的关系。麦圭根（McGuigan，1996）也指出，更高级的文化政策主动权的容量非常依赖政府的属性和优先权，左倾的政府比右倾的政府更加富有同情心。路易斯和米勒（Lewis and Miller，2003）指出，在政策研究和批判传统之间没有对立，正如一个人能够从批判的视角承担文化制度的政策取向分析，正如在斯特里特（Streeter，1995）对统治美国广播媒介政策的制度框架的批判里所看到的一样。

这种争论仍旧在继续，我们也将说明围绕着创意产业（将在第五章中讨论）出现的类似争论，它们和文化政策研究有很多联系。更深入的两点在这个阶段被加入。第一，在文化的范畴里，通过要求一个对国家能力更加制度化的描绘和与语境相关的理解，文化政策研究已经注意到认识代理机构和部分政策研究者独立主动性的能力的需要。这指出了叶特曼（Yeatman，1998）所定义的**政策过程中的激进主义**的可能性，或者是积极分子和政策管理者之间的联盟。第二，文化政策研究的视角仍旧绝对是国家的，不仅反映了文化政策研究根源于文化研究的传统，而且反映了有关民族国家政策研究的焦点作为决策的主要基点。它们的研究聚焦于文化政策与公民身份信息之间的关系，举个例子来说，存在一个暗示性的假设，这两者都是在民族国家的水平上操作的。全球媒介的增强提出了一个延伸性的问题，那些接近和使用与公民身份信息相联系的文化资源，正日益从跨国而不是民族国家的资源中获取，从全球视听媒介特别是互联网中获取（Canclini，2000）。同时还提出了媒介生产、消费和使用的微观政治的问题，这些问题很好地被国家驱动之外的路径表达出来了，沿着这一路径理解这些关系，保留了强烈的文化政策研究的路径特征。

文化和经济地理学

地理学关注的焦点是社会关系的空间维度，每天生活的空间维度和社会交往，这提供了一个分析全球媒介空间、维度和影响的重要视角。文化和经济地理学的视角对于在全球媒介之内与通过全球媒介理解媒介、文化和空间建构的独特关系一直非常重要，在本章中，这两者都要被一起考虑，经济地理学家最近具有分析意义的著作将体现在第三和第四章中对媒介全球化的分析，文化地理学视角的重要性将主要出现在第五章。

地理学有两个主要"转向"对于理解当代争论的背景有重要意义。51 第一个出现在1970年代，很大程度上和马克思主义政治经济学以及批判理论更广泛的兴起同步，是对实证主义以及地理学作为"空间科学"理念的批判（Massey，1985：11）。空间关系是**资本主义下的空间关系**

的考察，因此需要把马克思主义的资本主义批判——和它们对于资本积累动力、社会劳动分工、不平衡发展以及阶级不平等、对抗和矛盾的关注结合起来——在激进的地理学中产生了一个巨大的富有成效的时刻（例如，Castells，1978；Harvey，1982；Massey，1984；Storper and Walker，1989；Smith，1990）。与此同时，一个潜在的问题（围绕着空间关系是通过一个更宽广的社会关系形成的）是，地理学是否事关紧要，还是如多琳·梅西所说，"地理学仅仅在后来的分析阶段进入了这个场域——那是完全偶然的"（Massey，1985: 18）。虽然激进的地理学家如哈维（Harvey，1982，1985）、斯托伯和沃克（Storper and Walker，1989）、史密斯（Smith，1990）开始着手在一个清晰的空间定义中重建政治经济学——哈维（Harvey，1982，1985）"空间修复"的定义最为著名，与技术创新一起，成为资本重新更新自己的核心机制——但是问题仍旧有关地理学对批判政治经济学的独特贡献。正如梅西（Massey，1985: 18）所观察到的，"如果我们真的打算使外在于它们的空间形式和空间含义的社会过程和结构概念化不可能，那么后者也会成为我们最初的构想和定义的一部分"。同时，索娅（Soia，1989）提出，批判地理学的影响已经涉及批判社会理论空间的再主张。

批判地理学的第二个主要发展，即"文化转向"，可以大大地追溯到 1990 年代早期。新的文化地理学利用后结构主义者的批判陈述，使那些表征"现实"的符号不仅被看作是直接和理想化的中立的社会现实的反映，而且是意义的模型，有自身的物质和意识形态效果，因此被灌输和嵌入到权力、控制和反抗的关系中（Barnes，2003；Soderstrom，2005）。米歇尔·福柯（Foucault，1984: 252）的命题"空间是任何公共生活的基础；空间是任何权力操作的基础"，远超出空间、理解社会关系以及权力操作有关的命题，这也是批判地理学家们在政治经济学和批判社会理论领域一直以来的争议。对于福柯来说，独立于空间维度去构建社会关系是不可能的：

当前的时代可能首先将是空间的时代。我们身处同时性的时
代；我们身处并列的、肩并肩、分散的时代。我相信，我们正在一
个时刻，我们由时间发展而来的世界经验，远少于一连串的点和结
连结起来的网络。（Foucault，1986: 22）

从不同但是相关的视角，米歇尔·德塞都提出，在现代社会，权力
操作清晰的空间理解，区分出那些作为指向特殊战略目的的权力所管理
和要求的**空间**，和那些作为位置的**地点**，这种位置没有权力用一些可利
用的资源"设法达成"，寻求重新组织和建构指向他们个人目的的有力
制度和个人空间的战略（de Certeau，1984）。

有关"新文化地理学"的影响，地理学中的"文化转向"、后结
构主义和后现代主义影响的争论，更普遍地在地理学家们中激烈进
行（例如，Mitchell，2000；Smith，2000；Thrift，2000；Stoeper，2001；
Barnes，2003）。最有影响力的批判是大卫·哈维，他提出地理学框架内
马克思主义政治经济学野心勃勃的重新建构（Harvey，1982），在《后
现代的状况》（Harvey，1989）一书里着手进行批判，处于后结构主义
和后现代主义文化理论在1970年代和1980年代政治经济变化的动态之
中。哈维提出，学院内外后现代主义的影响——密切关注建筑和城市设
计中的后现代主义趋势——能够在远离福特主义的大众生产消费的资本
主义生产消费支配模式的转换语境中被理解，指向过渡性的模式，被多
样化定义为"有弹性的累积"和"无组织的资本主义"（Lash and Urry，
1987）。对于哈维来说，"分众化"以及生产和消费的全球化合力与一系
列与人相关的时空改变并行于时间、空间和权力之上的现代性影响中。
对于哈维来说，其中最具批判性的因素是，它标明了"经由时间的空
间的灭绝"（Harvey，1989: 293），产生了一类熟练的地理位置自由移动
的知识工人，他们习惯于"不受时间影响"和由后现代主义提出的"空
间"文化，批判的知识界的一部分把这种表达定义为全球世界主义。地
域政治和身份政治批判的兴起，哈维提出这样的"对立运动"成为碎

片的一部分，政治的行动基于"地方的美学……和作为诱惑游资的空间差异理念非常吻合，这些游资把移动性的选择视为高价值"（Harvey，1989: 303）。

对于哈维马克思历史唯物主义坚决抵御地域和身份政治的批判来自文化研究（例如，Morris，1992）和文化地理学（例如，Barnes，2003）。仔细思考这些争论，我们反而能够意识到文化地理学的发展程度——它自身已经和"经济文化化"的论述连结起来——或者是，经济地理学中"文化的转向"意味着"我们再也不能用同一种方式来看待'经济'的程度"（Gertler，2003a: 132；参见 Thrift，2000）。

当代全球资本主义经济"文化化"的程度是一个广泛争议的命题（例如，Amin and Thrift，2004）。拉什和尤里（Lash and Urry，1994）提出，"符号化的消费"和灵活的生产体系以及始于文化和创意产业的生产模式的扩散之间的相互作用，意味着"普通的制造业正在变得越来越像文化生产……不仅商品生产提供了模板，文化跟随而来，而且文化产业自身也提供了模板"（Lash and Urry，1994: 123）。格特勒（Gertler，2003a）指出生产的文化经济地理勾勒出三个"大理念"，在1990年代至2000年代获得了普遍的认同：

1. 伴随着组织文化和经济业绩的，生产领域的"社会再发现"（Clegg et al.，2005）；

2. 知识和学习的实现是相关的，与生产模式相关的学问的最高形式嵌入地理意义上特别的城市和地域文化中；

3. 本地生产体系的革命性动力和源自制度"锁定"和"先发"优势结合的累积优势（参见Arthur，1999）。

从文化研究的视角，杜盖伊和派克（du Gay and Pryke，2002）认为"文化经济学"起源于：

1.文化管理已经变成提升组织业绩的关键性争论，特别是当它把组织的目标和其中工作的人们的自我认知情感联结起来的时候；

2.经济过程和它们文化维度的关系，特别是在服务部门，经济的相互作用更直接地和人际关系及交流实践相关；

3.文化或创意产业的兴起，以及这些产业中的经济实践，例如 54 在对消费者的欲望和价值说明设计生产中的文化中介的角色，或者是在以时间和项目为基础的生产形式中的网络的角色。

文化和经济地理学的学术著作可以在全球化的意义和性质上产生非常有分歧的结论。一些地理学家注意到，对于城市和地区的地理重建，全球化力量的向心性（Dicken，2003a，2003b），另外一些人运用地理学的理解去关注全球化理论的空间局限（Cox，1997；Yeung，2002）。阿敏提出"（地理学）……独特的贡献，在汗牛充栋的全球化空间研究中——社会的、经济的、文化和政治的——正在被看作为一个单一和相互依赖的世界"（Amin，2001: 6276）。特别是，文化和经济地理学的全球化理论在他们强大的形式中质疑——下面讨论——通过关注不同**变量**关系的持续意义或是本地的、国家的、宗教的和全球之间的共同关系（Peck，2002）。阿敏质疑了一个理念，无论好坏，全球化都卷入了一个"改变不同空间范围权力的平衡"（Amin，2002: 395），质疑全球化标志了超越本地的全球网络的胜利，超越民族国家的全球资本主义的胜利，或者是全球世界主义和本地身份之间冲突的来源，而提出了全球化力量指向"作为远距离行动和归属感的多重组织空间的连结和实践成为可能"（Amin，2002: 395）。

"强全球化"理论和它们的批评者

被认为和全球媒介相关的最终的理论视角是"强全球化"理论。我指的是那些提出全球化进程标志了经济、政治和社会文化动力转换的理论，运用那些理论分析工具，我们理解 21 世纪的社会进程是全然不同于适合于 20 世纪的理论的。我在别处（Flew and McElhinny，2005）也已经参考了这些理论，提出和全球化相关的趋势标志着**性质上的转变**，这种转变以经济、社会、政治和文化的关系模式在国家和社会之内或之间产生，而不是一系列存在已久的趋势的扩展和强化。"强全球化"理论的例子在经济、社会、政治理论和文化研究中都能找到（包括 Urry，1989；Robertson，1991；Reich，1992；Ohmae，1995；Waters，1995；Shaw，1997；Modelski，2000）。我这里所希望做的是批判性地赞扬社会学家曼纽尔·卡斯特、学术／政治活动家迈克尔·哈特和安东尼奥·内格里，他们提出全球化标志了 21 世纪经济学、政治学和文化的转换，同时还考察本章提到的一些对"强全球化"的批评。

曼纽尔·卡斯特在他的三卷本著作《信息时代：经济、社会和文化》(Castells，1996，1998，2000a) 中提出 1980 年代出现的新经济是全球、网络和信息化的。然而这个新的技术经济框架仍然保留了资本主义的形式，它是卡斯特所描绘的**一个信息化而不是工业化的发展模式**，在这个模式中，生产力不是来自于社会劳动的使用，而是来自于信息技术的应用，"知识生产的技术，信息处理和符号传播"提升了"作为生产力主要源泉的知识自身的知识行动"(Castells，1996: 17)。信息模式的发展核心是网络，卡斯特把新兴的社会结构定义为**网络社会**：

> 网络组成了我们社会的新形态，网络逻辑的扩散从本质上修改了生产、经验、权力和文化过程的操作和结果。尽管社会组织的网络形式存在于别的时空中，但新的信息技术范式为它们快速地扩张到整个社会结构中提供了物质基础。(Castells，1996: 469)

卡斯特提出，网络社会的兴起和新的体制累积，或是生产消费的节点连结在一起，他把这定义为**信息技术范式**，在此信息、网络设计、灵活性和集中性是新的信息与通信技术对经济、政治、社会和文化各方面浸入式影响的内在产物。卡斯特以网络为信息技术范式核心元素的隐喻是在与"福特主义"或大众生产消费技术和经济体系作为工业社会核心隐喻的明确对比中发展出来的（Harvey，1989）。基于信息通信技术的新经济有三个基本的特征。第一是**信息化**，在某种意义上是"生产知识和处理管理信息的能力决定了各种经济单位、公司、地区或国家的生产率和竞争力"（Castells，2000b: 10）。第二，它是**全球的**，因为"核心的战略行为有能力在全球范围内实时和选择的时间内团队工作"（Castells，2000b: 10）。最后，新经济是**网络化的**。它是基于因特网这样的信息网络，同时网络公司变成经济组织的主要形式，经济组织的心脏不再是资本公司，而是基于"短期战略联盟和伙伴关系的全球财务市场和商业项目"。对于卡斯特来说，网络化的公司是电子商务的逻辑必然结果，因为它基于"生产者、消费者和服务提供商之间以互联网为基础、互动、网络化的联系"（Castells，2001: 75）。

网络社会的必然结果，是权力越来越围绕着**流动的空间**来组织，新经济基于信息、全球化和网络。它们以三种方式被建构。首先，它们通过**传播网络**自身被电子化地建构，通过作为商业和传播中心的**全球城市群**的兴起被空间化地建构。其次，像加利福尼亚的硅谷、印度的班加罗尔、中国的广东省和马来西亚的多媒介超级走廊，都提供了样例，展现全球空间流动如何通过"节点和枢纽"建构，民族国家如何尽力在主权范围内建立作为全球网络中心的位置。最后，对于卡斯特来说，全球的空间流动被**文化地**建构，这种建构通过管理和知识工人以及精英的地理迁徙分享经验和实践，这些主要来自于北美和欧洲的工人和精英随着来自亚洲、拉丁美洲、中东和非洲的精英的增多以及多元文化的大都市中心的增长正日益被孤立（Castells，1996: 410–18）。

卡斯特对于信息时代和网络社会分析的一个特别显著的特征是他对信息网络、权力、文化形式和经济流动的去疆域化的空间，和工作、文化经验、历史记忆以及日常生活的地方之间做了鲜明的区分。对于卡斯特来说，"信息时代的空间流动决定了人们文化地方的空间"，结果就是"网络社会使社会关系空洞化……因为它由网络的生产、权力和经验组成，在超越全球流动中建构了文化的虚拟性"（Castells，2000a: 369，
370）。这和工业时代的现代性经验相反，在那里"时空配置对每一个文化的意义和它们的进化都是关键性的"（Castells，2000a: 370）。在卡斯特的分析中，很多含义由此而来，但是有三个和全球媒介的研究相关。第一，在信息时代，民族社会正日益被一个分级的社会分裂新形式所分割，地理迁徙工人处理信息和符号沟通，他们的技巧在全球高度受欢迎，"原属地劳工"极易受到作为全球化和技术变革结果的离岸工作移动的伤害，二者之间产生分裂。第二，卡斯特把经由数字网络化的通信技术的信息和娱乐新形式的全球扩散视为"大众媒介终结"，国家媒介与民族文化联系在一起。最后，全球的空间流动侵蚀了多种多样的历史和本地的文化形式的重要性，进一步说——对于全球人口不断增长的部分——文化的经验越来越少地扎根于场所，更愿意从多样的社会代理机构（公司、政府、非政府组织、文化行动者等等）出发在全球网络中定位自己，以更有效地"彻底改造"制度、传统和本地。

在《帝国》（Hardt and Negri，2000）和《诸众》（Hardt and Negri，2005）两本著作中，美国批判学者迈克尔·哈特和意大利马克思主义学者、政治活动家安东尼奥·内格里发展了一个命题，帝国是全球化时代帝国主义的新形式。他们提出，主权国家涉及全球资本主义体系管理，已经有选择地从民族国家转换到国家的网络和超国家的实体"联合在一个单一形式的法则下……这就是我们所称的帝国"（Hardt and Negri，2000: xii）。哈特和内格里指出帝国是"一个**去中心**和**去疆域**的一套规则……通过模块化网络指令来管理混合身份、灵活的阶层和多种的交换"（Hardt and Negri，2000: xii-xiii，黑体为作者所加）。对于哈特和内格里来说，当前的全球资本主义阶段是"大型跨国公司已经有效地超越了民族国家的司法权和权力"，在这一点上，"政府和政治完全整合在一个跨国指令的体系中"（Hardt and Negri，2000: 306，307）。他们把帝国定义为一套体制用以在全球管理人口，它能包含社会全体，包括统治阶

级和被统治阶级，不仅管理疆域和人口，而且创造了它赖以安身的世界（Hardt and Negri，2000: xiv–xv）。

《诸众》是《帝国》的姊妹篇，在这本书里，哈特和内格里提出了 58
一个问题：是否他们把帝国力量的包罗万象看作是否定了有效的反抗？他们认为帝国在人类历史上第一次产生了全球民主的可能性。这不仅是因为全球化削弱了民族国家的力量和对领土主权的诉求，而且因为帝国作为一个经济体系的维持依靠越来越多的在全球生产网络中的生产者、消费者、使用者和参与者的人口。还有，生产不再是简单的经济生产，或者是物质产品的生产，而是社会生产，或是“传播、关系和生活方式的生产”（Hardt and Negri，2005: xv）。结果，它创造了群众“在帝国内成长的可选择的生活”（Hardt and Negri，2005: xiii），也就是作为群体的多样的不同，群体有能力因为社会生产的全球网络化性质而共同行动，流动、开放和合作的网络形式提供了政治行动的主要手段。对于哈特和内格里来说，“群众的创造，他们在网络中的革新，以及他们共同的决策能力在今天使民主首次成为可能”，因全球化而削弱的主权以及帝国意味着“群众的自治和他们对于经济、政治和社会自我组织能力消减了主权的一些功能……当群众最终能够自我管理的时候，民主成为可能”（Hardt and Negri，2005: 340）。

强大的全球化理论：一种批评

强大的全球化理论通常依赖于一套世界规模的市场操作要求以及当代全球资本主义的地理政治，所有这些观点在哈特和内格里的著作中特别著名的版本里都能找到，在曼纽尔·卡斯特的著作中，有更细微差别和更复杂的版本。

1. 市场日益增长在全球范围的操作，以及日益被逐渐减少的跨国公司所控制。

2.这些跨国公司在全球范围内组织它们的活动，越来越少受民族国家政治和规则局限。

3.民族国家的力量正在衰退，他们的核心运作正在被超国家的管理机构建立的法律和规则所取代。

4.作为结果，聚焦于民族国家框架内增值改革的政治行为正在被取代，真正存在于领土疆域之外的决策力量日益崛起。

5.全球化产生了一个全球的文化体验，在此个人身份越来越少地被个体间的关系所界定，从地理空间界定阻碍了民族国家"想象的共同体"，而更多地被那些复杂和互相联系的全球媒介和传播流动所界定。

6.21世纪的全球条件是史无前例的，因为资本主义从一开始就是一个国际化的网络，只是到了现在，全球技术和传播网络才使全面整合的全球体系运作成为可能。

7.全球化可以导致"逐底竞争"，"资本将会越来越多地暴露工人、社区和国家之间的缺点"。(Crotty et al.，1998: 118)

这些断言的经验有效性以及它们和全球媒介趋势的关系，将在本书的剩余部分进行更细致的评估。在此期间，指出与这些有争论的观点相联系的断言是非常重要的，不仅被赫尔德和麦格鲁（Held and McGrew）所形容的全球化的**怀疑论者**质疑，而且也被那些赞同强全球化观点，但是质疑支撑这一理论诉求的经验有效性的人质疑。关于全球文化和个人身份的争论将在第五章作更为细致的阐述。

首先，市场正越来越全球化和被跨国公司所控制，公司越来越在全球范围内运作的断言一直受争议。这些争议的细节将在第三章里阐述。同时，经济地理学者强烈质疑跨国公司已经上升到能把国家间复杂的经济运作地势变得非常平坦的论断，质疑跨国公司的扩张动力已经到了能压倒国家间经济差别指标的地步，正如迪肯（Dicken，2003a）所指出的那样，采用联合国贸易发展会议的跨国指数（跨国指数 TNI 将在第三章中详细讨论），全世界最大的 100 家非金融跨国公司的跨国经营度从 1993 年的 51.6% 增长到 1999 年的 52.6%。这不是这些大型公司全球运作的显著变化——这些公司被认为是处在全球化的最前沿——而且表明，在平均水平上，大多数世界上最大的非金融跨国公司在它们的"母国"持续地进行 40% ~ 50% 的活动，只有 16 个公司在母国以外从事 75% 以上的活动（Dicken，2003a: 30-1）。换句话说，主要趋势是国家公司有跨国的业务，而不是真正的国际公司。[3]

第二，从商业管理的角度来看，也即经济地理学和经济社会学的角度，跨国公司不能够抹去它们母环境的重要意义，在这个环境中它们如何组织国际化操作，国际扩张总是包含着对它们整个组织文化的巨大改变（Hofstede，1980；Doremus et al.，1998；Dicken，2003a；Gertler，2003a；Clegg et al.，2005）。已有的证据（Doremus et al.，1998）表明，全球化没有导致一种制度和政策的日益趋同，国家间意识形态的差异，政治制度和经济制度的本质仍旧问题很大。格特勒（Gertler，2003b: 112）提出"民族国家持续的制度路径依赖通过公司经营者决策和实践保留了比当前主流观点更多的影响"，而迪肯（Dicken，2003a: 44）下结论道："跨国公司在很大程度上保留了本土'生态环境'的产品，这种生态环境是它们的扎根之地。跨国公司不是没有固定位置的；'全球'公司是一个神话。"

第三，民族国家衰落的论断与国家经济和跨国公司规模的统计谬误有关。举个例子，斯特格（Steger，2003: 49）提供了一个证据，2000年通用汽车的全球销售营收超过了丹麦的国内生产总值，沃尔玛的全球销售收入超过了波兰的国内生产总值，皇家壳牌公司的全球销售营收超过了以色列的国内生产总值，IBM 的全球销售收入超过了爱尔兰的国内生产总值等等。我们先把这些数据可以告诉我们的全球体系中相对实力的问题放在一边——举个例子，有人会说壳牌公司在国际事务中的影响力超过以色列吗？——这些比较是基础的统计谬误的产物。这个谬误就是国内生产总值是一个国家经济**附加值**的测量手段，即这些价值是产出减去投入后的，而公司的销售总额是没有减去投入的。这里的问题就是使用两个不同的计算体系为基础进行比较，如果在两个样本中使用正确的数据去进行比较，丹麦的"经济"规模是通用汽车的三倍（Dicken，2003b: 30）。

第四，一个值得争议的假设是，超国家的政府机构比如世界贸易组织、国际货币基金组织、世界银行等有独立于民族国家的真实权力，那些民族国家是其成员国，引起了一种对于国家政府和那些超国家政府组织之间持续关系的误解。约瑟夫·斯蒂格利兹（Joseph Stigliz，2002）的重要内幕记录了在国际货币基金组织和世界银行内部刚性地遵守新自由主义经济的正统——所谓的"华盛顿共识"——如何能够从容地于 1990 年代在俄罗斯、印度尼西亚和阿根廷这些国家内进行经济决策，也记录了全球的管理机构如何能夺取和推翻国家意识形态和本土文化。[4] 与此同时，始于 2001 年的世界贸易组织"多哈回合"贸易自由谈判的艰苦努力，揭示了在主要国家政府对于未来发展合适方向缺乏共识的情况下，超国家组织的权威是多么易碎和不确定。即使在一些案例中，国家政府选择接受世界组织的条例，比如中国 2001 年作为进入条件所做的，有证据显示这是为了达到国内政治目标——例如，希望建立一个对本土创意者有益的可实施的版权制度——因为它是一个"好的全球公民"（Fewsmith，2001；Zhu，2003；Fitzgerald and Montgomery，2005）。

第五，称当代的全球化是史无前例的断言受到了质疑，最著名的"全球化怀疑论者"例如赫斯特和汤普森（Hirst and Thompson，1996）提出，从 1970 年代开始，国际间的合并有持续和显著增长，此前的1945—1970 年代，国际间的合并是相对低的，1917—1945 年间合并是减少的。他们指出，正如在国际贸易水平中测量的，投资、真正的人口流动以及国际间交易的体量在 1970 年代至 1990 年代实际上是比 1890年至 1914 年间国际资本主义的**黄金年代**少的。此外，还有一个争议，很多作为全球化证据的有关全球贸易和投资流动的原始数据，实际上是区域化的，或者是在一个固定潜在区域的公司运作的扩张。拉格曼（Rugman，2000）提出很多作为全球化证据的经验数据实际上指向**再区域化**——在已经界定的地缘区域内国际贸易和投资的扩张，例如北美自由贸易协定区（美国、加拿大、墨西哥）、欧盟、东亚区。需要注意的是把美国公司进入加拿大或德国公司进入英国等同于全球化的海外扩张，不能说明这些公司重新定位成了一个完全意义上的国际化公司。

第六，赫斯特和汤普森以及其他的"全球化怀疑论者"例如戈登（Gordon，1988）、波伊尔和德拉什（Boyer and Drache，1996）以及格林和萨克利夫（Glyn and Sutcliffe，1999）质疑他们所认为的通过全球化过程先发的民族国家改革能力的消解。哈特和内格里代表了这个过程中 62 马克思主义的独特变体——虽然有悠久的历史——但它被新自由主义的代表提出来了，例如世贸组织的第一任总干事雷纳托·鲁杰里（Renato Ruggieri），他指出"全球化是压倒其他一切的现实"，或者澳大利亚外交大臣亚历山大·唐纳（Alexander Downer）指出的"无论人们害怕全球化与否，都无法逃脱"（引自 Flew and McElhinney，2005: 290）。面对矛盾重重的证据"赞扬"全球化，也需要"贬低"现存自由资本主义政治经济框架内重要制度的和政治改革的前途。

第七，全球化包含着一个"逐底竞争"，因为地理位置移动的资本向低工资经济体转移，迫使各国政府为了保持全球的竞争力而"放松"工资、雇佣条件、环境标准和其他形式的管理，这个命题所依据的假设还有进一步讨论的余地。首先，正如格林和萨克利夫（Glyn and Sutcliffe，1999）所观察到的，这一情况在制造业中要比在大多数服务业中更为普遍，在服务行业中商品和服务的国际贸易能力并不明显（例如，教育是国际化的贸易，但是上述情况就比机动汽车和童装业要少得多）。其次，像斯托伯（Storper，1997a，1997b）这样的经济地理学家已经注意到这些假设的范围，这种范围是"新国际劳动分工"和相关独立理论的中心，这些假设依据一些独特的更深入的有关产品自身的属性、劳动力的输入、生产的相关领域以及需求那些产品消费者属性的假设。这个论断的总结在第三章中更为详细，全球化被认为可以产生两种趋势（见表2.1），其中之一是促进生产的成本驱动的重新定位。可以发现在一些产业和部门全球迁移通过先进的通信技术而大大提升，生产逐渐重新定位到一些低工资的经济体，特别是中国从1980年代到今天争议性地变为"世界工厂"（Deloitte Research，2003）。与此相反，另外一些产业和部门及其内部分支，一系列与进出口的品质及独特性相关的因素限制了成本驱动的全球化。我们把这称之为品质驱动全球化。这些将在第四章里有更详细的讨论。在这个阶段，它们在全球资本主义自身之内被标记为趋势，使简单的有关全球化的理论家哈特和内格里发展的经济和地理政治含义复杂化了。

表2.1 生产和服务全球化的两种趋势

要素	成本驱动的全球化	质量驱动的全球化
生产的属性	通用的和可替换的；高的价格敏感需求	标准化和多样化 无价格驱动需求的驱动者
劳工输入	通用的；不熟练的和半熟练的劳工	熟练工人和专家；经常找到的独特的技能
地域的重要性	低；少的资源或知识地域特殊性的要求	高；对专业知识在特性定区域聚集的要求
消费需求	对价格比对其他要求敏感	增长的消费者对于产品/服务质量的期待；增长的平均消费收入

63   我要指出，曼纽尔·卡斯特的著作比哈特和内格里的更为复杂和微妙，他实际上给我们呈现了一个世界，其中制度、政策、民族国家真正把自身变得越来越和全球资本无关，通过国家制度而获得了成功。有一些关于卡斯特的评论超越了本书具体讨论的范围（例如，Calabrese，1999；Webster，2002；Garnham，2004；Hassan，2004）。然而，我更愿意聚焦于卡斯特著作中所提到的三个问题："空间流动"的概念接替了

位置；新媒介技术驱动了"文化的虚拟性实质"；全球移动的"信息工人"和那些局限于特殊地方化空间，而面对全球化又经济易碎的人群之间的概念差异。

卡斯特的全球网络理论形成了一个基于**全球流动空间**的地理框架，或者是全球空间的组织，"在此传播的网络是空间建构的基础：位置并没有消失，但它们的逻辑和意义在网络中被吸收"（Castelss，1996：412）。这就是阿敏（Amin，2001：395）所定义的一个例子，即依据"在不同空间范围内平衡力量的转换……一个去疆域和归域的社会组织"，从一个位置到全国网络再到全球标准的变换。阿敏的这种批判观点不是基于对本土，或者是**地方政治**的保护——他把这视为是思考全球化国际标准模式的另外一面——而是提出像城市和地区这样的地理位置实际上是以"组织和实践的多重空间性"为特征的"活跃的网络空间"（Amin，2001：396）。与卡斯特形成对照，阿敏提出的不是把人们看作在单一地方或全球空间的流动，文化和经济地理全球化批判"有活力的网络空间"是人们在本土、国家和全球同时从事活动的地方，反过来挑战了"附近、每天、'我们'的本土和距离、制度化、'他们'的全球之间的'传统空间差别'"（Amin，2001：395）。换句话说，阿敏对传统空间本体论的批判（作为一种离散的空间形式解读本土、国家和全球）延伸了卡斯特网络社会空间的理念，超越了他在其中设置的地理框架。

卡斯特依据二分法把全球网络社会的文化形式理解为**"文化的真实虚拟性"**，或者是"在网络和自身之间相反的两极"（Castells，1996：3），随着时间的推移越来越被证明站不住脚和没有可持续性。首先是有一个越来越通过全球媒介集中控制的理念，又有一个同时增长的媒介使用者／受众的口味和爱好多样性产生，因此"我们不但生活在一个地球村中，而且在这个定制化的村落里全球化生产，本地化分配"（Castelss，1996：341）。与更大的全球化媒介集中相反的趋势会在后面的章节中讨论，但是指出我们处在大众媒介时代末期的重要性，不仅会夸大围绕着独特媒介消费模式的人口聚集中广播电视的成功，而且同时极大地低估了媒介能够同时到达一大部分人口的持续拉动，因此成为广告收入的磁铁。正如加纳姆（Garnham, 2004）所观察到的，这里有一个已感知到的复合的真正危险——经常被夸大——进口媒介内容的威胁和文化帝国主义，声称有一个实质性的媒介受众的**分众化**。加纳姆发现这种讨论说明在新媒介理论里的趋势和影响：

> 区分新通信信息技术对经济的普遍影响（它们可能会也可能不会对政治和文化领域产生重要影响）与它们对文化和政治自身的直接影响是失败的——例如互联网作为民主复兴和政府"革新"的代理的诉求，或者是假设的分众化和媒介全球化。（Garnham, 2004: 124）

65   第二组是"真实"和"虚拟"之间的关系。在他们详细的关于使用因特网的民族志研究中，米勒和斯莱特（Miller and Slater, 2000: 5）提出了一个引人注目的观点，"我们需要把网络媒介作为其他社会空间持续的联系和嵌入方式来对待"，而不是把使用网络定义为在一个"虚拟世界"发生，和每天的生活脱离联系，和社区的预存形式发生相互作用。人们如何致力于与网络相关的多重传播形式——从打网络游戏（Massive Multiplayer Online Games, 简称 MMOGs）[5] 到浏览网页和读电子邮件，从作为一个消费者到成为一个使用者/参与者，正如在博客中促销或在 Flicker、Youtube 这样的网站分享文件——最好作经验性和详细地理解，而不是从独特的技术发展与来自最近文化理论中的流行假设交叉处方进行解读。

第三章　全球化与全球媒介公司

概述：全球化与媒介

全球化及其影响是我们这个时代热议的话题之一。耐克跑鞋和麦当劳快餐的标志在全球各个街道都能够看到，我们每天都在通过浏览一些全球媒介的事件报道进行媒介消费，例如伊拉克战争中绑匪用来吸引关注的斩首录像这类的恐怖分子行为，以及名人事件例如迈克尔·杰克逊性侵孩童的审讯、布拉德·皮特和安吉丽娜·朱莉之间的关系，都能明显地体现全球化的影响。作为一种综合的、全球范围的通信网络，互联网的发展极大地推动了偏远地区的事件产生全球化共鸣的能力。全球化的重要性体现在足球队之间无所不在的商品化运作，例如巴塞罗那足球俱乐部、曼彻斯特联队和切尔西队。全球知名的运动员所能够获得的收入和代言也同样体现了全球化的重要性，例如大卫·贝克汉姆、迈克尔·舒马赫、泰格·伍兹。自西雅图之战以来，有100多次对全球化政治经济组织进行的抗议，与1999年世贸组织成立大会的进程脱轨，加上世贸组织的作用和无数国际贸易自由协议的起草，引起了人们对于政治经济高风险的关注，许多人都指出了全球化的问题。或许近期全球化最有说服力的标志事件就是2001年9月11日纽约世贸中心以及华盛顿五角大楼的遇袭。安东尼·吉登斯认为这是一个真正意义上的全球媒介事件，因为在第一次遇袭之后的30分钟，世界上有大约5000万人目睹了第二架飞机撞上第二座世贸中心高塔，这个事件通过全球媒介得以最大化曝光（Giddens，2002）。

大卫·赫尔德和安东尼·麦克格鲁是这样定义"全球化"的:

全球化指社会的交流互动和横贯大陆的现金流动,规模不断扩大,数量不断增长,飞速发展并且影响不断加深。它涉及人类组织规模的转型,跨越了世界宗教和各个大陆,连接了偏远地区,扩大了权力关系所能管辖的范围。(Held and McGrew, 2002: 1)

全球化最好被理解为一个过程而不是一种结果,是一种趋势而不是一种结束的状态。我们并没有一个世界性的政府,也没有同质的全球文化,而且市场的全球化趋势仍旧是有限制的,这一点本章将会概述。尽管如此,"全球化"捕捉了一系列自20世纪40年代以来世界上就已出现的相互联系的趋势。这种趋势在规模、影响、重要性方面从20世纪80年代开始一直在扩大,其中包括:

■ 生产、贸易、资金的国际化,跨国公司数量增多,跨国商品服务的关税减少,撤销金融市场的管制,以及互联网电子商务的兴起;

■ 人员流动国际化(如移民、外来工人、难民、游客、留学生、军事人员以及专家顾问),移民社区的发展,以及民族社会不断多元化;

■ 传播的国际化,通过电子通讯、信息与媒介技术,如宽频波段、有线电视、卫星和互联网,促进文化商品、文本、图像和人工制品的跨国流通;

■ 理念、意识形态、"核心词"的全球化传播,例如所谓的"西方价值观"、民主制度、"反恐战争"、"原教旨主义"、女权主义、环境主义的传播;

■ 知识产权国际化体制的建立,加强了知识与信息所有权的可操作性；

    ■ 本国由于政治文化目的对全球化的抵制，不仅有右派政治权力的民族主义运动，还有激进的抵制移民的左派运动；

    ■ 国际组织的发展，包括如欧盟、北美自由贸易协定、东南亚国家联盟、亚太经合组织的区域贸易集团；

    ■ 专业标准的文化团体的出现，如联合国教科文组织（UNESCO）、世贸组织、世界知识产权组织、欧洲广播联盟、亚洲广播联盟以及国际电信联盟；

    ■ 非政府组织的全球化在国内外政治方面的重要影响逐渐增加，如大赦国际、绿色和平组织、无国界医生组织、红十字会；

    ■ 关于国家政策的国际法的重要性不断加强，例如联合国人权公约或者世贸组织的千禧年公约；

    ■ 战争与冲突的全球化，例如世贸中心和五角大楼遭遇基地组织袭击、2002 年巴厘岛夜店袭击、2004 年马德里列车爆炸案和 2005 年伦敦地铁爆炸案，以及伊拉克和阿富汗一直持续的争端；

    ■ 政府、公司、非政府组织为了在国际、国家和当地层面形成一致意见，使用明显的公关程序或"自旋"。

虽然经济全球化的影响饱受争议，但是我们不难发现经济全球化的足迹，而且我们将在本章中针对这一点展开详尽的讨论。近三十年，资本主义全球化趋势不断增强。布雷顿森林体系货币系统的破产和 20 世纪 70 年代早期石油价格的冲击，引发了金融市场的迅速全球化，导致对外贸易、对外投资和外汇交易的增长已经本质上超越了自 20 世纪 70 年代早期以来世界 GDP 的增长。联合国贸易发展委员会的数据显示，这种全球化趋势在 20 世纪 90 年代尤为突出，对外直接投资、跨国并购收益和外企规模、产量、资产、雇佣的增长远远超过了全球 GDP、固定资本和出口商品的增长总额。在 21 世纪，跨国活动（如对外直接投资、外企买卖和出口）的增长等同于总增长（例如 GDP、全国固定资本构成和商品出口）。表 3.1 呈现了从 1982 年到 2005 年的相关数据：

表 3.1　1982—2005 年对外直接投资和国际化生产的选择指标

指标	按时价估值 （以十亿美元为单位）				年增长率 （百分比）			
	1982	1990	2002	2005	1986— 1990	1991— 1995	1996— 2000	2001— 2005
流入金额	59	209	651	916	23.1	21.1	40.2	20.8
流入存量	802	1954	7123	10130	14.7	9.3	17.2	13.1
跨国并购	…	151	370	644	25.9	24	51.5	19.5
国外子公司销售额	2737	5675	17685	22171	16	10.1	10.9	6.3
国外子公司总产值	640	1458	3437	4517	17.3	6.7	7.9	7.9
国外子公司总资产	1091	5899	26543	45564	18.8	13.9	19.2	18.6
国外子公司出口	722	1197	2613	4214	13.5	7.6	9.6	13.8
国外子公司雇佣（千）	19375	24262	53094	62095	5.5	2.9	14.2	8.5
GDP（现价）	10805	21672	32227	44674	10.8	5.6	1.3	9.3
固定资产形成总额	2286	4819	6422	9420	13.4	4.2	1.0	9.1
商品出口和非要素服务贸易	2053	4300	7838	12641	15.6	5.4	3.4	13.8

资料来源：联合国贸易发展委员会（2003 年、2006 年）。

约翰·邓宁（Dunning，2001）认为把现阶段的资本主义看成一种全球化的资本主义更为恰当，因为：

　　1.跨国交易更为深入、更加广泛、相互联系更加紧密；

2. 资源、能力、商品、服务的流通空间更为广阔;

3. 跨国公司对财富创造和分配来说至关重要,而且它们由许多国家组建而成,并由许多国家共同生产;

4. 交易量更大,而且导致全球资本金融市场的波动;

5. 信息与通信技术和电子商务改变了跨国交易的本质,特别是在服务方面。

邓宁提出了一系列积极因素、能动因素以及威胁因素,这些因素促进了资本主义全球化的扩张(见表3.2)。

表3.2 促进资本主义全球化的因素

积极因素	■ 国家经济的自由开放(例如亚洲、拉丁美洲) ■ 东欧走向市场自由 ■ 新兴经济市场的增长 ■ 遍布各地的创造资产 ■ 遍布各地的企业活动
能动因素	■ 网络信息与通信技术的发展 ■ 跨国贸易的门槛降低 ■ 资本金融市场的全球化 ■ 成本降低;高效的交通系统和通讯系统
威胁因素	■ 全球竞争的加剧 ■ 汇率和金融市场的不稳定性 ■ 遍布各地的风险 ■ 科技淘汰的加速

资料来源:约翰·邓宁,2001年,第17页。

媒介在全球化进程中占据重要地位主要有三点原因。首先,传媒公司是那些运作经营不断全球化的公司之一。表3.3展示了"2006年《金融时报》全球 500 强企业排名"中的传媒娱乐公司。

表 3.3　2004 年世界最大媒介娱乐公司

全球排名	公司	国家	市场价 （百万美元）	营业额 （百万美元）
2	通用电气①	美国	362526	148019
3	微软②	美国	281170	39788
73	时代华纳	美国	74179	43652
110	康卡斯特	美国	57172	22255
120	新闻集团③	美国	54122	23859
121	华特·迪士尼	美国	53711	31994
143	索尼④	日本	46265	55912
167	威望迪环球	法国	39560	23632
245	维亚康姆	美国	28351	9609
303	汤姆森集团	加拿大	24192	8703
316	自由媒介集团	美国	23020	7960
320	埃尔塞维尔集团	荷兰 / 英国	22774	9138
352	麦格劳－希尔	美国	21157	6003
353	直播电视⑤	美国	21017	13164
457	哥伦比亚广播 公司	美国	16962	14536
458	英国天空广播 公司⑥	英国	16934	7063
468	艺电公司	美国	16623	3129

①通用电气公司是多样化经营的工业公司，其拥有 NBC 环球集体 80% 的所有权。
②微软主要是一家软件和计算机运作的服务公司，其基础是数字媒介和数字游戏
　的开发。
③在 2004 年以前，新闻集团的公司总部设在澳大利亚。
④索尼既是一家电子产品公司，也是一家媒介娱乐公司。
⑤新闻集团在 2004 年收购了直播电视 34% 的股份。
⑥新闻集团在 2004 年收购了英国天空广播公司 30% 的股份。

　　资料来源:《金融时报》（2006 年）。

然而，值得关注的是，作为一个全球化的大公司并不是在它自己内部使公司全球化。为了评定世界最为全球化的公司，联合国贸易发展委员会提出了"跨国指标"（TNT），凭借此项指标，跨国公司按照其国外的资产、销售、雇员的百分比来划分等级。该项"跨国指标"计算了这些内容的百分比，并且把所有百分比分为三类。在本章中我们将发现，借用此"跨国指标"，传媒娱乐公司在运营方面或许并不像我们普遍猜想的那样全球化，有一些十分值得关注的特例。 71

其次，第一章中已经提到，媒介全球化还与 19 世纪晚期电报的发展和 20 世纪人造卫星的发展有关，媒介组织在发展全球通信基础设施方面的作用，促进了全球信息流通和跨国商业活动。这种作用在 20 世纪晚期变得尤为重要，因为通讯公司是构建"全球信息基础设施"（GII）的核心，可以促进全球网络通信和商业贸易（Thussu，2000: 91-92；Winseck，2002a，2002b；Flew and McElhinney，2005）。此外，全球化的商业媒介的广告和促销手段对于产品和服务的销售来说也至关重要。

最后，全球化媒介是我们知晓偏远地区事件的主要手段，而且它所 72提供的图像和信息对跨越国家、宗教、文化的共通认知系统的建立具有重要影响。媒介批判学家最关注全球媒介文化这一方面，他们认为全球化商业媒介通过跨国传输图像和信息，更为广泛地宣传它们自己和全球化公司的利益。政治经济批判学家爱德华·赫尔曼和罗伯特·麦克切斯尼认为，全球化媒介是资本主义全球化的"新型传教士"：

> 商业媒介通过它们的重要特性，可以很好地融入全球化市场体系，并且满足市场需求。这意味着在媒介产品、频道和所有权方面对外商具有更大开放性。由于媒介的商业化和集权化，他们在每个国家内部的自我保护能力逐渐提高，从信息流通、政治影响的控制力，提升到设置媒介政治议程（通过广告者和公司团体来顺利运行）。（Herman and McChesney，1997: 9）

关于全球化程度有一个至关重要的争论。特别是我们在第二章中提到的把全球化作为时代主导力量的"**强全球化论**"，以及指出全球化各种局限性的"**全球化怀疑论**"。对于全球化媒介的根本性批判与"强全球化论"有关，尽管存在逆向抵制和本土抵制，"强全球化论"仍认为全球化是当今媒介行业的主导力量，这其实是毫无意义的。

政治经济学批判和全球化媒介

媒介批评理论学家一直很关注媒介所有权及其在政治、社会、文化方面的影响，以及由西方跨国媒介公司所领导的媒介全球化的影响。在20世纪七八十年代，这个根本性批判与文化帝国主义理论有关，还与再次分配国际范围内对媒介通信资源的控制有关。在第二章中，我们讨论了赫伯特·席勒对此根本性批判的贡献。席勒认为现阶段美国主导的资本主义全球化是他所称的"娱乐通讯信息产业"已获得杰出的经济成就，它的影响不仅在政治经济领域，还在全球文化和意识领域；它的结果是一种文化帝国主义，即西方（特别是美国）主导的思想意识形态在世界其他地区占据支配地位。

近几年，对于全球化媒介的政治经济方面的根本性批判已经复兴。世界范围内媒介所有越来越受到关注，它导致了世界竞争的单一化，加剧了媒介内容同质化，这一命题经常被引用。爱德华·赫尔曼和罗伯特·麦克切斯尼指出："全球化媒介的系统被三四十个跨国大公司控制，不到十个以美国为基础的媒介集团占领了全球市场（Herman and McChesney，1997: 1）。人们普遍认为这是现今理解全球化媒介本质的起始点，而且这点一直被全球化的批评者反复提及。例如，曼弗雷德·斯特格（Steger，2003: 76）指出："很大程度上，我们时代的全球文化流通被全球化媒介帝国所引导，它们依靠强大的通信技术来传播信息……在最近二十年中，少数跨国公司巨头已经掌控了全球化市场中的娱乐、新闻、电视和电影。"虽然一些作者批判跨国公司的这种不对等主导，如赫尔德等，但他们仍把这当作是媒介受到关注，认为"大约20到30家多国公司巨头控制了全球化市场的娱乐、新闻、电视等……这没什么可质疑的，而且它们几乎在每个大陆都获得了非常重要的文化经济效益"(Held et al.，1999: 347)。

目前关于全球化媒介的批判有三个相关要素：

1. 媒介所有权和媒介控制的集权化趋势是全球范围的，不仅仅是一个国家范围内。

2. 广泛的全球化趋势部分改变了政治经济权力的平衡，从过去的国家基本机构，如政府和贸易联盟，向世界范围内的多国公司发展。

3. 由于其他领域的外资投入，媒介生产的全球化正在强化经济和文化的依赖关系，正如我们在**新的国际劳动分工**（NIDL）和**新的国际文化劳动分工**（NICL）理论中看到的那样。

《全球媒介垄断》这篇论文第一次提出这个命题，该文章载于赫尔曼和麦克切斯尼的《全球媒介：资本主义全球化的新传教士》一书(Herman and McChesney，1997)，此理论还在麦克切斯尼和其他政治经济批判学家的一些著作中被提及 (McChesney et al.，1998；McChesney，1999；2001a，2001b；2003；McChesney and Foster，2003；McChesney and Schiller，2003)。[1] 全球媒介垄断论题采用了政治经济学家的论据，即媒介产业有所有权和控制集权化的先天固有趋势，而且这种趋势自从20世纪80年代以来从国家范围扩大到全球范围。赫尔曼和麦克切斯尼(Herman and McChesney，1997: 1) 认为："从20世纪80年代以来，真正的商业全球化媒介市场出现，国家媒介市场有了戏剧性的重组。"麦克切斯尼和席勒认为，这种发展最主要的结果是"跨国公司的商业传播开始精心运作，一个新的逻辑结构开始实施……（因为）传播……受到了跨国商业公司发展的影响"（McChesney and Schiller，2003: 6）。

垄断资本主义与依附理论

全球媒介垄断论相对来说是近期的一个发展，它不仅是文化帝国主义理论，还是新马克思主义的**垄断资本主义**理论和相关的帝国主义理论和依附理论的智慧前身。

垄断资本主义理论起源于对马克思主义政治经济学的修订，希法亭的金融资本理论（1985［1910］）和列宁的帝国主义理论（1983［1917］）将之理解为资本主义的"最高阶段"。这两个理论使得从竞争方式到竞争过程中产生的垄断资本主义本身的转变都受到关注，而且它不仅对马克思政治经济学中的资本主义理论的一些方面进行了重要的修正，同时也参与了马克思关于资本积累和资本集中理论的分析。马克思认为**资本积累**是为保持竞争力而扩大生产规模，而**资本集中**是"许多小资本变成少数大资本"（Marx，1976［1867］：777），大公司和信贷制度的出现极大地促进了资本集中。

新马克思主义者促进了垄断资本主义理论的进一步发展，例如保罗·巴伦和保罗·斯威齐，以及《每月评论》等一些学术期刊（参见 Baran and Sweezy，1968；Baran，1973；Cowling，1982；Foster，1987；Sweezy，1987）。垄断资本主义理论是在大公司时代重铸马克思政治经济学的尝试，能够通过市场和广告策略进行企业规划和消费需求管理，来"驯化"资本主义市场，并使市场本身与其他竞争势力隔绝（Baran and Sweezy，1968）。其结果是资本主义比传统的马克思主义模式有更小的危机几率，但是如何消化垄断资本主义生产的过剩经济产品成为危机和不稳定的新形式。在总结垄断资本理论的时候，福斯特在垄断语境下把公司行为的修正定义为以下内容：

75

随着公司巨头的增多，成熟的垄断工业内部已经停止了显著的价格竞争……在这样奇怪的半调节式的资本垄断世界里，威胁资本公司生存的生死较量不再存在……更准确地说，主导当代经济市场的公司巨擘加入了争夺市场份额的较量之中。对公司来说这依旧是一个充满竞争的世界，但其目的却是垄断权力的滋生或永存，即通过增加主要经济成本来生产持续高效的经济利润的权力。（Foster，2000: 6–7）

希法亭和列宁认为**帝国主义**或资本主义主导的地区通过殖民吞并进行周边区域范围扩张，作为解决资本主导世界的过剩资本问题的方法之一（Baran，1973；参见 Brewer，1980；Coebridge，1986）。跨国公司的兴起标志着帝国主义的一种当代形式，因为正式独立的后殖民国家发现自己仍然依赖于多变的全球资本流通，并且为了使经济多样化，政治权力的形式也与之相关联。伊曼纽尔·沃勒斯坦、安德鲁·恩德·弗兰克和萨米尔·阿明等作者发展了依附理论，在其强烈的影响下，全球资本主义和"不发达的发展"有关，由此第三世界的国家就成了"核心"大都市系统开采的对象。此类对"边缘地区"经济开发的手段有不平等贸易、基于主要产品的不公平经济结构，发展剥削严重的无需技术的劳动控制体制，以及通过培养政治的高智商的商业和军事名人来操控当地政治，这些人和主导权势们的利益是类似的。最后一个过程被描述为**中产阶级**的发展，而且通过**新殖民主义**的发展使这些国家成为主导国的**附庸国**。

自从二战以来，这些附庸国出现了政治非殖民化现象，而且工业生产从"第一世界"转移到"第三世界"，但是这些变化使得依附性结构长久存在引起了争议，因为知识密集型生产活动依旧在跨国公司的母国，而驱动成本最高、可在多种地方复制的生产活动转

76

移到了新的地方（Dos Santos，1973）。乔治·亚当认为外资从天然资源产业和农业中转移到了制造业，这暗示着"香蕉共和国正在变成睡衣共和国"（Adam，1975: 102）。最近萨米尔·阿明对此进行重申（Amin，2004: 26），他认为"'全球化'理论只是该体制固有的帝国主义本质维护其自身的一种新途径"。

延伸阅读: Brewer（1989）；Corbridge（1986）；Roberts and Hite（2000）。

罗伯特·麦克切斯尼的作品对于媒介全球化与集权化之间的动态关系，以及它们之间的内在联系性，开启了一个独特的视角。麦克切斯尼认为，在 20 世纪 80 年代以前，各个国家的有国家主控的媒介体制具有相对稳定的区别，随着诸多美国生产的电影、电视节目、音乐和印刷媒介内容的出口，那些国内固有的媒介体制被取代了。全球媒介的垄断趋势在 20 世纪八九十年代有了强劲的发展势头。一方面，主导的媒介公司为了确保它们在诸多媒介市场中的地位而进行国际范围内的扩张；另一方面，媒介行业内部的集权化，跨国公司的增多使得媒介行业之间的联系不断扩大，导致了跨媒介集团的产生，例如迪士尼、美国在线时代华纳、新闻集团、索尼和维亚康姆。对麦克切斯尼来说，私有化政策和撤销管制政策，媒介之间的共生关系和工业发展的放松管制促进了商品的流通，最显著的是广告行业和市场营销行业（参见 McChesney and Foster，2003）。麦克切斯尼认为，这种全球商业化媒介体制的思维逻辑是"公司为了减少风险和增加获利机会，就必须扩大规模并且多样化经营，必须横跨全球以至于永远不会被其他竞争者包围"（McChesney，2001a: 5-6）。此外，在媒介行业的集团化和全球垄断资本主义制度之间有一种"反馈环节"，因为"全球媒介巨头是典型的跨国公司，拥有股东、总部以及遍布全球的分公司"(McChesney，2001a: 16)。因此，全球化媒介是全球化的积极拥护者，并且极度抵制与全球化公司不和的商业利益。它们不仅能够通过有效的游说来促进其公司利益，还能够使用控制的媒介来传递一些图像信息，进而影响到精英阶层和大众平民阶层的政治行为（McChesney，2001a: 11）。

全球媒介垄断理论是一种"强全球化论"。赫尔曼和麦克切斯尼在《全球化媒介》中总结道：

> 历史上很少有时代有这样迅速而喧闹的改变，全球资本主义不受束缚地不断扩张，全球化的商业传媒介制，以及传播科技的革命性发展，成为了该时代的主要标志。从短期及媒介角度来看，我们期待全球市场和全球商业媒介能够巩固他们在世界上的地位。（Herman and McChesney，1997: 205）

政治经济批判学家们高度一致地赞同强全球化论，他们认为，由于信息通讯技术的发展，经济已经在全球范围内相互依赖，在这个阶段，正如曼纽尔·卡斯特所描述的那样，资本主义变成了"一种全球化的经济，它能够作为现实中全球范围内的单独个体"(Castells，1996: 92)。同时，与卡斯特这类学者相比，这些政治经济批判学家还认为，跨国公司的兴起证实（而非否定）了帝国主义理论和**依附理论**对资本主义全球化的本质分析。这在近期依附理论的核心概念的运用上展现得很明显，例如托比·米勒的"**新国际劳动分工**"以及他同事的"**新国际文化劳动分工**"，都是"好莱坞全球化"的政治经济的核心方面（Miller et al.，2001）。

"新国际劳动分工"（NIDL）的概念是德国经济学家福禄贝尔、海因里希斯和柯雷耶在 20 世纪 70 年代末西方工业化经济停滞的环境下解释跨国公司的外资增多而提出的。该理论认为，由于跨国公司利用了低工资劳动提供的机会，占据了交通与通讯技术的优势，并且通过对发展

78

中国家的控制建立最低税率与最低劳动标准的"自由生产区",西欧和美国出现非工业化进程,第三世界国家出现不公平的工业化(Frobel et al.,1980)。因而新国际劳动分工潜在的结果将包括,全球化的劳动与环境标准的"最低竞赛"(Crotty et al.,1999),以及威胁到世界民主。因为跨国大公司能够在全球迅速转移资本和生产设备,这导致全部生产力向那些拥有更多"顺从"的政府和劳动联盟的国家转移,因此使得民主原则、工人权利、环境保护及人权陷入危境。例如《全球化的困境》(Martin and Schumann,1997)、《拒绝品牌》(Klein,2000),这些都是运用大众抵制全球化理论的文献。"新国际劳动分工"运作中经常被引用的一个事例是耐克公司,评论家认为耐克公司从20世纪80年代中期以来通过广泛的全球化市场策略,在其市场贸易全球化进程中,能够剥削低工资劳动者,因而当鞋业制造从韩国等国家转移到印尼、中国和越南这类低工资地区时,耐克标志成为世界知名度最高的品牌标志之一(Korzeniewicz,2000)。

托比·米勒及其合著者已经在其当代批判著作《全球化的好莱坞》中把"新国际劳动分工"理论运用到媒介全球化之中(Miller et al.,2001)。他们不认为美国产品在全球电影电视市场中受到欢迎能够反映出市场运行的自由,相反,他们把"新国际劳动分工"概念运用到建立"新国际文化劳动分工"理论中。"新国际文化劳动分工"被用来说明主要好莱坞公司致力于建立一个新型的劳动任务和生产制造的分配模式,为了吸引其他国家媒介行业的天才精英加入他们(自20世纪20年代,好莱坞已经从事此事),[2] 也为了重新分配全球劳动工作,并且通过他们在全球转移大规模媒介生产的能力,实现减少成本和"训练"美国文化劳动的目的。如经济全球化批判家所认为的那样,在这样的策略中,"跨国公司能够训练劳工和国家,以至于国家在面对投资有可能减少时,不愿意提高税额、增加约束条件或者采取支持劳动者的政策"(Miller et al.,2001: 52)。米勒等人提出,主要好莱坞公司已经把世界视听作品制作构建成三个地带:(1)作为全球中心的美国,它是知识、经济与决策的集中；(2) 半外围的中间国家（主要说英语），包括加拿大、英国、澳大利亚、新西兰，利用外汇汇率的成本优势来转移生产；(3) 世界其余国家，这些国家完全从属于中心国，并且投机性地被用来进行一次性生产（Miller et al.，2001: 54）。对于米勒等人来说，"新国际文化劳动分工"规定了全球媒介的发展阶段，已经超过了好莱坞产品国际分工的阶段，其与麦克切斯尼等人提出的全球媒介集权化趋势是相关联的：

> 过去十年中，新自由主义的跨国投资气候的转向，通过媒介私有化、统一标准的西欧市场、前苏联集团的开放以及卫星电视、互联网、录像的传播，强化了好莱坞全球化政策对于新国际劳动分工的控制，与欧洲和拉丁美洲国家的广播撤销管制有关。（Miller et al.，2001: 4）

政治经济学批判范式为理解全球媒介提供了一种高度综合的方法。根据第一章中概述的五个主旨，这种范式已经试图系统地处理每个主旨。它提出，由于全球媒介的集权化极大地加强了其控制力和影响力，与以国家为基础的媒介公司（包括公营广播机构）、国家政府和专业人员媒介组织（例如代表记者、演员或技术人员的联盟）相比，全球化媒介的力量已经坚定地转向了跨国媒介融合。该范式认为，由于全球媒介集权化意味着市场促进了垄断的增长而非竞争，因而全球媒介市场的竞争随着时间推移被削弱了。该范式还认为，国家媒介政策逐渐倾向于满足全球媒介公司的利益，特别是诸如私有化、媒介市场放松管制及减少公营广播公司资金支持这些政策，使得媒介公司进行全球范围扩张，像世贸组织这样的跨国政策制定者在寻求一个新自由主义政策，从而进一步满足它们的物质利益和意识形态利益。在文化方面，随着基于美国的媒介产品在全球自由流通促进了西方经济和思想文化价值观念的传播，这被认为是与西方文化价值观日益主导世界有关。

最后，虽然本章没有详细讨论，但是政治经济批判学家十分清楚，像互联网这样的新媒介技术并没有抵制住全球媒介集权化的过程。他们指出媒介、通讯和计算机公司之间的兼并，说明了传统媒介在网络空间的殖民化过程逐渐加剧，并达到一个程度，即"互联网成为商业可行的媒介体制的一部分，受到公司审查的控制"（McChesney and Schiller，2003: 15 ；参见 Schiller，1999 ；McChesney，1999: 119–185）。

媒介全球化的质疑

在本章剩余部分，我将仔细批判由媒介全球化所提出来的要求，以及尤其是政治经济学批判提出来的分析。这样做的目的并不是完全驳斥政治经济学批判对全球媒介的分析。从这个观点出发的理解有很多并且值得考虑，其拥有一个独特的价值，即为全球媒介构建一个能够被学者和行动者所理解的完整而系统的途径。对全球媒介批判的质疑，我并非想要先发制人地驳斥，在当今紧密联系的世界中对于关注一些人提出的问题的重要意义，包括权力问题、不公平关系，以及持续的对于沟通、拥有自我文化价值观的权利的寻求。相反，我的目的是表明第二章中提到的理解全球媒介的多重透视法如何使来自不同学术传统的解析透视得到新的领悟，并且表明它如何阐明在更多的传统方法论中盲区是什么，以及挑战了过去无人质疑的正统观点。

尤其，我想要关注政治经济批判学范式形成的与全球媒介有关的三个批判方面。首先，这一方面主要来自于经济学理论，也来自于制度学派研究经验主义层面的政治问题的方法，我们现在所达到的控制全球化经济的程度，跨国公司无所不能的力量和民族国家能够介入形成制度环境的能力，因而被削弱。批判的第二个方面特别是来源于经济地理学的内容，提出了一个问题，即国际化运作的公司到达什么样的程度才能被称为运作规模横跨多种市场的全球化公司，以及跨国公司的本国总部变得越来越不重要，他们是否成了在世界各个市场中运作却依旧受到本国总部束缚的多国公司。我们将在本章中看到，全球媒介公司是势不可挡的，或许只有一个特例，即跨国公司。此外，经济地理学近期的一些著作提出了这样的假设，即低工资是外资投入的最基本驱动力，并且关注国际商业理论中对于"新国际劳动分工"这类观点提出的质疑。这类著作的具体含义将在本章节中讨论，而且会在本书第四章中更详细地展开。最后一个方面是文化研究视角的批判，即对于文化帝国主义理论中不受限制的西方文化主导的质疑。该观点来源于受众理论、多元文化主义理论，以及语言和历史在文化接近的生产形式方面的作用，抵制了单纯的当代世界体系的核心—边缘模式。这将会在本书第五章中详细地展开讨论。

媒介全球化的质疑：从制度经济理论的视角

关于全球媒介现在是否集中到这样的程度，以至于竞争在媒介部门正在被消除，这个问题也引发了一些争议。由于罗伯特·麦克切斯尼对这一点已是很有影响力的倡导者，因此分析这样一个论辩是值得的，它发生在"开放民主"（www.opendemocracy.org）网站上，是由麦克切斯尼和麻省理工学院媒介经济学家本杰明·康佩恩进行的论辩（Compaine，2001；参见 Compaine，2000）。麦克切斯尼认为"现在的公司越来越少，但是控制越来越多"（McChesney，2001b），康佩恩对此产生质疑，他认为：

- 与 1986 年相比，1999 年美国前 50 强媒介公司的股份超过了美国全部媒介的收入；
- 美国主要媒介公司的"竞赛名次表"有了重要的变动；
- 在美国和欧洲大部分国家，或许有人会补充，还有亚洲、拉丁美洲的大部分地区，广播媒介市场的竞争实质上比二十年前更为激烈；

■ 互联网给传统媒介大公司带来了新形式的竞争；

■ 与全球化集团化有关的竞争优势，需要权衡其中新形式的危险与机遇，以避免由扩张活动引发的损失。

82　　　"开放民主"的一些缔造者也加入了这场论辩，包括大卫·赫斯姆德哈尔格（Hesmondhalgh，2001）、詹姆斯·库兰（Curran，2002）以及希尔维奥·维斯伯德（Waisbord，2002）。他们认为康佩恩的分析尤其有局限性，其关注传统媒介行业，而非那些在媒介融合环境中担任重要"守门人"功能的部门，诸如通讯技术和计算机技术。正如本章前面部分我们提到，2004 年世界上最大的两家娱乐媒介公司是通用电气和微软，这些公司使操作多样化并成为商业集团，通过收购政策、兼并政策及战略联盟在媒介商业领域中找到自己的地位。这样的动态只能在产业经济学的传统部分——细节方法中找到。尽管如此，康佩恩在这些论辩中通过要求更多地关注经验方面的细节而作出了重要贡献，高度强调了关于媒介集权化的广义观点，下面我将回到这一点进行论述。

　　康佩恩的另一个观点是，随着其他媒介大公司特别是美国、日本、欧洲公司的国际化运作，"其实只有一个真正的全球媒介公司……那就是新闻集团"（Compaine，2001: 3）。该观点认为近期公司全球化的程度及其革命性的影响程度已经被夸大，这一点在政治和意识形态方面获得很多经济学家的支持，这些经济学家一直质疑经济全球化产生的强大论及其政治影响。戈登（Gordon，1998）、格林和苏特克里夫（Glyn and Sutcliffe，1999）这些政治经济学家不同于一些核心全球化学者的主张，他们认为资本很少在地理上不受束缚，很少独立于民族国家。他们还认为"强全球化论"倾向于关注制造部门特别是低附加价值的工厂制造，而相对忽视了已经快速发展并超越制造部门的服务部门；不仅倾向于国际化贸易减少，也倾向于更强大的相关公众部门。拉格曼（Rugman，2000）认为单一全球市场这个概念是一种错误观念，而事实存在的是一系列由北美、欧盟、日本的"三位一体"市场主导的区域化生产和市场集团。[3] 因此，由外资投入和海外销售额所衡量的全球化的表现，包含一个实质的错误观点，因为许多所谓的"全球化"扩张在其瞄准—强化模式的关系中是局部的，或者在欧盟经济和东亚地区中也是局部的。拉格曼认为国际扩张策略通常需要更深程度的"本土知识"，而不是经常阐述的知识，而且在区域内部的扩张通常比横跨区域的扩张更为直截了当、危险性低。也就是说，法国的一家公司想要扩张到东欧，此问题比类似的扩张到东南亚的计划或许简单一些；当美国的一家公司在拉丁美洲寻求扩张时，或许会发现这比在中国进行扩张来得容易。

83

　　这种转向提出更多经验主义细节的全球化理论关注一些存在问题的假设，这些假设支持"我们正在走向媒介全球化的融合和集中"的观点。其中一个问题是把庞大规模的数字呈现为能够证明高度集中的趋势这样的**初步印象**。经济学家指出，一个企业部门规模的增长和利润的增加通常要考虑到全部市场的增长和新的竞争者进入市场。如果公司在一个成长型市场中发展，这里对新竞争者的进入没有重要障碍，那么它就不能证明这个市场中存在所有权和控制力的高度集中。新闻集团正在扩大在中国的贸易活动，时代华纳正在南非扩大运作，这些事件都不能证明，它们破坏了当地传统的商业，从而减少了市场竞争。它们进入这类市场加剧了而非减少竞争，因为它们在这些媒介市场中特别要面对根基稳定并且竞争力强的当地在职者的利益。

　　组合谬误也经常出现在"全球媒介垄断"的观点中。例如，麦克切斯尼观察到，2000 年上半年，全球媒介、互联网和通讯行业收购和兼并的总额达 3000 亿美元，这是 1999 年的 3 倍（McChesney，2001a: 3；2003: 150）。这证明了全球媒介融合和所有权集中的趋势正在加快。然而，如果我们深入探究这些数据，就会发现语境因素很少能够证明依赖于语境的强大结论。首先，1999 年兼并收购的总额是 2.3 万亿美元，这意味着媒介、互联网和通信行业的兼并收购成为世界趋势的一部分，该趋势见证了兼并收购从 1980 年全球 GDP 的 0.3% 增长到 1990 年全球

GDP 的 2%，再到 1999 年全球 GDP 的 8%（UNCTAD，2000: 106）。换言之，20 世纪 90 年代末期，媒介相关部门的兼并收购飞速增长，是全世界急剧增长的兼并收购活动的一部分，但它不能证明媒介相关部门的重要性日益增加。其次，媒介、互联网和通信行业间的关系存在问题，因为虽然它们都是广义上的通信部门的一部分，但其每个行业内部的收购兼并并没有共同的关联。世界上最大的两次跨国并购，一个是英国 Vodafone 集团和美国 AirTouch 通信公司 603 亿美元的兼并，另一个是 2000 年 Vodafone-AirTouch 公司与德国 Mannesmann 公司的兼并，其在 1999 年以 326 亿美元收购了英国的 Orange 电信公司。尽管结果是 Vodafone 合并成为一个全球电信巨头，但这并不能说明全球电信公司的融合引发了麦克切斯尼同样地看待全球媒介的融合。不论全球电信领域的集中和融合引发什么样的问题，它们都不能对媒介领域的问题产生任何积极或者消极的影响。最后，2000 年相关媒介的收购与兼并是上一年的 3 倍，这主要是由美国在线—时代华纳的并购所驱动的，该年收购兼并的总额是 1280 亿美元。这样大规模的一次性并购事件将会人为地抬高价格，给兼并后的公司带来许多工作难题。2004 年美国在线悄然归入时代华纳显示，像多头巨兽一样的传媒集团和它们有效行动的能力之间有着本质的区别。[4]

最后，全球化把当地政府变成了全球化公司的顺从的"附庸国"这一观点被普遍引用，与之相类似的是，政治学家从制度角度关注到，国家在管理经济全球化和跨国公司进入国家经济的过程中发挥了持续性作用。琳达·维斯（Weiss，1997: 2003）批判了被她称为"**无权国家的神话**"，她观察到，东亚由政府主导的经济发展策略还不具备对跨国资本负责的"附庸国"这样的特点。的确在许多实例中，国家精心安排经济的国际化进程。维斯认为，例如新加坡、韩国这些国家，促进当地公司国际扩张的是这些国家本身，并且为了在国家经济领域中提高竞争力和效率，它们将经济置于国际化竞争这样的开放环境下。依据这样的分析，中国加入世贸组织最好理解为一种实用主义的策略，该策略能够操控国家经济的重建，促进中国大规模企业的扩大，使之成为具有国际竞争力的公司，能够获得中国以外的市场和专业技术（Zhu，2003）。

媒介全球化的质疑：联合国贸易发展委员会
"跨国指标"的调查结果

谈到媒介全球化，我们需要对两种媒介公司进行重要区分，一种是以全球规模进行运作的媒介公司，另一种是以本国为基础而在国外运作的媒介公司。媒介全球化的形式以诸多市场中媒介、创意产品和服务的销售为中心，这自从 20 世纪 20 年代好莱坞主要公司在欧洲和拉美实行扩张政策就已经存在了。这和地理上分散的全球资产基础的发展不同，后者来源于外国直接投资、战略伙伴关系以及收购和兼并。经济地理学家约翰·邓宁（John Dunning，2001）认为，为了在多元化民族和多元化地区的市场中发展竞争优势，地理分散的资产基础通过外资投入积聚起来，使我们论及当代现状时，把其当作全球新兴资本主义的一种，而不是简单的国际范围的市场产品和服务。同样地，皮特·迪肯（Dicken，2003b: 30）把全球化公司定义为，"能够在许多国家中协调控制运作的公司（即使并不属于那些国家），但它的**遍布各地的运作正在功能性地整合**，并且不仅仅是各种贸易活动的投资组合"（黑体为原书所有）。该定义与"国际化操作的国家公司（即国外子公司）"这一概念形成对比（Dicken，2003a: 225）。

一个以这些定义为基础的衡量公司"跨国性"的有用标准是联合国贸易发展委员会提出的**"跨国指标"**（TNI）。该指标衡量本国总部之外的公司资产、销售、员工的比例，而且把这些数据分成三个部分。"跨国指标"的一个有用的特性就是它不依靠单一的指标去衡量跨国性，例如国外销售，而是把这个单一指标与其他公司运作的全球化指标一起作为衡量标准，例如国际范围内资产部署以及相关联的国际化雇佣趋势。

联合国贸易发展委员会 2003 年的数据表明，以"跨国指标"为基础，加拿大的汤普森公司是世界上全球化程度最高的公司，其在总部之外其他地区的相关资产、销售和员工（TNI 综合）的比例是 98%，而新闻集团是世界第三大全球化公司，其 TNI 得分是 92.5%（即在澳大利亚总部之外的地区，它的相关资产、销售、员工的比例）。使用联合国贸易发展委员会的数据来衡量国外资产，有 4 家媒介或媒介相关公司进入了前 100 名——威望迪环球（20 名）、新闻集团（22 名）、汤普森公司（65 名）以及贝塔斯曼集团（98 名）。然而，这个排名由电子、电信、石化、机动车辆、公用设施、制药以及其他制造或者能源相关的公司主导（UNCTAD，2005: 267-9）。联合国贸易发展委员会 2004 年的数据显示，威望迪环球和新闻集团从名单上消失了，以新闻集团的案例来说，这是因为它把公司总部由澳大利亚迁到了美国（UNCTAD，2006: 280-2）。

这些证据支撑了一些全球化怀疑者的观点，例如格林和苏特克里夫（Glyn and Sutcliffe，1999），他们认为服务业的国际化贸易能力的障碍依旧很显著，而且这产生了"强全球化论"问题，因为从世界范围内销售和雇佣的比例来看，服务行业的增长速度最快。这些证据不能证明，全球媒介娱乐行业逐渐地被极为少数的跨国媒介集团所掌控。它表明，虽然有媒介或媒介相关公司以逐渐扩大的全球规模运作，除了新闻集团这个特例，但是它们并不是最大规模的公司。[5]

如果我们仔细观察世界四大媒介集团——时代华纳、迪士尼、维亚康姆和新闻集团——它们中只有一个（即新闻集团）才能够被称为达到了全球化公司的地位。相比较而言，时代华纳、迪士尼和维亚康姆这类公司在北美之外地区的资产只占其总资产基础的很小一部分。当然，时代华纳并没有在年度报告中列出其在美国之外的资产，因为其有相当多的国际化收益来自于美国产权的产品在海外的销售，从而构成了以产品名称的商业价值为基础的无形资产（因为这个原因，在表 3.4 中，时代华纳的国外资产份额和"跨国指标"有一个标注的"*"）。此外，即使新闻集团能够被称为已经在进行一个全球化战略，该战略的特点是合资企业和战略伙伴对于在美国、澳大利亚和英国三个"总部"之外获得资产发挥着重要作用，但是新闻集团的跨国性是因为它在 2004 年之前一直是作为澳大利亚的一家公司而上榜的。重要的是，新闻集团在 2004 年把总部从澳大利亚的亚特兰大（很多年都作为名义上的总部）迁到了美国的特拉华州，为了更好地占据美国股票市场，它变成了美国的一家公司。表 3.4 显示，如果我们从除本国之外获得的利润方面去分析国际化贸易活动，并且把新闻集团作为一家美国公司，那么我们会发现时代华纳、迪士尼、维亚康姆有着相似的运作模式，即它们总经营收入的20% ~ 25% 来自于北美之外的地区，而新闻集团是典型的先驱者，其总经营收入的 44% 来自于北美之外的地区。虽然从 20 世纪 90 年代以来这些公司都一直在扩大国际化经营，而且毫无疑问地会继续扩大，但是根据邓宁和迪肯这类经济地理学家的标准，只有新闻集团能够自称是一个全球化公司。

表 3.4　2005 年最大全球媒介公司的跨国性

公司	总资产（十亿美元）	国外资产（占总资产 %）	TNI（跨国指标）	北美地区盈利（占总盈利 %）	北美之外地区盈利（占总盈利 %）
时代华纳	122	*	*	79	21
迪士尼	53	14	18.5	77.5	22.5
新闻集团	56	19	32	56	44
维亚康姆	19	5	10	78	22

* 解释见文章。

资料来源:联合国贸易发展委员会（2003 年报告），第 5 页;《公司年度报告》。

关于媒介公司如何在全球化地位方面比得上其他公司的证据材料显示，除去一些显著特例外的平均情况，媒介公司在经济的其他领域不如其他公司的全球化程度高。关于更广泛的跨国性指标，迪肯（Dicken，2003a，2003b）观察到，1999 年前 100 强的非金融跨国公司的平均跨国性指标是 52.6，而 1993 年是 51.5。迪肯由此认为，大公司随着时间的推移变得越来越全国化的趋势，通常要比公司全球化的支持者或批判者设想的速度要慢很多（Dicken，2003b: 28-31）。此外，通过国外资产衡量的公司规模和跨国性程度之间几乎没有关联性。跨国性指标倾向于偏向欧洲，或许是由于欧盟鼓励在欧洲内部的跨国投资，还偏向于瑞士、瑞典、比利时、加拿大、澳大利亚和挪威等国家，这些国家的人口较少，因此这些国家的公司在海外建立公司的需求就比美国或日本的公司要大。同时，外国资产指标倾向于矿业和采掘业（尤其是石油）以及机动车辆等制造业。最近几年在融合的通信服务行业范围内已经产生影响，其最主要的增长是电子通信行业，而不是媒介娱乐行业。[6] 总而言之，联合国贸易发展委员会的数据强调了一点，娱乐媒介行业的全球化进程比通常想象的要慢，而且新闻集团是唯一能够自称为真正意义上的全球化的媒介公司，而不是那些国际化运作的国家公司，并且新闻集团自称资格是建立在近期其总部依旧在澳大利亚而非美国的条件之上。

88

新闻集团的全球化战略

在世界上所有的主要媒介公司中，新闻集团最有权自称为真正意义上的全球化媒介公司。它的投资横跨五大洲的各个国家和地区，包括美国、英国、澳大利亚、新西兰、中国、日本、印度、德国、意大利、巴西、墨西哥、斐济和巴布亚新几内亚。从第一次参与经营一家澳大利亚亚特兰大的日报开始，新闻集团董事长兼首席执行官默多克已经把新闻集团建立成一个全球综合的跨媒介集团，其利益链横跨报纸、杂志、电影、广播电视、有线电视和卫星电视、音乐、出版以及体育。不论被崇拜或者指责——默多克的管理方式拥有许多支持者和贬低者——现在新闻集团控制了许多世界上最著名的全球媒介品牌。赫尔曼和麦克切斯尼观察到，新闻集团"为21世纪全球媒介公司提供了一种典型……而且是理解全球媒介最好的研究案例"（Herman and McChesney，1997：70）。

在撰写鲁伯特·默多克和新闻集团相关书籍的许多作者之中，关于新闻集团从一家中型澳大利亚报纸公司到达今天的成就，其全球化扩张是战略性的、特殊的和投机取巧的，他们存在着争议（Shawcross，1992；Chenoweth，2002）。新闻集团的扩张或许最好被理解为四个阶段。第一阶段是报纸利益在英国而后在美国的扩张。默多克于1968年接管了《星期日周报》旗下的《世界新闻报》，1969年接管了《太阳报》，之后在20世纪70年代创立了一些在英国发行量最高的报刊。1981年，他收购了《泰晤士报》和《星期日泰晤士报》，这意味着新闻集团控制的报纸在英国受人尊敬的大报和市场底层的平民小报中都占据了主导地位，它提供了一个强大的平台，默多克可以在这个平台对玛格丽特·撒切尔夫人的保守党政府进行支持。这种支持与政府对1985—1986年抵制印刷联盟的新闻运动的支持是互相回报的，因为默多克把新闻集团的报刊的生产总部从英国舰队街迁到了拥有大量非公会设施的伦敦东部沃平。在20世纪70年代，新闻集团还在美国建立了一个总部，于1976年在圣安东尼奥、德克萨斯购买报刊，以及收购了最著名的《纽约邮报》。为了不违背外国所有权的限制，他自己在1983年变成了一名美国公民。

20世纪80年代，美国变成新闻集团的第二阶段国际扩张的主要焦点，新闻从主要由印刷媒介刊载变成了主要由电影和电视放映。在1985年，尽管20世纪福克斯电影集团已经制作了异常成功的《星

89

球大战》系列电影，新闻集团在当时经过一番博弈依旧买下了其50%的股份。同年，新闻集团收购了大都会媒介（Metromedia）的一系列独立电视台。在这些收购之后，福克斯电视网于1987年成立，巴里·迪勒任CEO，其编排策略是专门针对那些被美国"三大电视网"所忽略的年轻受众。例如像《拖家带口》和《辛普森一家》这样的电视剧吸引了很多热切的年轻观众，也引来批评家的批判。新闻集团自从20世纪80年代早期就对欧洲卫星电视感兴趣，但是在1989年随着天空电视的成立，它才进入英国市场。到1990年，对福克斯和天空的大量投资造成新闻集团不能够偿还其短期飞速增加的债务，它总共欠146家金融机构高达23亿美元的债务，并且险些破产。

在差点死亡的经历之后，20世纪90年代，新闻集团开始第三阶段的全球化扩张。1990年，天空电视和英国卫星广播合并成天空电视台（BSkyB），而且在天空电视台于1992年获得英格兰足球超级联赛的独家权利之后，英国卫星电视直播摆脱了苦苦挣扎的命运。到2003年，33%的英国电视用户都是天空电视台的订阅者，而且天空卫视的服务成功地使用户转向了数字电视平台。1993年，新闻集团收购了提供泛亚多频卫星电视服务的香港星空卫视，加强了新闻集团对于卫星广播的兴趣。星空卫视早期并不顺利，一部分是因为它以英语为主导的节目播放时间表，还因为在默多克通过卫星广播发布各种关于"极权政体"的危害之后，亚洲一些国家将之屏蔽。星空卫视通过"入境随俗"的节目编排策略，发现了针对特定区域市场制定特殊节目编排策略的必要，尤其是印度（因为星空卫视在印度有线电视公司"ZeeTV"拥有少数股份），以及"大中华地区"。正如1995年新闻集团的总经理说，"文化帝国主义没有钱"（引自Sinclair, 1997: 144）。星空卫视的发展以及新闻集团在亚洲越来越大的野心，表现在一系列鲁伯特·默多克和其他新闻集团总经理与地区政府的直接协商，尤其是中国 2000 年让凤凰卫视获得有限的"登陆权"在内地播出。

新闻集团全球化战略的第四阶段的特点是，2003 年 11 月份成功接管美国最大的卫星电视提供商"直播电视公司"。这使得已经在内容生产分配领域成为强大的纵向一体化公司的新闻集团，建立了天空全球网，并实现了 20 世纪 40 年代科幻作家亚瑟·克拉克预言的全球范围的"环绕卫星"（Shawcross，1992: 193-195）。该计划是为了把英国天空电视台、亚洲星空卫视、拉丁美洲天空卫视和美国的直播电视及福克斯这些平台进行整合，通过福克斯电影制片厂、福克斯电视、福克斯体育和其他新闻集团，为全球媒介内容开发提供一个跨国一体化的平台。这样就能够与点播内容、交互、定制新闻和娱乐服务等加值服务相结合，还能与数据储存设备和个人录像机（PVRs）的使用相结合（注：由于本书交付印刷，关于直播电视公司的收购价格还处于协商之中）。

因此，新闻集团一直致力于发掘成为一个全球综合媒介集团的可能性，利用新的机遇通过数字平台整合内容和分布。2005 年，它做出一个令人震惊的决定，以 5.8 亿美元购买在线社会网络启动"MySpace.com"，标志新闻集团在企业改革方面新的发展，默多克开始思考被他称为"数字原住民"的 25 岁以下人的新闻和新闻工作的未来（Reese，2005）。考虑到新闻集团的冒险文化和全球野心，以及鲁伯特·默多克对于大众媒介的强烈个人天分，研究新闻集团的全球化扩张战略对于真正意义的全球媒介公司出现在不久将来的可能性来说是十分重要的。

延伸阅读: Shawcross（1992）; Sinclair（1997）; Chenoweth（2002）; Rohm（2002）; Follows（2003）; Sinclair and Harrison（2004）

20世纪70年代，在新马克思主义依附理论与关于国外投资和跨国公司扩张的理论之间，有一个重要的交叉路口，形成了"新国际劳动分工"等理论的基础（Frobel et al.，1980）。在这个时候，关于跨国公司投资活动的主要理论关注的是，纵向一体化公司的所有权优势与特定地区提供的减少成本或市场扩张的机会之间的相互关系（Barnet and Muller，1974；Hymer，1975）。**所有权**优势是指那些来自整个供应链的跨国纵向一体化的方面，特别是经济中，其竞争很大程度上基于国家。它们包括：用更低成本生产的能力，公司活动的国际化特性，金融资源的优先获得，对稀缺或独特资源的控制（物质和人员方面），或是特殊产品或商标的独特性和全球认可（例如，利用可口可乐作为一种软饮料商标的全球认可的能力）。因此，世界上最大的公司变成了跨国公司，它们的主导地位通过它们决定全球化而进一步扩展，因为它们能够在特定的当地市场竞争中胜过当地企业，并且能够控制它们投资的那些国家的当地政府。**区位**优势作为基于所有权优势的补充，在许多方面都能发现，因为它们解决了外商直接投资在**哪里**以及**为什么**的问题。区位理论传统的关注要么是在特定市场中特定主要资源的可利用性，要么是新市场的接近性，低成本劳动的可能性，要么是政府提供的激励，特别是在发展中国家，例如税额优惠或者没有常规劳动和环境管理标准的"自由生产区"。这些关于跨国公司兴起的理论表明，它通过使其投资的祖国和东道国的政府和工人失去优势，从而建立它的贸易活动。

这种外商直接投资模式能够有力地解释**横向**专业化，即跨国公司基于所有权基础优势，例如全球营销和品牌，在不同的国家生产和销售类似的产品。它还能够解释**纵向**专业化，即通过利用不同国家和地区的区域优势建立一个全球价值链。然而它不能解释的是**为什么**拥有全球野心的公司会在其他国家进行外商直接投资，因为在一些没有很好地理解市场的国家里投入大量实物资产是有危险的，这些国家不仅政治风险更大，而且其招募技能娴熟的当地劳动者的能力也没有那么显著。新市场和特殊资源的好处能以其他方式享有，无须进行实体资本的投资，例如对当地生产者的股权投资，当地批发商的进口或出口协商，抑或是其他战略伙伴的形式。约翰·邓宁在其"OLI"模式或"选择"模式中提出，外国投资的理论中缺失的元素是对于"国际化优势"的理解。然而，"所有权优势"（O）和"区域优势"（L）已经在跨国公司的一些理论中被很好地复述，邓宁认为"国际化"（I）理论最好地解释了跨国公司如何和为什么基于获得更多当地知识资源，以及把它们运用到全球市场中的能力的相关优势。这些优势包括：组织学习、文化意识、创新机遇以及来自于各种国家生产者或分配者的直接呈现的增加现有知识资产的机会。

邓宁认为，跨国公司的主要目标已经从主要关注通过境外生产或进入新市场来减少成本、进而提升挖掘现有资产利益的机会，发展到一些关注"创新、使用和能力"的策略，以及关注跨国公司"为了创造未来资产而开展活动"随之产生的需求的策略（Dunning，2001: 100）。在这种情况下，跨国公司对于能够开发各种知识和创新系统感兴趣。从多种资源中获得知识资本的动力，以及由于多个国家运作而造成的**文化距离**（即，国家间的文化差异使得很难建立同质的"全球产品"），意味着：

> 跨国公司从事国外直接投资，特别是接近和控制国家与企业特定资源、能力和学习经验……跨国公司可以利用其国外子公司或合作伙伴作为寻求和控制新知识及学习经验的工具；以及作为进入国家革新和投资体制的一种途径，从而更有利于他们的动态竞争优势。（Dunning，2000: 20）

今天，知识型资产的相关接近权作为跨国公司投资决定的主要动力，通过四种主要发展被进一步加强，邓宁称之为当代全球资本主义动力的关键因素（Dunning，2001: 186-191）。第一个发展是**知识经济**的兴
93　起，即"无形资产在生产总财富中的相对重要性提高，而且在 GDP 中的份额上升"（David and Foray，2002: 1）。相比于自然资产（土地、资源、低价劳动力）和有形物质资产（建筑、机器、基础设施），知识经济首次强调了无形资产的重要性，例如在人们、组织和过程中体现的知识与创造性等无形资产。与知识经济的增长有关的是创新的重要性增加以及新产品、服务和加工的发展，许多都涉及"无国界"的信息与通信技术和宽带网络（参见 Hodgson 12000；OECD，2001a；Flew，2005a）。第二大发展是邓宁所说的**联盟资本主义**和曼纽尔·卡斯特所说的**网络企业模式**（Castells，1996: 162-166，170-172；参见 Castells，2001: 67-68）。联盟资本主义是指依赖于公司之间和其他联盟（例如，和竞争者、供应商、消费者与政府之间）的重要性增加，作为获得协同或补充的知识密集型资产的方法，以及获得学习组织能力和市场的一种途径。第三，**国家和国际化市场的自由化**产生于政府调整政策以减少贸易壁垒和资本流通障碍，以及运输成本和通信成本的急剧下降，极大地提高了在全球转移投资资本的能力。第四，20 世纪 90 年代亚洲和拉丁美洲的**一些发展中国家经济的崛起**，以及中国、俄罗斯和东欧经济的开放，给发达国家的跨国公司创造了重要的新市场和外国投资机遇，并且促进发展中国家的重要跨国公司的出现（参见 UNCTAD，2005）。[7]

　　因此，我们需要把由跨国公司扩张造成的经济全球化进程看作一个多维的过程，在这个过程中，为了使全球生产价值链中的成本最小化，从低附加值活动转移到低工资经济活动，只是各种可能措施中的一种。迈克尔·斯托伯认为，全球化不能再被简单地理解为通过海外生产形成全球价值链或新型国际劳动分工而**非领土化**的过程，或者是成功的产品、服务或品牌的"赢者通吃"式的全球扩张。而斯托伯认为，我们还需要把全球化理解为产生于"地区的、路径依赖的，并且

高度嵌入式的科技变化"，即出现在特定动态城市和地区的"一种强大积极的全球化推动力……因为它通过深植于产品和服务中的临时特有知识为全球经济提供稀缺资源"（Storper，2000: 49）。斯托伯认为，与相信贸易、通信和科技的全球化将会导致生产标准化相反，全球化经济中出现的科技、地理、组织和创新的二元发展，诱发了专业化和非标准化：

> 现在看来，发展取决于，至少部分取决于非标准化和多种生产，为了产品标准化，市场不断进行空间整合，竞标垄断价格，而自动化带走了工作和低工资、低成本地区的优势。解决这个困境的唯一方法是通过非标准化和稀缺资源来重建不完全竞争。（Storper，1997a : 32-33 ）

然而，从受限制的当地国家市场到全球化市场的道路，并不意味着国家资本主义的终止，而意味着专业化的全球化和产品服务标准化之间的双向关系，如本书第二章所讨论的（参见本书第62—63页）。贸易活动是否以全球规模地理分散，或者集中在专业的工业化地区，取决于资源的需求程度，因为该贸易活动是地理集中或分散的，或者基于领土范围和流通。在纯粹的**"基于流通的生产模式"**中，资源在各个国家是完全可替代的，因而资产能够散布到各个地区。前文所讨论的新型国际劳动分工模式以这样的假设为前提：随着全球化经济的重要成员跨国公司的兴起以及交通和通信的改进，基于流通的生产模式将会日益显著，特别是当与全球消费者喜好的标准化、产品标准化和生产过程程序化相结合的时候。相比较而言，"地域化经济发展"被解释为"依赖区域特定资源的积极活动"（Storper，1997a: 170），包括在特定地区随着时间而改进的特定实践、规定以及关系。这些形成了斯托伯所说的**"非交易的依赖性"**的一部分，或者"在不确定的情况下协调积极参与者的习俗、正式规定和习惯……以及在当代资本主义形成特定区域资产"（Storper，

1997a: 4-5)。

随着经济的全球化和国外投资水平的提高，正在发生的不单是从地区化到全球化生产体系的转变，还有体系内部和体系之间的分化。与高度标准化的基于流通的形式有关的工作和投资转移，最受全球化的支持者和批判者关注，同时也支撑了新型国际劳动分工理论。然而，这只是四种方案中的一种，其中还有一种是以地域为基础的专业化生产的兴起，其重要性并没有随着全球化进程而减少。图 3.1 描绘了这些体系的性质。其关键之处在于经济全球化不是简单地从区域 3 转移到区域 2，而是区域 1 和区域 2 的同时发展，以及"在贸易和通信中高度地理开放性的环境下，相关资产的不断革新"（Storper，1997a: 184）。

		生产地域化	
		高	低
生产系统中国际化流动	高	1. ■ 资产专用的公司内部贸易 ■ 地域核心的国际化市场 ■ 工业化地区	2. ■ 国际劳动分工 ■ 标准化产品的国际市场
	低	3. 对于低国际竞争的特殊尝试的区域生产	4. 不通过大公司阶层传递基本服务的当地商业

资料来源：斯托伯（1997 年 A 册，第 182 页）。

图 3.1 全球生产系统中的流动和地域

在媒介行业和创意产业的产品和服务层面，不仅有强调新国际文化劳动分工（NICL）的因素（Miller et al.，2001: 49-58），还有促进全球站点文化生产的扩散与多元化的因素。根据斯托伯的分析，新国际文化劳动分工在大多程度上会在全球媒介中形成，与其产品的通用程度、标准程度有关，并且与从一个市场转移到另一个市场的低程度"文化折扣"有关（参见 Hoskins et al.，1997）。对于米勒等人来说，虽然从视听媒介生产转移到一系列全球网站的能力很强，但是这种工作的转移无论如何都不能转化为知识或者控制。因此,"全球好莱坞"表现为成本驱动过程,在这个过程中其他当地权力机关的妥协导致"外逃制片"的产生。

相比之下,根据媒介行业产品和服务的独特程度、专业程度和"文化折扣"的程度,以及它们的文本建构和其他性质特殊程度,产生于特定文化"**环境**"中知识和创造的独特形式,在跨国(尤其是基于美国)媒介公司的国家边界之外,强制实行国际文化劳动分工的能力会受到限制。戈德史密斯和奥瑞根(Goldsmith and O'Regan, 2003),在他们关于近期全球综合工作室繁荣的研究中提出,在多大程度上国际产品能够与好莱坞产品混淆,并且美国能被认为是视听生产的自然故乡。他们指出术语"外逃制片"和支撑它的论据是令人误解的,因为他们继续在含蓄的民族话语中定义生产生态。相比较而言,电影制造日益国际化,通过资金来源、镜头前后的主创人员、后期制作活动的地点和分销策略可以看出,电影制造的国际化到达很难界定许多电影的国籍的程度。此外,这不仅是好莱坞大片的特点,也被一些全球制造商当作是一种策略,例如日本的电影制造商、韩国和中国为泛亚市场的生产(参见 Curtin, 2003)。决定生产地点的"创新"原因和"经济"原因之间的区别也是有问题的,并且假设扮演"线下"角色的工人不能产生创造性成就而且在全球生产点可以广泛地互换。戈德史密斯和奥瑞根发现情况并不都是这样,其依赖于创造性有限的视野(Goldsmith and O'Regan, 2003: 12)。

利用上文提到的全球化和外国投资的新理论,我们能够看到,最简单地说,媒介全球化涉及从主要基于当地或者国家的媒介系统到国际流通日益重要的媒介系统的转变。然而同时,关于媒介公司"全球化"的实际程度的实验证据需要被证实。媒介公司既没有变得比其他行业分支更加面向国际的趋势,也不能够确定作为全球化公司的它们某种意义上能够像迪肯和邓宁所界定的那样作为一种机构去运作,其地理分散的运作进行功能整合成为一个奇特的全球实体。此外,研究表明,全球媒介的流通日益国际化不等同于媒介生产非地域化,也不等同于媒介产品的标准化和媒介市场的同质化。这的确是一种可能性,在米勒等人的新国际文化劳动分工模式中深入探究出它的有害影响。另一种可能性来自于全球媒介商品和服务的独特性程度、专业性程度以及遭受"文化折扣"的程度，而且这种可能性具备来自于特定（非全球）文化共鸣的文本特性和魅力基础。在这些事例中，在非标准化媒介商品的生产、日益丰富和复杂的媒介消费者对于多样化的需求同全球文化经济中当地竞争优势之间，或许有某种关联，这种关联产生完全不同的故事，即全球媒介的彻底批判、全球媒介理论和新国际文化劳动分工这样的文化依附理论中所呈现的黯淡场景。

97

第四章　全球媒介：知识经济和新的竞争

概述

我们在第二章和第三章已经讨论过，全球媒介当前的解释和全球化单方的解释相关联，强调了地理位置分散和去领土化的力量，但没有重视这一新形式的集群和地理位置上的特殊资源在吸引国际投资和发挥全球竞争优势上所发挥的意义。此外，渗透在新国际文化劳动分配理论中的依赖性模型的持续遗产，导致基于成本的因素在影响外国人直接投资决定当中的意义被夸大。然而它低估了知识资产作为跨国公司扩张策略的驱动因素的价值，也低估了外国投资接收方在全球媒介市场中，在更好捕捉竞争资源方面，多大程度上行使其代理权。

在本章中，我们将把注意力从批判转到对那些被视为全球媒介发展关键因素的描述。特别是在 21 世纪初期全球资本主义所确定的五个关键力量：

1. 从主要地工业化经济转向知识经济，理念和无形资产构成了新的财富创造的关键资源，网络信息与通信技术为全球创新、知识的扩散和管理、发明过程提供了新的活力；

2. **新的竞争理论**，关注产品、服务和有组织的发明创造之间的关联性，而非简单地关注成本优势和经济效益，将其作为可持续竞争优势的资源；

3. **网络组织**对于大型的、在地理上分散的全球合作企业日渐增加的意义；

4. **集群**对于竞争优势的意义，地理因素对创新的促进更加普遍，尤其是位于或穿过工业领域的城市和区域；

5. **全球生产网络**在跨国企业价值链的管理上越来越重要，国家在寻求获得有价值的资源以及被跨国公司投资占有的经济"租金"时，会出现多样的后果。

本章的其余内容将关注两个相关议题。首先是一个谨慎的讨论，即基于国家的媒介在全球媒介系统中的持续意义不应该被低估。因为媒介市场会继续朝着国家化和区域化发展，而不是真正全球化。第二，我们将说明，媒介全球化的相关力量，比如产品和服务创新的压力，科技改变和市场扩张的压力，不会使现存的本土媒介在面临这些改变时变得被动。事实上，后者频繁占有一系列当地优势，在新的竞争环境下可以有效利用，鉴于海外的竞争者在市场准入中处于劣势。

知识经济

已经得到了广泛争论的是，20 世纪后期见证了显著的工业经济向知识经济的转移。**知识经济**，即理念和无形资产而不是有形的物质资产，日渐成为新财富创造的关键资源，并且"比起以前任何时候，经济都更加有力和直接地扎根于产品、分配和知识的使用"（Howells，2000: 51）。如此一个转变不仅发生在所谓的"后工业"经济时代（像六七十年代的"信息社会"理论所说的那样），也是一个全球现象，尤其是伴随着外国直接投资和全球网络使用而出现的国际经济竞争力的交叉驱动作用。[1]

保罗·戴维和多米尼克·福雷（Paul David and Dominique Foray，2002）已经解释过，知识经济的全球本性被以下程度所暗示：

不同国家生产力和增长的不同，更多不在于自然资源的富足
（或贫瘠），而在于其人力资本和生产因素质量的提高：换言之，创

造新的知识和理念，体现在装备和人上面。（David and Foray，2002: 9）

戴维和弗雷观察到，知识经济的提升，既是过去一百年的历史趋势，也是一个从 1990 年代开始加速的过程。在历史层面，**无形资本**份额的增长（一方面得益于知识生产和传播，另一方面得益于于教育、健康和福利）在整个 20 世纪的美国经济中都处于加速的状态，1970 年代早期以来，它的份额已经超越了有形资本（物质基础、设备、库存、自然资源等等）（参见 Abramovitz and David，2001）。[2] 他们将其更多地归于知识生产当前的加速：

■ 使用新知识的资源逐渐增长的多样性（例如，作为创新资源的用户）；

■ 网络信息与通信技术在促进知识扩散和合作的可能性方面所扮演的角色；

■ 网络信息与通信技术使得曾经隐性的知识通过**知识管理**系统变成新形式；

■ 通过跨机构和跨领域的知识分享的重要性，其中开放的资源软件移动代表了最具全球特性的例子之一（参见 Benkler，2002；Weber，2004）。

学者们已经讨论过，在全球知识经济中不仅有一个创新的集中，也有一个本性的转移。道奇森等（Dodgson et al.，2002）已经提到了**第五代创新过程**，与之关联的是，和已有的产品、管理实践和工业玩家低价竞争，这些**破坏性技术**的上升，以及全球市场和终端用户在创新过程中所扮演的角色越来越重要。相比于理念推动和需求拉动的创新模式，或者当前对国家发明系统的关注，第五代创新过程强调供给者和用户之间的关联，通过研究和网络合作进行策略整合，以及通过不同科技的传播（例如，联合电子和机械科技发展"混合动力"车）和基于网络信息与通信技术促进全球合作知识网络的"工具箱"的发展实现科技整合（Dodgson et al., 2002: 54-7）。

最大价值的知识形式也发生了转变，这构成了创新的关键性输入。
101 创新的传统模式强调"注入"新产品和服务的形式化和编码化的科学知识所扮演的角色，然而，在当前的背景下，知识和信息的区别已经变得越来越重要。信息指的是编码化的知识，即被转换成数据的知识，伴随着网络通信与信息技术的发展，它可以得到廉价再生产和广泛传播。对比之下，知识起因于一个广泛的过程，它"涉及认知结构，以同化信息并将其置于更广的语境之下，并从中采取行动"（Howells, 2000: 53）。因此，知识需要学习的过程。

除此之外，**显性**知识和**隐性**知识之间的区别——后者被定义为从直接经验得来的知识——隐性只是附加价值创造的独特资源，代表了横跨所有大型组织的主要改变。虽然大型组织在生产、传播，以编码信息的形式使用显性知识方面更具力量，并且网络已经以指数方式将这种能力一再扩展，但是在处理信息方面对其优势有帮助的因素——大规模、随着时间保存信息的能力、远距离分配信息的能力——使得隐性知识的获取如此之难。这对如何获取这些信息并发展一个**学习组织**来管理它们提出了挑战；也对挖掘机构之外的知识创新网络的能力提出了要求。知识经济不仅暗含了理念和创造的更重要角色，也指向了经济和社会生活各个领域增加的知识密集。杰弗里·霍奇森（Geoffrey Hodgson）已经观察到，"相对不太'机械化密集'，却越来越'知识密集'"的经济（Hodgson, 2000: 93），也通过所有社会活动层面日渐增长的复杂性被定义，经济活动既关乎消费也关乎生产。如此转变不仅包含了对特殊"知识工人"增加的需求，也包括了多种"终身学习"的机会，但也指出了有社会价值的知识形式通过社群民主传播的必要（例如，信息与通信技术的使用基于合理的复杂水平）。霍奇森（Hodgson, 2002）最终倾向于**学习经济**的概念而不是知识经济，因为后者暗示，一个固定的知识股份通过全社会得以分配，因此，"在一个复杂的、演变的、知识密集型体系中，代理人不仅要学习，也要学着如何学习并且重新适应和创造"
（Hodgson，2002: 93）。

新的竞争

新的竞争的概念着眼于两点，一个是标准的经济教科书中传统竞争
概念的局限，另一个是，在大型企业有能力控制市场结果的环境下，对
于合作策略更加明确的前景问题。占支配地位的新古典方法具有静止的
市场和企业概念，公司被想象为竞争市场中的"价格接受者"，这遭到
了广泛质疑，因为它没有抓住资本经济条件下大型合作组织的当前现状
（例如，Zamagni，1987；Keen，2001；Stilwell，2002）。对于支配性新
古典方法对于竞争的质疑，也趋向于认为竞争已经随着时间消失了，就
像在第三章讨论的垄断资本主义中看到的那样。

因此，在发达资本主义经济中，对于竞争的消失如此"激进的"总
结是自相矛盾的，它源于一系列事实上根植于主流新古典主义经济传
统的假设。尤其是，行业结构（特别是大型公司控制市场份额的集中
程度）决定其内部的公司行为，因此也预示该行业内部价格竞争的结
果，这一假设就明显依赖于新古典主义的竞争模式。对比之下，奥尔
巴赫（Auerbach，1989）认为，广义的竞争概念——事实上追溯到古
典经济学家如亚当·斯密和大卫·李嘉图，以及当前的组织和评判方
法——表明竞争会随着时间增加，并且事实上在特大型企业主导的市场
中日渐强大。此外，通过并购、合并和国际化的合作扩张策略被认为是
"对于增强的竞争环境的应对……有时候会导致更多竞争，而非更少"
（Auerbach，1988: 323）。奥尔巴赫定义了当前全球资本主义背景下促进
更大竞争的因素：

- 全球资本市场在投资资金配置方面扮演的角色；
- 迄今为止，由少数当地公司主导的基于国家的多国合作日

渐增加的投资；

■ 市场全球化扩张；

■ 广泛的新产品和服务的发展；

■ 科技发明和扩散的影响。

从生意管理文献这个非常不同的角度出发，迈克尔·波特（Michael Porter）关于**竞争优势**的理论（Porter，1998b）指出：五个竞争力量决定了产业利润率，其中之一是行业内部各公司之间的竞争。其他四个因素是：（1）新加入产业的参赛者的潜力；（2）购买者的还价能力；（3）供给者的讨价能力；（4）替代产品和服务的威胁。波特暗示成本领先是竞争优势的唯一路径，随着时间的推移可持续性也是最差的。由于在产生作为成本的持续竞争优势方面，产品差异化是重要的因素，并且竞争策略既关注广义的大市场，也关注局部的小市场，所以波特提出**差异化**和**集中关注**作为成本领先的替代方案。他认为商品和服务本性的创新，以及市场分割的创新，可以提供可替代的通用策略，以更好收获产业和市场领先。虽然波特的文本最初写在 1985 年，也没有精确描述全球化的影响，但是它说明，全球劳动力和产品市场的发展，以及为了收获成本竞争优势对低工资经济"业务外包"日渐增加的使用，将反过来引起对不基于成本的可持续竞争优势的资源的关注。

贝斯特（Best，1990）关注的是，新竞争在多大程度上一方面要求关注产品和服务创新，另一方面要求关注组织灵活性和承诺在内部程序中持续提高。对于创新的关注绝不简单基于新产品和服务的发展，也不简单是科技发明或者新的版权、专利、商标和设计的发展。贝斯特认为，为了创新能够引领持续竞争优势，公司必须拥有在自身组织框架内进行企业合作性学习的能力，参与知识分享、合作学习和内部网络的能力，以获得急迫的知识形式以及进一步发展竞争优势的动态形式。

新的竞争，体现在电视上的质量和品牌价值：
HBO、《黑道家族》以及"TV III"

经常引起讨论的是：有限通信渠道的广播电视经济体系促进了节目实践的"同质化"，所有的频道力求全时段覆盖最大可能的受众群（Owen et al., 1974；Barwise and Ehrenberg, 1988；Neuman. 1991）。由此导致了一系列后果，包括通过所有网络把最好节目集中在黄金时间的趋势，以及为了使得受众份额最大化而生产"最不具争议"节目的要求。

订阅电视的发展，明显扩大了商业电视台通过"小众"而不是"大众"广播迎合更广泛的跨社区横截面的可能性（例如，Noam, 1991）。罗杰斯等人（Rogers et al., 2002）已经关注到了有限渠道广播电视时代（或者我们所说的"电视一代"）以及他们所说的"电视二代"——在美国从70年代到90年代中期非常显著——之间的区别，后者以大众广播或者具有免费播放权的电视和订阅付费/有线电视之间的受众竞争为特征。这个时期见证了电视观众从广播网络大量转移到了有线服务，以及通过大众广播和有线渠道，选取相对低成本以及更小众的电视节目。正如泰德·马格德（Ted Magder, 2004a）所描述的，它标志了"电视101的结束"，即那些通过既有的节目类型生产不具争议的内容，基于简单的受众份额最大化原则的节目。

新的电视时代——被定义为"电视三代"——强调电视服务上特殊节目和总体**品牌**之间的关系，这是区别于早期的一点。电视频道品牌由以下两方共同构建：与其他频道总体形式不同的产品，以及品牌价值的形式，这既能通过节目安排保持观众，也可以作为"独特卖点"被卖给广告商（Ballamy and Traudt, 2000: 132-3）。科廷和斯特里特（Curtin and Streeter, 2001）将其描述为**新网络电视**，以全球化和碎片化为特征，起初以高强度搜集吸引小众市场的节目为标志，这能够对主流受众形成"交叉"身份认同。与有限渠道环境下节目生产的人工限制相比，新网络环境以电视内容长期的过度生产为特征，因此品牌和跨平台的协同作用变成了一种手段，借此一些节目通过获得全球化的高形象来收获利润率。

探讨时代华纳旗下的付费电视网（HBO）的历史，从其作为转播穆罕默德·阿里搏击赛这一起源，到当前作为"高质量"和"非主流"节目的承办商这一地位，罗杰斯（Rogers et al. 2002：5）发现，例如《黑道家族》（Dir. David Chase，2000-）这样的节目，已经"完美地定位，以帮助 HBO 建立了品牌认同"。他们指出，在电视二代的阶段，有线服务频道的优先权就是尽可能便宜地得到更多的在线内容，并且吸引小众观众，而 HBO 已经确定了品牌策略，允许他吸引到更广泛的受众人口统计学资料，同时利用其不受大众广播限制这一自由优势，描绘亵渎、裸露以及极端暴力。《黑道家族》是一个极高的收视热潮，正如电视台过度解释的那样，成为"曾经对于大部分观众而言无法获得的首次电视大成功"（Thorburn，2004：2135）。除此之外，关注《黑道家族》成为"高质量"或"重播"的电视节目，缘于它的脚本撰写、动作、产品价值、产品成本，以及典型美国警匪电影（例如《教父》三部曲）交叉印证的自我意识，意识到通过其他手段获得进一步收入，例如售卖 DVD。

这些新兴非主流的节目（例如《黑道家族》）和 HBO 其他节目（例如《欲望都市》以及《六英尺下》）之间的关系，被很好地阐释为第三代电视环境下对于频道品牌的关注。电视产业对品牌的重新关注，表明了其自身在很多方面，正如在节目制作中为扩宽调度实践而使用"水印"一样多样化，这起因于在多频道新网络广播环境下，更清晰地建立某人自己所属电视服务的显著性，和基于频道或品牌名声在其他市场跨国扩展的能力的矛盾需要（Bellamy and Traudt，2000: 156-7）。

扩展阅读: Curtin and Streeter (2001); Lavery (2002); Rogers et al. (2002); Cunningham (2005a)。

网络组织

在 21 世纪社会早期,网络的概念已经被确认为其关键的"时代精神"(Barney,2004: 1)。在他关于**网络社会**的著名讨论中,曼纽尔·卡斯特已经说明,"网络构成了我们社会的新社会形态,并且网络工作逻辑的扩散传播实际上更改了生产、体验、权力和文化过程中的操作和结果"(Castells,1996: 469)。从这个定义出发,网络构成了经验可观察的社会组织的形式,同时,通过我们能从当前历史新时期获得的显著特性,构成了一种隐喻。网络已经在以下的术语中得到了定义:

> "网络"一词描述了一个结构性条件,借此不同的点(常常被称为"结点")彼此关联(常常被称为"结"),其关联是典型的多样化、相交叉,并且通常是累赘的。当许多结点(人、公司、电脑)和许多其他结点相联系,通常通过很多跨越结点之间相联系的结,这样一来,一个网络就存在了。(Barney,2004: 2)

对于网络形式的组织日渐提升的兴趣,可以归功于三个因素。首先,网络的快速发展和扩散。作为一个数字的"网络群的网络",借此人、机构和信息,基于共同的网络计算协议的使用,在全球范围内得以联结,网络的发展,作为一个对于机构等级而言社会组织的替代模式,有其自身存在的合作问题。第二,经济理论中市场/等级差异的限制,以及社会学理论中能动性/结构的分裂,促使了网络作为社会行为的解释性因素的新兴趣点(Friedland and Robertson,1990;Polodny and Page,1998)。例如,马克·格兰诺韦特的工作,着眼于"弱结点"在现代社会中的意义,以及持续的"在产生信任和沮丧的不法行为时，如此具体的人际关系和结构（"网络"）的嵌入……"（Granovetter，1985: 490）。第三，在有效回应急速上升的社会经济问题上，官僚和等级组织形式的限制，以及基于市场的解决之道的限制，例如私有制和放松管制在 1980 年代和 1990 年代的应用（例如，英国铁路公司私有制的政治失败），已经将注意力转移到了网络，作为等级和基于市场的组织协调形式的一个替代。

107　　网络组织形式可感知的优势包括：

　　　■　通过网络合作性学习的能力，以及发明创造和新知识形式的生产；

　　　■　小机构获得来自于具有更大知名度的较大机构存在的网络中所提供的地位和合法性；

　　　■　经济利益，例如通过强有力的供需关系改善的产品质量，同时一个更好的适应风险能力；

　　　■　通过更好的资源依赖管理，外部限制得以缓解（Polodny and Page，1998: 62–6）。

　　网络有效发挥功能的条件包括：网络成员之间拥有共同承诺、目的、忠诚和信任的意识，利他性行为的意愿，以及合作和互惠的承诺（Thompson，2003: 39–47）。汤普森（Thompson，2003）定义了，层级制的、基于市场以及网络形式的指令之间的区别（见表 4.1）。

表 4.1　层级、市场和网络作为社会经济指令的类型

基本特性	层级指令	市场指令	网络指令
设想指令类型	被设计且有意识地管理的结果	自发生产的结果	协商的结果

基本特性	层级指令	市场指令	网络指令
机构行为	基于规则和权威的驱使	私有且具有竞争性的决定	合作且寻求一致
操作机制	等级或官僚行政	价格机制 竞争 自我兴趣和管控	忠诚、相互信任
统一协作或管理的类型	公开的、目的明确引导、正式管理	看不见的"领导的手"最低限度的正式控制	正式的有组织的协作 半正式管理

来源: Thompson（2003），p.48

　　网络组织形式，对于媒介和创意产业而言，尤其具有意义。戴维斯和思凯斯（Davis and Scase）已经解释了：网络组织的增长是创意产业当中一个有力的趋势，由于它让精确且正式的、以官僚主义为特点的控制机制之间的动态相互作用得到最好的平衡，伴随着创意组织为了非正式和学院化过程的需要，便利了创意自动化，获得灵活性，并且在没有一致性要求的情况下让生产更加高效。他们把网络形式的优势，视为对官僚组织形式局限的响应，视为对隐性的协调机制、风险厌恶和非灵活性问题控制的非正式和学院化模式（这一问题源于正式、有等级区分的、精确的协同模式），以及对大规模文化组织的控制特征的关注。

108

　　在宣称我们已经进入了一个"网络秩序"之前（Castells，2004），需要两个谨慎的观察。首先，网络安排内在地产生了内／外关系，这不仅在社会影响上是不公平的（参见 McRobbie，2005a，on "network sociality" in the creative industries），而且可能会因为过于紧密依附先前关系，从而切断组织和发明的其他源头。第二，正如汤普森观察到的，网络如今构成了"新型前沿的组织结构"（Thompson，2003: 148），假设它们和其他机构模式（例如那些受官僚等级管理的，以及正常的市场交易机构模式）共存，而不是替代其他机构模式。

集群和竞争优势的经济地理

集群的概念已经关注到：特殊城市和区域中特殊活动的空间团聚、创新的痕迹和经济活力之间的关系，以及在日渐增长的知识经济时代，区域接近性对于合作性学习过程的重要性。此外，被讨论的还有：在经济全球化背景下，如此的集群安排之间的相关性越来越强，而非越来越弱。集群理论旨在获得：全球经济中相关公司、企业和部门的凝聚，以及特殊地理区域的成功之间的关联。斯托伯（Storper, 1997a）已经做出了解释：新数字科技，诸如网络的组织改变，以及城市和区域之间获得产生全球经济的经济租金的竞争，这三者之间的互动：

> 某些关键区域，在当前资本主义是产生重要经济租金的核心……（以及）想象全球经济，作为人、物质和财政资本（这些资本被大的合法企业巨头控制，在理解新竞争本性上显得落后）去领土化的一种"空间流动"。（Storper, 1997a: 218）

在一个相似的脉络中，艾伦·斯科特（Allen Scott）已经解释了：经济全球化正在指向"由超大集群定义的全球资本经济的提升，密集的凝聚开始形成，在功能上和全球劳动力分布相关联"（Scott, 1999: 89, 90）。

波特将集群定义为"特殊领域中相互关联的公司和机构的地理集中"（Porter, 1998a: 78），这由"相关联的公司、特殊供应者、服务提供者、相关产业公司以及相关机构（例如，大学、标准机构和贸易协会）之间的地理集中"来定义（Porter, 1998c: 197）。对于波特而言，集群为身在其中的公司和机构持续提供了三个方面的竞争便利。首先，通过引进专业成果、劳动力、知识和科技，集群内部公司的生产力得以提升。其次，通过使身在其中的公司更加敏捷地意识到新机会，以及加强它们对新机会快速灵活的反应能力，集群促进了发明和创新。第三，通过独特地引进必要劳动力、技术、知识和资本，集群促进了相关领域的新商业形式（Porter，2001）。

虽然集群的概念相对较新，但是其背后的趋势已经显现已久。在全球媒介领域，洛杉矶（好莱坞）构成了电影和电视产业的精髓集群（Scott，2000，2004a，2004b；Cowen，2002），由于它是世界最大的电影电视制片厂的基地，众多的互补的公司和产业在该区域共存，所以它是独特的集体知识储藏库，关乎在全球电影和电视市场中什么将会流行，并且它扮演了磁铁的角色，吸引世界上该产业的创造性天才。[3]虽然在特殊领域，好莱坞的全球主导地位在某些方面是独一无二的——虽然旧金山下游区域的"硅谷"被视为已经拥有了同等的标志性全球地位——但是同等的**产业区域**或者"黏性空间"（Markusen，1996）已经被观察到，由于 19 世纪晚期英国经济学家阿尔弗雷德·马歇尔的工作（Marshall，1961；参见 Malmberg and Maskel，2002）。艾伦·斯科特已经解释了，创意产业（或者他所定义的**文化产品企业**）展示了尤其强大的朝着网络组织和基于地理的集群发展的趋势：

    1. 劳务输入形式的重要性、如此专业化劳动力的质量的重要性，以及相关联的隐性知识形式的重要性（独立于科技应用水平而存在），都要求在特殊时期和特殊位置引入劳动力的特殊形式。

    2. 在小型到中型企业的密集网络中，频繁组织生产，中小企业之间为了提供专业化的成果和服务彼此特别依赖。

    3. 创意产业的雇佣关系频繁出现这些特点：间歇性、基于项目的工作方式，这导致了再次找工作的成本，通过特殊领域的协同定位，这一问题对于雇主和员工都能减小。

    4. 地理上的凝聚（或集群），以交易成本和服务成本最小化的方式，将劳动力、资本和企业合为一体，并产生直接收益。同时，产生了间接的协同效益，源于一项能力的加强，即意识到了个人创造性在多元学习环境下的效益，源于隐性知识和历史记忆的强大根基，源于相关活动涉及的多个企业和个人共存的多方刺激因素。这

110

就是查尔斯·兰德里（Charles Landry）定义的**软基础设施**，或者"联合结构和社会网络体系，联结以及人类的互相作用，即支持和鼓舞在个人和机构之间理念的流动"（Landry, 2000: 133）。

5. 地理上的凝聚也促进了相关服务和机构基础设施的提升，在考虑本土政策制定权威上，赋予相关产业优先权，关键性相关服务或者兰德里（2002）定义的**硬件基础设施**得以加速发展。

集群的概念并非没有争议。除了对于它作为全球范围内皆可应用的政策万灵药这一没有疑问的信念的担忧之外（Martin and Sunley, 2003），也存在对于集群地理性和产业型定义的合并的担忧（Malmberg and Maskell, 2002）。集群概念随后的发展提示了三个需要进一步研究的问题。首先，需要指出**横向集群**之间的区别，或者在同一城市和区域在同一产业运作中几个公司的组合，以及**垂直集群**，相关公司通过价值链一体运作得以协同定位（供给方、生产者、购买者、专业进口的提供者，等等）。集群提升知识的能力将在这两个类型中产生完全不同的结果。在水平集群的例子中，例如美国北加利福尼亚或者澳大利亚巴罗莎山谷酒产业的成功，合作效益将产生于对变化结果的观察，对比，参与本土竞争，为了市场和产业游说目的呈现通用的"全球形象"。对比之下，垂直集群，例如意大利北部的高质量服装集群或者硅谷的通信／电子中心，从购买者和供应者的网络关联推出强化的知识和学习结果，为了更有效地完成当前任务，需要多方适应。然而最成功的集群，例如好莱坞电影产业或者伦敦纽约的媒介创意产业集群，结合了水平和垂直的关联，但是其他的一般只致力于其中一个，或者是这两个理想类型的特殊混合。

第二组问题涉及区分集群的形式，即从那些以网络组织化的当代理论为特征的方法中产生的问题，主要解释朝着工业聚集发展的传统趋势。仅仅在后者的例子中"集群理论也提供了一个方法，将网络理论、社会资本和民主参与更紧密地和商业竞争以及经济繁荣相关联"

（Porter，1998c: 227）。戈登和麦卡恩（Gordon and McCann，2001）已经指出，需要对至少三个基于地理的产业集群模式和基本原理进行区分：（1）**纯粹的聚集**，成本优势和地理优先权相关联，驱动特殊领域的协同定位；（2）**产业混合**，源于地理优先的成本节省和经济外部效应同时产生水平和垂直集群；（3）**社会网络模型**，成本因素大大地次于来自人际关系和其他"嵌入"节点的利益，这些节点能够促进公司间的网络、合资、战略伙伴关系以及其他的当代网络组织形式。这些当中，第一个和第二个最易于成本的竞争和全球生产网络的发展（见下文），而后者对于地理协同的相关成本驱动力不是特别敏感，因为集群的价值被镶嵌在密集的人际网络当中。[4]

　　第三组问题涉及集群和经济全球化的关系。波特和瑟尔维（Porter and Solvell，1999）提出，与镶嵌在人工和社会资本中的知识相比较，镶嵌在物理资本中的知识更具移动性和地理的转移性，这是由于后者与价值创造的网络和特殊领域内部长期以来所发展的关系相关联。因此，他们指出，一个跨国公司的"基地"城市或跨国公司为创新保留它的主要位置的国家，以及源自于网络"中心"或"基地"之外位置的创新视野是有限的。与"基地"发展/全球传播框架相对比，哈哥斯特龙和赫德伦德（Hagstrom and Hedlund，1999: 171）认为"合作中思考和行动的部分在地理上都是处于扩散的，并且分散的'人才'对于清晰的分层结构具有明显的干扰"。因此，知识的获取越来越分散的特性，日益消除对全球化的跨国公司而言的"基地"偏见。

112

　　马库森（Markusen，1996）提出，两个国际上显著的集群形式——"中心辐射型"产业区域和卫星平台——如果基于外国资本直接投资，不可能对东道主城市或区域产生有意义的知识转移。**"中心辐射型"产业区域**在国际范围内，最符合波特和瑟尔维模式，"总部"仅仅是把运作的部分转包给外部供应者或者其他服务提供者，对于知识资本的核心提供者，它们保持基础上的不平等和依赖关系。**卫星平台**模式更不可能获得高效的科技转移和知识。由于卫星平台模式通过科技园、企业开发区、自由贸易区域、出口生产区域，在发达国家和发展中国家同时出现，它典型地依赖于政府对于大公司在城市或区域进行投资的高水平激励措施（税收激励，更宽松的劳动条件等等），结合吸引当地供应者和其他协同定位在国家驱动新产业集群内部的互补活动的措施。米勒等人（Miller et.al，2001）对于全世界的政府在电影和电视生产中基于税收刺激和较低的劳动力成本吸引外国投资的批评，标明了一个案例研究——卫星平台模式作为一个生产可持续且具有全球竞争特性的集群的局限性。它对于激励因素保持高度依赖，以及当有了固定资本投资后从该区域撤销的成本，因此不可能促进嵌入的人际连结，提升本土企业家精神，以及显示了成功产业集群发展和新的产品、服务、过程创新形式特点的支撑性制度发展（参见 Markusen，1996: 304-5）。

全球生产网络

虽然中心辐射型和卫星平台模式代表了传统关系模式，即多国合作企业的总部和其临近分支运作之间的关系，但是随着**全球生产网络**的发展，对这层关系有了不同的理解。恩斯特和吉姆（Ernst and Kim，2002）提出，在全球公司运营中，全球生产网络构成了主要的组织性发明，跨越国家边界，赋予跨国知识融合新的策略，并且为知识获取创造新的机遇，也为迄今为止处于北美、西欧和日本这些总部之外的至今较低成本地区在形成当地能力创造新机会。他们提出：

> 伴随着对海外独立投资项目的关注，"跨国公司"正在向"全球网络旗舰"转变，将分散的供给、知识和客户基础整合到全球（和区域）生产网络。（Ernst and Kim，2002: 1418）

重要的一点是，对于发展中国家而言，全球生产的受益不是跨国投资者策略性让步的结果。而是如恩斯特和吉姆解释的，他们出现在外国直接投资高度受欢迎的氛围中，这大幅度减少了跨国转移的成本和风险，因此促进了本土特色、业务外包和空间移动性。信息和通信技术革命增加了跨国扩张的机会和需要，由于它使得公司能够跨越国家界限分散其资源和能力，同时又在更广泛的特色产业区域和产业集群整合其运作。保持全球竞争的能力，迫使大型企业在一个更广泛的跨国市场中运作，同时要求它们更加精确地跨越不同地理位置和市场区分对其活动进行整合并协调。由于没有公司能够在自身的组织框架内，占有如此全球竞争优势所要求的所有资源和知识能力，"竞争的成功因此关键依赖于选择公司外部特色资源的能力……这要求从个人向日渐增加的合作组织形式转移，从'多国公司'的功能层级向网络全球旗舰模式转移"（Ernst and Kim，2002：1420）。

对于接受外国直接投资新形式的那些国家而言，获得基于知识价值新形式的能力，主要依赖于被整合进全球生产网络的本土供应者迎合全球旗舰预期的能力，同时持续地升级它们的**吸收能力**。吸收能力涉及现存知识基础和获取新知识的承诺强度这二者的结合。比起本土供应者，旗舰处于一个更加有利的谈判地位，并且如果对表现不满意，有转移别处活动的能力。同时，通过恩斯特和吉姆所描述的过程，本土供应者能够从旗舰当中获得知识：（1）**外在化**（通过本土供应者从旗舰而来的隐性知识到显性知识的转换）；（2）**内在化**（来自旗舰的显性知识到隐性知识的转变，对供应者而言）；（3）**社会化**（隐性知识通过联合培养、关键人力的重新安置等等得以分享）。恩斯特和吉姆用此框架来解释：亚洲经济，例如新加坡和韩国，是如何在 1970 和 1980 年代从价值链上西方跨国公司相对低成本的供应者，发展到拥有自己处于领先地位的全球公司，并且伴随着高水准的本土化创新，实现相对高工资和知识密集型经济（参见 Yusuf，2003）。相似的想法也是中国在关键经济领域发展"全国冠军"的策略原因之所在，他们为了远离知识"背驮式"的创新能力通过和外国投资者合作获取（Nolan，2004）。

亨德森等人（Henderson et al.，2002：445）把全球生产网络的框架定义为"能够掌握全球化的全球、区域和本土的经济社会维度"。他们已经注意到一个矛盾的存在,在这样的生产网络背景下,虽然网络本身不由领土定义,但是它们主要通过领土上特定的社会、政治和机构背景工作——虽然不是独有的——在民族国家的层面。这意味着,本土公司、政府和其他经济活跃者(例如贸易联合体)的行动"在其合作的位置,对于网络的经济和社会结果,有着明显内涵"(Henderson et al., 2002: 446)。在斯托伯(Storper, 1997)引用的意义层面,全球生产网络因此部分是去领土化的,由于主要从国家层面来看,它们在公司运作方式,不处于领土上'凝聚'的情况。尽管如此,它们在空间上嵌入在多个方面。跨国公司在本土环境下的活动被嵌入在:人际网络(例如,跨国公司的关键决策者需要和东道主国家的关键决策者进行互动,这样一来就有了社会网络前提);它们被"固定"在特殊国家管理形式中(税收体系、教育框架等等);以及机构和文化环境,它们可以从中获得新知识形式,以及利用突出的创新源头。在这样的背景之下,通过东道主国家可以加强并获取外国直接投资嵌入在全球生产网络中的价值,这将取决于如下因素:科技以及知识转移的特点和程度;复杂的程度和本土供应者的适应能力;技术是否要求随着时间增加(能够从低工资、低技能的"通用"劳动力转移到高技能、更具特色化的工作);以及本土公司是否能够开始发展属于自己的组织的、相关的商标"租金",或者独特的产生效益的属性(Henderson et al., 2002: 449)。在所有领域中,国家机构所扮演的角色尤为关键,尤其是源于政府政策的那些机构。

内馅和外壳:电视模式的全球化

《老大哥》是一场吸引广泛评论的电视真人秀节目(见于 van Zoonen and Aslama,2006 年的总结)。然而一个你从未听过的评论是,它标志了荷兰文化帝国主义对于世界电视观众的有害影响。这也许比较奇怪，由于《老大哥》起初是由荷兰制作公司恩德莫（Endemol）发展而来，并且它是荷兰对于全球媒介最有意义的贡献。

像老大哥这样的节目是国际贸易在电视模式领域的一部分，至少从1970年代起，这已经成为了电视全球化的驱动力，但是自从1990年代开始日渐增加重要性。莫兰（Moran, 1998）指出，模板的概念起初和连续剧相关联，近年来最重要的增长存在于比赛以及最壮观的所谓'真人秀'节目模式的国际贸易中。他观察到，模板构成了在国际上有销路的节目包装因素，在许可的前提下，可以销往其他国家的电视市场。典型的可销售因素有：节目在生产国的相关信息、排程、目标观众、评级、观众的人口统计资料，也包括：节目简介、恰到好处的艺术雕琢、图案、经典语录和电脑软件。总之，这些因素由于"圣经"模式在产业领域被知晓。如此销售，典型情况下，总伴随着由模式所有公司提供的咨询服务，通常会出现高级制片受到来自于原创关于改编的监管和指导。

在某种意义上，这是一个相当规范的节目制作方法，并且国际节目模式的出现部分上对**临时**的国际电视节目交换过程产生了规范效应。模式贸易也形成了知识产权的法典，用来支撑来自任何地方的节目理念的采用。但是莫兰的观点是，节目模式贸易简单地涉及了从一个市场到另一个市场的批发模式改编，这并不是文化科技转移的有效形式，并且极有可能在单纯的商业概念中遭遇失败。正是从这个意义上，他用了"内馅和外壳"的电视节目构成模式：模式的正式贸易因素构成其"外壳"，这点不因跨越国家电视市场而改变，然而通过节目无数的本土化因素被当地市场采用，并且本土品味为节目这块"馅饼"提供了"填料"。正如莫兰所言：

> 有这样的意识，即为了使其适应生产资源、频道形象、购

116

买方喜好以及其他因素，原始的成份及其组织也许不得不被改变。原始形式不必被迫盲目模仿，而服务作为一个普遍框架或指引，在其中介绍对原始形式的多种改变的可能。换句话说，**在重复当中有变化**。(Moran，1998: 21，**黑体**为我所加)

跨国模式贸易已经得到规范——至少在某种程度上而言——通过这个概念和条件节目理念得以在全球范围内循环 (Moran，2004)。它的出现意识到了"媒介本土特性不必源于本土环境下得来的理念，而在于为了进口概念能够吸引本土观众所做的多样改编"这一问题的范围。岩渊功一 (Koichi Iwabuchi) 观察到，关于在日本电视中使用美国节目模式，"谁知道——谁真的在意——流行的美国智力竞赛节目 *The Price is Right* 的日本版……是否由日本原创？观众最终关心的是：节目是否以'日本味道'为特色，关乎演员阵容和事实上的内容" (Iwabuchi，2004: p.23)。

同时，意识到模式不同于节目类型至关重要。电视节目类型是人们采用的启发式方法，不是直接生产者——电脑程序员、评论者、政策制定者、学者和观众——为了节目能够"聚合"到共同类型而将其分类和编码，但是一个模式是知识财产的合法拥有，这种形式只能通过合同和其他许可形式被他人采用。

这并不意味着特殊节目模式不能够凭借早期模式得以"拆分"。例如 *Who Wants to be a Millionaire* 和 *the Idol* 是这样的节目模式成为了电视史上可辨识的先驱者；它们的独特之处在于，其特殊形式是具有国际的可交易的商品，特殊的生产公司拥有其版权。

这也不意味着节目模式不会出现看起来像是在其他国家得以发展的情况，失去归属或特许使用金。基恩 (Keane，2004b) 已经注意到 *the Survivor series* 和 *Into Shangrila*（2002 年出现在中国银屏的一档非常成功的电视真人秀节目，来自不同省份的年轻中国人按照规定比例勇敢挑战喜马拉雅山脉丘陵）这两个节目明显的平行状态。相似的是，中国节目 *Pink Ladies* 和 *Feels Like I'm Falling in Love* 以四个来自中国大城市的年轻职业女性为嘉宾（各自是北京和上海）并且寻求爱情；这个节目跟 HBO 连续剧 *Sex in the City* 很相似，虽然后者从未正式被允许出现在中国电视银屏（Keane，2005）。

这并不一定是直接的复制，虽然各处的不被公开承认的节目复制确实存在，并且模式贸易部分被视为试图规范这种情况。布莱斯怀特和德劳霍什（Braithwaite and Drahos，2002）提出的**模型化**概念或许可以将其替代，这不是简单的模仿，而是"形成演示、符号化解释和复制过程"的行动（Braithwaite and Drahos，2002：581）。因此游戏竞赛节目或者体力挑战类节目（比如 *Millionaire* 和 *Survivor*）提供了样板，或者对于节目模式的发展提供一些思考。相似的，中国香港或者台湾地区的"粤语潮流"为年轻歌手和音乐家提供了模板，好莱坞大片为视觉上引人注目的电影内容提供了模板，这或许可以被韩国或日本的电影生产者借鉴，或者将模型化的概念进一步展开，知名度较高的组织行为，例如环境行动主义者的绿色和平组织，为较小型的当地环境运动提供了模板。

扩展阅读：Moran（1998）；Mathijs and Jones（2004）；Moran and Keane（2004）；Murray and Ouellette（2004）；Roscoe（2004）；van Zoonen and Aslama（2006）。

全球化和持续的市场关系的社会嵌入

以上所讨论的关于 21 世纪全球资本主义的全部要素，所关注的是市场关系在时间、空间和社会互动中的嵌入。知识经济的概念认识到，发明的唯一源头来自于人所发展的理念，个人不可溶解性，以及进入知识管理体系和基于信息通信技术的知识网络中的特殊知识形式。在"新竞争领域"理论中，对无成本因素作为竞争优势最重要的可持续资源的关注，也指向了创新过程的意义，并不简单被理解为新产品和服务，它在组织内部以及彼此之间，也是一种学习文化的发展、发明和持续改善。组织的网络模式暗指了人际和组织彼此之间强大的嵌入关系程度，作为其必要条件，由于成功的网络失去了忠诚、信任和互惠原则就无法运行，这是其区别于官僚形式或者纯粹市场驱使的组织形式的特点。集群理论关注成功的网络组织形式扎根于人际关系的程度，以及地理空间的构成程度。在全球资本流动和领土嵌入资产中，这引起一个复杂的处于转换之中的关系，而且不只是基于资源的或涉及基础设施的，也扎根于本土知识形式、互动习惯、社会资本形式、文化**环境**和关系技巧。最后，全球生产网络的著作已经关注到了一种洞见，即东道国在处理多国合作的问题上，强调外国直接投资对于本国的流动、无法预测以及非零和后果。重要的是，后来的著作关注到，在决定知识获取的程度以及本国公司发展自己组织的、相关的以及在这种互动之外的品牌"租赁"的程度中，国家作为一个变量所具有的意义。

对于市场关系嵌入的强调已经长久成为了一个争论话题，制度经济学家和经济社会学关于传统经济理论局限性的争论，既关乎其自身问题，也关乎对于公共政策的指引。弗里德兰和罗伯特森（Friedland and Robertson，1990）是其中的两位，他们指出了主流新古典主义经济理论出现的问题，由于它缺少权力理论以及对于市场运作的影响，特别是关系到"寻租行为"，或者为了经济优势，个人和网络力量的使用怎样对市场运作施加影响（Friedland and Robertson，1990: 24-8；参见Flew［2006a］对澳大利亚广播电视政策中寻租的论述）。坎贝尔和林德伯格（Campbell and Lindberg，1990）对新古典主义经济学进行了批判，因为它将财产权利视为前提条件，并指出国家财产权利不同形式的分配对于经济权力至关重要。定义财产权利之范围和领域的能力，使得国家机构在资本主义经济中，既是社会行动者又是制度结构，通过发展特殊的管理制度从而定义市场的能力，创造、维护、强制和转变财产权利安排。霍奇森已经指出了，为了组织社会安排，制度怎样提供相对持久又稳固的机制，构成"既是代理负责人的'主观'理念，同时又是其面临的'客观'结构。制度的概念关联了个人行为、习惯和选择的微观经济世界，伴随着看似遥远和非个人结构的宏观经济领域" 119 （Hodgson，2002: 220）。

同时，这些发现，也给了全球媒介的批判理论路径一个讽刺，由于它们表明，在当前全球资本主义经济中，市场关系依然高度被镶嵌在空间和社会互动的形式中，而不是通过资本主义、全球化和现代性的力量变得不再植入其中。资本主义和现代性的概念，涉及马克思和恩格斯提到的，通过资本主义力量和世界市场带来的**时空概念的消失**，并且随着时间、社会和机构关系不再彼此镶嵌，这在批判社会理论中极具影响。[5]全球化是资本主义现代性必然导致的后果，这一理念导致了经济和社会关系不再彼此镶嵌以及去个人化，这在批判学术文献中赫然耸现，尤其是媒介或者"全球形象产业"所涉及的领域。阿尔特瓦特解释到，全球化作为世界市场和经济关系不再镶嵌的最后阶段，从社会根植于时间、空间和社会性，到"人类历史第一次按照由统一时间制度规定的进程发展，随之，具体空间也消失了；它们之间的界限变得无意义。不同的空间经历消失，因为已经变得毫无意义"（Altvater and Mahnkopf，1997: 309）。带点轻微的启示语调，摩尔利和罗宾斯（Morley and Robins，1995）指出"科技和市场转变正在引起全球形象产业和世界市场的出现；我们正在见证视听生产的'去领土化'和跨国运输体系的细化阶段"（Morley and Robins，1995: 1-2）。对于他们来说，全球媒介合作和市场出现的后果是"视听地理因此得以从民族文化的象征性空间分离，并且基于国际消费文化更具'普遍性'的原则得以重新排列"，因此"全球化的逻辑正在走向更加标准化和均化的结果，并且从特殊化的空间和背景中分离媒介文化"（Morley and Robins，1995: 11，17）。

正如我们在第三章看到并且在本章将进一步探讨的那样，与此相关的经验证据诉求至少是混合的。然而，在进一步评估经验信息之前，值得简要考虑，为何全球化的特殊概念逐渐被证明如此重要，尤其是媒介全球化。汤姆林森（Tomlinson，2003）提出，对全球化的兴趣，起初是对全球资本主义扩张的兴趣，因此对全球化力量的分析，典型地与它们被跨国公司及其支持者，以及 WTO 等全球机构中的理想化灵魂伙伴所驱动的方式相互关联。汤姆林森的观点是，从主要经济机构驱动者的起始点讨论全球化，例如多国公司或者全球经济管理机构，与其说是不正确不如说是偏见。特别是汤姆林森指出，如果我们不再将全球化设想为，不仅是资本主义的扩散，也是现代性的扩散，那么，断言全球化是一个简单的西方文化帝国主义的隐喻，对于其他认同形式而言是毁灭性的，这点越来越站不住脚。相反，汤姆林森指出，"全球化很可能已经成为了**增加**文化认同最有意义的力量"（Tomlinson，2003: 16，黑体为原书所有）。

在批判传统中也出现了某些习惯思想的痕迹。在对激进政治经济的批判评估中，塞耶（Sayer）指出，社会理论抽象概念，常常奇怪地和经验性地根植于"中层领域"的理论并行，总是认同，经由资本主义过程深思熟虑的制度和组织形式，必须胜任更加抽象的社会理论的假设。思里夫特（Thrift，2005）提出，资本主义理论一直低估了资本家自身在经济组织形成过程中的推动力和知识生产力，这意味着，批判学术理论一直远远落后于当代资本主义的知识前沿。关于后一个趋势有一个清晰的例子——思里夫特描述为"理论逻辑和实践逻辑变得混乱"（Thrift，2005: 76）——假设，在全球化批判文献中的领域，资本主义现代性已经极大地从地方移动到国家再到全球范围。结果是，全球化不可避免地标志着民族国家的衰退（例如，Altvater and Mahnkopf，1997），全球累积力量及流动和本土抵制之间出现了对立（例如，Morley and Robins，1995；Cox，1997）。阿敏（Amin，2002）提出，这种假设可能不仅仅产生潜在的退化和反动的政治响应模式（例如，"本土"的防卫与"全球的"对抗），同时也忽视了，我们时代主要全球网络——例如因特网和全球生产网络——已经极大促进了更具创造力和活力的同时思考空间和领土的方法的程度（参见 Dodge and Kitchin，2001）。

不均衡的相互依赖和文化恢复：思考全球性和地域性的不同方法

我们需要发展一个概念性的工具，以理解全球力量和制度回应之间的关系，除了全球媒介怎样施加影响于民族社会和文化之外。在拉丁美洲媒介环境，斯特劳哈尔（Straubhaar，1991，1997）发展了**不均衡的互相依赖**这一概念作为对于"文化帝国主义"论点的替代，提出与美国霸权之下电视全球同质化明显不同的相反趋势。如此相反趋势包括了伴随着国家广播体系的本土化，例如巴西、韩国、澳大利亚和中国（参见 Ma，1999；Cunningham，2000；Park et al.，2000），也包括"电视进入多国市场后跟地理、语言以及文化相关联的区域化"（Straubhaar，1997：285）或者地理文化市场（Sinclair，1996）。

不均衡相互依赖这一概念接受媒介系统的"不纯性"。这一概念承认国家媒介政策更多不是为了保护民族文化免于全球媒介形式和潮流的侵蚀，而是参与如菲利浦·施莱辛格所定义的"交流界限维护"（Schlesinger，1991a：162），或者维护本土生产的媒介内容和源于海外的材料之间某种程度的动态平衡。正如施莱辛格指出的那样，国家电视系统例如巴西在美国的紧密监控下得以发展，伴随在1960年代期间，Time-Life 成为全球电视台的赞助商和主要顾问，当时军事独裁统治着那些享有美国政策支持的国家（Sindair，1999；Waisbord，2000）。全球电视台随即而来的成功并未依赖于挑战美国（le défi améicain）的民族主义媒介政策，而是依赖于国际间最佳操作选择性合并以及对于能够挖掘本土文化意愿和活力的节目类型的不停搜寻，比如**浪漫电视肥皂剧**。在亚洲媒介背景下，基恩（Keane，2004c）已经将此作为**文化技术转移**

的概念有所提及，或者技术、操作和理念从主要电视生产中心以可编码和隐性知识的形式迁移到外国投资接受者，伴随着区域生产中心的崛起。

不均衡的相互依赖这一概念表明了，即使在一个多频道和网络化的媒介环境下，进口媒介内容逐渐增加，对于本土生产的内容也依然具有强烈的依附（参见 Tracey，1988）。并没有一个普遍的趋势，一些国家媒介体系对进口内容依赖程度加深了，另一些却减少了。国家媒介系统本土化的程度，以及事实上发生的相关联文化科技转移的程度，很大程度上依赖于国家政府所采取的促进本土媒介内容的政策能动性程度。在 1960 年代和 1990 年代，诸如韩国、巴西和中国，这些国家的电视系统日渐本土化，然而，诸如墨西哥、多米尼加共和国、黎巴嫩、巴巴多斯和特立尼达，这些国家的电视系统日渐依赖于进口媒介内容（Straubhaar，1997: 294）。

在全球化背景下，关键性的变量是作为国家文化机构的国家媒介组织的适应性。为了理解这一点，我们需要考虑文化的方法，不要假设一个统一的国家文化，也不要忽视国家文化机构在表面性的全球视角之下具有的某些优势。康克丽尼（Canclini，1992，1995，2000）在拉丁美洲背景之下提出了**文化恢复**这一概念，这为我们提供了一种理解方法。对于康克丽尼而言，1920 和 1970 年代期间，许多南美国家所推进的民族主义文化项目，在面临被进口取而代之的发展模式、1980 和 1990 年代额外的债务危机以及经济取消管制时，事实上都瓦解了。与经济危机并行的是：现代主义者的减少以及文化政策的国家建设形式（通过国家援助，在现代化和文化主权的名义下，力求将国家文化和流行文化之间的关联性最大化）。这导致了大众流行现代文化和传统"民俗"文化的差异性处于瓦解状态，由此出现了一套差异性，即被视为"艺术"或"遗产"的文化，与形成"全球流行"的一部分并被商业市场所驾驭的媒介和文化产品，这二者之间的差异性。

文化恢复的概念提供了一个暗示：为什么文化主权明显的缺失并不

意味着广泛意义上的文化缺失。康克丽尼将文化恢复定义为一个策略，用以"为了保护符号遗产和增加它的产出，而把符号遗产转移到更好的能够实践它的地方"（Canclini，1992: 32）。在经济领域，最明显的表现是投资资本借助金融市场和网络全球化而进行的跨国转移。对康克丽尼而言，文化恢复的复杂性源于对文化资本如何在五个文化领域转移这一问题的描述（Canclini，1992: 29–34；参见 Bourdieu，1984）：

123

1. 从遗产界定的理解传统文化到高的、流行的、民俗的和大众文化 / 艺术的技术驱动的融合，国家博物馆为了加强公共注意力、商业赞助和经济营业额，已经对其活动进行了重新组织；

2. 从对抗的或者**前卫的**艺术实践到所谓的"后现代"形式，对于高度资本化的私人和公共领域，基金机构可能更愿意给予经济支持；

3. 从为了随着时间的推移维持本土化或本国文化的物质文化的传统产品形式，到国家文化产品，国家文化产品同时要应对本土文化和传统的需求，应对通过国家的收集机构体现的国家文化的需求，应对通过全球艺术和文化市场体现的全球文化的需求（比如，澳大利亚土著的艺术产品在伦敦的苏富比拍卖行进行拍卖）；

4. 从旨在形成国家立场的观众的国家公共所有的大众广播（PSB），或者公共管控的商业大众媒介，到国家的和流行的之间关联的增加，再到为了国内外市场化的观众，商业和公共服务媒介、文化机构之间混合式的探索；

5. 从根植于国家文化"基地"，并且视文化出口为基于本土"蛋糕"的附加"层面"这样的全球媒介公司，到力求再次把成功模式和类型转化到特殊的本土化市场，并且依据多市场经营的经验来修正主要的经营理念的全球媒介公司。

康克丽尼将文化恢复视为对于文化现代主义和国家文化政策的彻底

挑战：

> （文化）恢复因此挑战了这一假设，即文化认同基于一个遗
> 产，并且这个遗产由领土的占有和作品以及纪念物的集合而构
> 成……对这一概念提出了质疑，即大众领域获得释放，并且通过支
> 配文化资产经由教育和大众传播获得的社会化与现代性融为一体。
> （Canclini，1992: 32）

  鉴于文化恢复观念，文化领域绝不可能依据本土的和国家的、全球
的和本国的，或者全球的和本土之间的二元对立运转，因为彼此一定会
相互影响。所以，一定存在一个跨越这些文化领域的学习过程。国家艺
术和国家公共服务大众广播都不可能声称自身可以独立于那些与全球金
融流动相互交织的艺术、媒介和文化的全球循环而独立运转，事实确实
如此。也出现了这样的情况，即为了实现成为全球媒介公司的野心，那
些寻求在他们国家的"根据地"之外操作的媒介组织需要高度意识到源
于日渐多国化的多样文化复杂性，意识到最低限度上文化恢复的合力形
式，意识到在更先进层面文化技术的转换。

修正文化帝国主义：文化和经济视角

  文化帝国主义的概念长期以来都是全球媒介的批判政治经济学路
径中一个关键的、然而又被诸多质疑的组成部分。正如在第二章中赫伯
特·席勒的研究所作的讨论，文化帝国主义指的是，把主导国家的媒介
经济力量及文化商品和媒介信息的全球到达结合起来的方法。这一概念
关注的是，在多大程度上全球媒介影响绝非政治的或者经济的，由于媒
介和娱乐领域不同于商业的其他分支，它们通过"对人类意识直接但无
法测量的影响"，也通过其"在公众面前定义并呈现自我角色"的能力
(Scheiller，1996: 115，125)。其结果正如席勒所提出的，"如此光明的

前景更加实际地被视为市场化和消费主义观念在世界范围内取得的现象上成功扩张，这是很多人所看到的全球化"（Scheiller，1996: 115）。

文化帝国主义论题首先受到文化研究视角的批判，但是也有来自于政治经济学内部的重要批判，1960年代晚期，这个论题首次被提出时，美国以绝对优势主导世界媒介和娱乐市场，但是这一时期也看到了来自欧洲和东亚的有影响的电子通信公司的成长。同时也出现了明显的区域和基于语言的次级市场，或者席勒等（Scheiller et al.，1996）定义的**地理语言区域**，尤其是在东亚、拉美和中东，同时世界上讲英语的国家里加拿大、澳大利亚和新西兰的媒介内容生产者也开始有所作为。然而这一论题的拥护者，比如席勒（Scheiller，1997）和博伊德·巴雷特（Boyd-Barrett，1998）提出，这不影响西方跨国媒介公司主要的根基，这意味着，如柯伦和帕克（Curran and Park，2000: 6）所观察到的，有一个"三种不同分类方法的模糊性——美国、西方和资本主义——几乎可以交替使用"。这也意味着，正如米勒等（Miller et al.，2001: 34）所观察的，这一概念在世界不同地方因为十分不同的战略目标而被利用。例如，在非洲、中东和拉美，它和一个政治争论（关于如何扩张本土的民主参与和掌控）交错，然而在西欧，"美国化"这一幽灵被频繁引用是为发展泛欧洲视觉市场提供一个理由，以使欧洲的媒介跨国公司能够在更高层级的全球化领域中竞争（参见 Schlesinger，1997）。

其次，可能也是更具实质性的批判涉及一个假设，即这个论点关于媒介受众以及他们如何使用进口媒介内容的。凭借对于进口媒介内容本土使用的接受研究，汤普森提出，文化帝国主义论题和大众对于媒介的接受途径保持密切关联，并且"媒介产品的构成和其全球流动及使用远远复杂于"美国媒介内容的简单方程式和西方化的增进或者消费主义观念所提倡的（Thompson，1995: 169）。他指出，如此论题对于媒介形式循环之中的消费时刻缺乏足够理解，因此"试图由媒介产业社会组织的分析来推断出，媒介信息的后果可能发生在接受这些信息的个体身上"（Thompson，1995: 171）。与其相似的是，借鉴跨文化民族志研究和接受研究，伦恩·昂（Len Ang）提出，全球媒介内容如何"在具体的本土环境和条件中主动并区别性应对和协商'，这一问题需要进一步分析（Ang，1996a: 153）。

第三个对于文化帝国主义的批判涉及对本土文化的理解。通过全球媒介的文化支配的分析里的暗示是一个假设，即在如此全球媒介潮流缺席的情况下，民族国家和特殊国家或本土文化之间将会有更大程度的整合。汤姆林森（Tomlinson，1991）从细节上质疑国家文化这一概念，他观察到，除了将媒介和文化合并的趋势之外——由此模糊了文化作为象征性代表的形式和文化作为生存经验这二者之间的关系——也将本土的和国家的进行合并，将国家文化视为先于它们的构成的既定存在，通过诸如媒介消费的社会进程，而不是将国家文化视为处于构建之中的进程。在对媒介交流的"全球影响模式"的批评中，米勒等提出，对于人口统计学复杂性的遗忘，对于国家媒介公众内部差异的遗忘，会导致"规定价格……在维护和发展国家文化名义之下出现的不具代表性的本土中产阶级"（Mliller et al.，2001: 180）。由于全球化进一步发展，这个问题变得日渐重要，正如斯特劳哈尔观察到的：

> 极少数的国家是单一民族……大多数国家有相当大部分的少数民族。如果语言是文化的主要特色，那么大多数国家是多语言国家，不属于单一的民族国家。这开启了媒介的一个兴趣领域……形成小众媒介受众而不是国家范围受众。（Straubhaar，1997: 286）

昂提出，跟全球媒介流动相关的"全球文化"某些形式的出现是当前全球化的重要因素，这绝不是文化同质化的简单过程，也不是"标准化规则和习俗的特殊挪用和改编，在本土环境下，根据本土传统、资源和偏好，即文化全球化所表现的其自身非线性且破碎化的特性（Ang，1996a: 154）。

最后，这一点已经被讨论过了，即文化帝国主义一贯地低估了本国媒介产业的意义和观众对于本土生产内容的喜好。然而争论的焦点是，本土媒介产业已经对全球媒介的存在做出了一定响应，通过适应或者甚至模仿美国通用模型作为（Sinclair et al.，1996: 13）所定义的"国际化最好的做法"的标本，尽管如此，积极的媒介和文化政策对于促进那些占领本土市场并且获得一定程度上出口成功的可行的"国家竞争"是成功的。拉美**浪漫电视肥皂剧**成功在西班牙语和葡萄牙语世界收获观众，澳大利亚电视连续剧或"肥皂剧"在英语市场上的成功，这些都是全球文化形式之"本土化"或"杂交"普遍被引用的例子（参见 Lull，1991；Straubhaar，1991；Zha，1995；Cunningham and Jacka，1996）。

最后一点需要回到，正如它所表明的，在我们关注当前媒介的全球特性时，或许出现了这样的趋势，即系统地低估了本土优势的持续意义。斯特劳哈尔（Straubhaar，1991）关注到，在拥有受众更大程度上的文化接近方面，比起"全球"媒介内容的生产者，本土生产者在本土和区域市场上享有竞争优势。除此之外，"美国化"的威胁或者文化帝国主义可以被现任的媒介操纵者引用为策略优势，为了加强自身在出现国际威胁背景之下的竞争地位而买进时间和（或者）资源。第一个问题涉及经济学家所定义的**沉没成本**，或者进入一个商业领域的资本要求。媒介产业具有极高的可变性，在诸如大众广播这样的领域，需要非常高 127 的先期资本投入，然而较新的产业，例如移动通讯或者互联网相关商业一般需要较低的沉没资本。关于合作战略的文献（例如，Johnson et al.，2005）指出，这不是有潜力的新成员进入一个产业的唯一明显障碍：有权限提供或者分配频道资源；客户和供给者的忠诚度；在产业和（或）市场的从业经验；现任者回击的可能性（例如，用价格战对抗新竞争者），这也给了已成立的媒介操纵者潜在优势。这是一个原因，为什么在许多全球媒介公司采取的扩张策略中（正如第三章所讨论的新公司一样），一个基于网络的模式，例如和本土供应商的合资，为了建立一个本土或国家的媒介玩家常常喜欢投资直接竞争者。[6]

在本土和本国媒介市场上，现存者作为已形成的媒介内容提供者的潜在优势与需求的复杂性交织在一起，尤其是本土和本国文化，以及消费者需求和观众喜好的类型的关系。在众所周知的对于全球电视被美国产品主导的批判中，特蕾西（Tracey，1988）认为将美国内容在全球广播节目安排中普遍存在等同于美国内容是那些国家最受欢迎内容的假设，这是极具危险的判断。特蕾西的观点是，本土观众典型地倾向本土内容，即本土生产内容倾向被安排在收视高峰时段，并且"美国电视将被作为一种电视腻子（一种建筑辅助材料），填补节目安排上的缝隙"（Tracey，1988：22）。继特蕾西的研究之后，关于电视的论据是混杂的（例如，Shrikhande，2001；Freedman，2003；Obar，2004；Bicket，2005；Sparks：2005）。但是有一点不变，即虽然美国主导全球电视出口，占据整体的68%（Freedman，2003: 30），但是本土观众倾向本土内容持续有效。托马斯（Thomas，2005）发现，即使卫星和有线电视服务在亚洲成为主流，以及大多数世界领先的跨国广播进入二十年之后，区域内部收视率最高的依然是本土生产内容，即使有时候是国际节目模板的本土化改编。这需要被解读，然而，电影成为了一个主要反例，美国电影在整个票房的份额在大多数国家已经呈现出持续增加之势（Wasko，2003；Wayne，2003）。一个关键因素是好莱坞电影预算的快速增加，生产平均成本增长了119%，从1990年的2680万美元到2002年的5880万美元，同一时期平均市场成本增长了157%，从1990年的1190万美元到2002年的3060万美元（Wasko，2003: 33）。

128　　　对于全球媒介传递技术作为经济文化全球化导火线的关注低估了国家政府在涉及跨国媒介流动这一问题上扮演的长期角色。在其关于亚洲跨国界卫星和有线电视的研究中，托马斯（Thomas）发现，在1990年代和2000年代期间，虽然一般的趋势已经指向跨国广播自由进入，但是它在多大程度上等同于自由进入依然有待讨论。他把**自由进入**定义为"有权使用所有跨国媒介，没有任何管控，有明确的对于消费者和供给者的法律权利和保护"（Thomas，2005: 75），托马斯发现一些国家和地区，尤其是印度、斯里兰卡、泰国、菲律宾、印度尼西亚、日本，事实上在 1990 年代和 2000 年代初期开始自由进入模式。同时，其他国家的广播系统只是部分开放，开始了托马斯定义的**控制的进入**，作为"进入那些允许政府管控或者企业对内容的自我管控"（Thomas，2005: 35）。后者明显的例子包括：巴基斯坦、孟加拉国、新加坡、马来西亚。这些中的大多数案例，对于跨国广播的许可已经涉及，就内容和从东道国进入的卫星广播所做的明显妥协，可以被撤销或终止（Curtin，2005）。

媒介生产中心的全球化："逐底竞争"还是文化技术转移？

媒介生产的全球化，由于自身拥有了吸引全球化"自由流动的"投资资本的能力，出现了此类媒介生产特殊中心，产生了相当不同的分析。对于米勒等人而言，如此媒介生产中心的出现暗示了"好莱坞"的逃跑趋势依赖于外围国家之范围……在那些地方，有一个来自于具有技能的工人阶层的高度发展的可用率，尽管还继续进口那些在"他们的"领土范围内生产的——但绝不受他们的控制的内容"（Miller et al.，2001: 63）。从这个角度而言，成为一个国际媒介生产中心包括双重损失，由于文化主权和知识产权控制都要让步于好莱坞，一旦税收减免，以及公共津贴的其他形式被考虑进来，就会缺乏经济效益。对比之下，艾伦·斯科特提出，"全球贸易在文化产品上平稳的开放，使得世界范围内多样的视觉生产中心建立持久竞争优势并且吸引新的市场，正在成为可能的事情"（Scott，2004b: 474）。对于斯科特，这意味着，媒介生产的全球化通过多个生产中心"在未来指向一个比刚刚过去的案例更具多中心且多音韵的全球视觉生产体系"（Scott，2004b: 475）。诸如香港这样新的"媒介首都"的出现，迈克尔·科廷指出了这一可能性，即好莱坞日渐脆弱，由于它经历着来自其他媒介首都的挑战，这些媒介首都构成了"竞争者，它们为更专业的市场生产流行产品，采用更本土化的劳动力、原材料和视角……对于节目，不仅生产成本更便宜，而且对它们的观众更具吸引力，因为它们更具文化相关性"（Curtin，2003:222）。

在对于跨国公司（MNCs）和外国直接投资（FDI）更加具体的综述中，克罗蒂等人（Crotty et al，1998）指出了他们对于东道主国家全部影响的五个视角：

1. "逐底竞争"论点认为，"资本将日渐能够在工人、社群和国家之间产生彼此对抗，因为它们需要税收、管理和工资的让步，当威胁性转移时"（Crotty et al，1998:118）；

2. "登顶"论点提出，地理上移动的资本寻求一个有技能且有教育背景的劳动力、好的基础设施、强大的本土需求，以及城市群或者集群机会，迫使国家之间为了外国直接投资而竞争，去提升它们自身在这些领域的标准，伴随积极的社会影响；

3. **新自由主义的融合**，声称自由市场、最大化的资本流动、投资和技术的全球转移是全球商品的纯粹力量，特别是对于经济上相对贫困的国家而言；

4. **不均匀的发展**，借此世界上的一些区域将经历增长，作为其吸引跨国公司和外国直接投资的能力，但这可能是以其他区域为代价（比如，对中国低成本制造业的出现和西欧的去工业化相关联的担忧）；

5. "小题大做"论点认为，跨国公司和外国直接投资的影响仍然相对较小，并且国内政策设置和机构安排对于国家人口的经济繁荣是更重要得多的决定因素。

克罗蒂等人（Crotty et al，1998）这样总结，看起来最合理的方案将极大地依赖外国直接投资使用的"游戏规则"。如果经济需求是有力的，政府安排易于理解且容易实施，在相关市场中的国内和国际竞争是稳健的，那么更加积极的结果很有可能发生。然而，如果寻求外国投资被当作一个绝望的举措，用来复苏虚弱的国内经济，政府管理脆弱无

130

力，或者在贪污腐败、裙带关系、专横盛行中强行坚持，并且外国竞争的后果很有可能对本土资本造成关键性的摧毁，那么诸如"逐底竞争"这样的方案越不可能盛行。围绕着全球生产网络（GPNs）参与的含义，如此的分析与其不确定程度是一致的，制度安排的重要性也和结果相一致。可以补充一点，斯托伯（Storper，1997）的观点，结果也和国外直接投资和跨国公司的活动类型紧密相关。经济运行极大地被去疆域化，并且产品或者服务在本质上极大通用，这样一来，成本驱动的资本流动将得以盛行。对比之下，产品或者服务越来越专业化，生产所需的劳动力、科技和其他投入也趋于专业化，那么国外直接投资将会极大关注具有竞争者和相关产业协同定位的累积竞争优势的集群或者城市群，并且市场和消费者已有的本土知识将会溢价。

基恩（Keane，2006）已经提供了一个类似的方法，来设想在东亚地区全球媒介和新出现的生产中心二者之间的关系。它反映了"进口替换"时刻，或者为了重新修正"文化帝国主义"而针对本土媒介产品的促进和保护，在东亚已经大部分通过了，基恩给出了区域生产中心被整合进全球媒介经济的五个方法：

1. **世界工厂/外包业务**模式，某些特殊生产区域的吸引几乎都是独有的成本驱动（在电影业的例子中，以区域的"外部特征"来决定）；在那些城市或者区域的投资极大依赖于一个飞入式/飞出式模式，不能保留知识产权，不再进行本土部分投资；

2. **同形和克隆**，全球媒介模式的模仿变成了表达恭维的最真诚形式，在那些地方明显的美国媒介模式要么在毫无知识产权贡献的情况下直接被复制，要么在有限的改变后发展成本土变体；

3. **文化科技转移**，跨国投资者、本土资本、技术和人才之间的互动，促进了合资企业的发展，这为本土产业的发展提供了一个跳板，通过科技——可能更重要的——知识转移，通过成功的改编和"建模"（Braithwaite and Drahos，2000）；

4. **缝隙市场和全球风行**，凭借全球化和"本土化"之间的关联成功地被开拓，媒介生产者能够受益于区域级次级市场和基于身份的次级市场的混合形式，受益于对于地理上分散社群的吸引力，受益于主要的全球中心内部的缝隙或者新的市场，比如成功的"世界音乐"的"品牌"（Connell and Gibson，2003: 144-59）；

5. **文化的／产业的环境或者创意集群**，在那些地方和城市群相关联的附加值出现，通过本土创造力、跨国金融、日渐增长的本土人才基地、提供支持性的本土产业和教育培训机构彼此之间的互相关联，与诸如广告业和金融服务业这类相关服务产业相关联。这样的"创新集群"或者"媒介首都"典型地服务于国际市场，而不是单纯服务于本土和本国市场，因为他们变成了一个跨越地理界限媒介流动的中心（Curtin，2003）。

把这些相互矛盾的主张放在一起时，我们可以总结出两个主要的观察结果。首先，确定的是，越来越多的媒介生产属于服务外包，反映出了"推动"因素（比如全球生产中心［诸如好莱坞］日渐提升的成本）和"拉动"因素（比如一系列的外国直接投资跨国媒介生产中心彼此之间的竞争）的结合在这些路径中，把离岸的媒介生产视为简单地维护中心和边缘之间的主导关系，这些跨国工作室基本上是卫星平台，缺少在低成本生产出现之后继续保持移动跨国资本的"粘性"；结果是，知识转移很少发生，或者不会发生。对比之下，克里斯托弗森（Christopherson，2002）以为，如此"常规生产地点"的出现标志着影视生产领域全球网络发展的早期阶段，这样的关系不太可能是一次性的，更有可能是不间断的。

然而越来越多的谈论所谓的"逃走"生产源自于惋惜美国失业的本土产业代表，因此对于坚持将影视生产置于"离岸"地区这一决定的动机评估很少，在那些外国投资的接受地区，这或许为视觉产业发展提供了持续的基础。在对于世界范围内"工作室城市"的重要分析中，戈德史密斯和奥里根（Goldsmith and O'Regan，2003）提出，把这种纯粹受到减少成本驱动的生产归类为内在的"逃走"本身就存在问题。他们指出，在一些层面，包括财务、演员、制作团队、选址、后期制作和发行，高额预算电影生产越来越"多国化"，并且通过全球网络进行组织，如此分析常会出现渲染"民族主义者"镜头。此外，他们质疑在这些原因中"经济"和"创意"作为生产选址决定的清晰解释依据。他们提出，这些方法暗示了一个对于创造力有限的理解，忽视了在紧急选址中创造力和工作技能的关联性。影响生产选址决定因素的复杂性在图4.1可见。

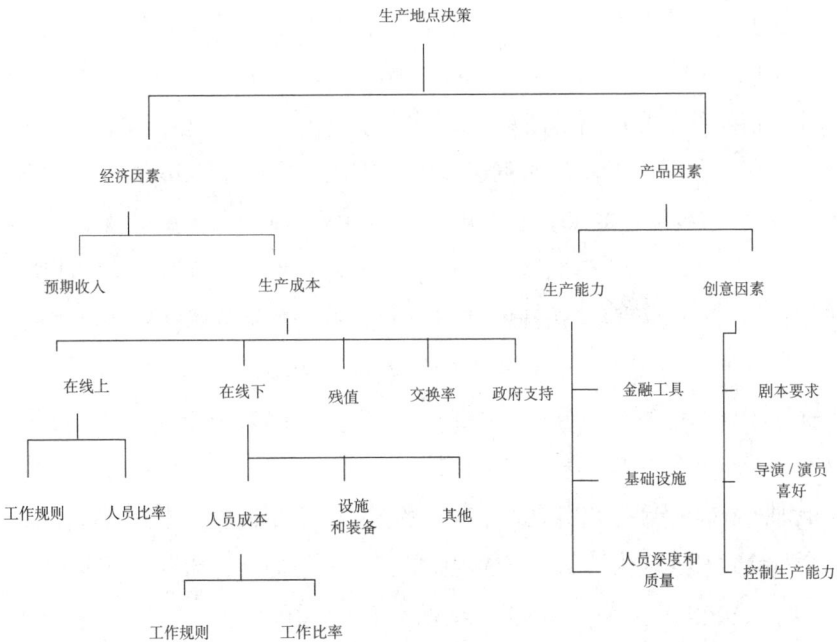

图 4.1　影响生产选址决定因素的复杂性

澳大利亚、加拿大和新西兰作为"二线"生产基地：全球媒介生产的全球城市和竞争

　　发达的美国影视产业"离岸"生产的主要中心，曾经是加拿大和澳大利亚，最近是新西兰。作为英语国家，并且拥有发达经济和完善的电影生产企业，这些国家成为"好莱坞"离岸生产的选址地。在加拿大和澳大利亚内部，有为演播室发展而建立的相关"郊区绿地"，比如加拿大的温哥华和澳大利亚的黄金海岸，也有更多已形成的影视生产城市，比如悉尼（澳大利亚）和多伦多（加拿大），为了跟进涌现的全球影音生产经济，这些城市已经着手于明显的演播室的发展。在最近的时期，以环惠灵顿这座城市为基地的新西兰电影产业已经出现，成为了国际影音媒介生产机遇的一个有力竞争者，并且在以英语为母语的国家，这将成为一个"二线"生产中心。

　　澳大利亚有一个完善的影视产业，已经生产了取得国际成功的电影（《鳄鱼邓迪》、《小猪宝贝》）和电视剧（《芝麻绿豆》、《聚散离合》）。作为一个"离岸"生产基地，澳大利亚享有英语语言的优势（对于好莱坞而言），并且也有一个丰富的人才储备库，包括台前和幕后，通过大量立足于好莱坞的澳大利亚演员（比如，梅尔·吉布森、妮可·基德曼、托妮·科莱特）和导演（比如，彼得·威尔、吉莉安·阿姆斯特朗、菲利普·诺伊斯）。与此同时，澳大利亚和美国的地理距离，就旅行和交通的时间以及花费、交流问题等方面而言，都会对澳大利亚成为加拿大那样规模的"二线"提供者产生不利影响。

　　"黄金海岸"，位于布里斯班以南50公里的位置，因其冲浪海滩和主题公园而闻名于世，这使得它成为了受欢迎的地方和旅游目的地。在1988年，昆士兰州政府的大力支持为电影演播室的建立做了足够准备，该演播室后来归属于时代华纳公司，反过来又把它并入电影主题公园。它是《史酷比》电影和《小飞侠》等故事片的基地，

134

也是大量的澳大利亚和国际电视生产基地。一直以来，它扮演着一个拥有全球化位置的商业生产者角色，并且时代华纳的电影世界主题公园作为"黄金海岸边上的好莱坞"在澳大利亚得以发展。其他主要的澳大利亚电影生产中心之外的区域，有时候对其产生不利影响，有一部分来自于主流澳大利亚电影产业的轻视，同时也因为它们的关键性创新性人才和后期制作设备的差距。

对于戈德史密斯和奥里根（Goldsmith and O'Reqan，2003）提到的**签名式**发展，位于悉尼的福克斯影城是一个例子，标志着澳大利亚联邦和州政府对于国际电影生产的重建承诺，主要的投资来自澳大利亚的电影生产商新闻集团。它在1998年开始运营，已经成为主要的国家电影生产基地，比如《战火浮生》、《黑客帝国》、《星球大战三部曲》，以及高额预算的澳大利亚故事片，比如《红磨坊》。它坐落在澳大利亚影视生产的心脏区域，主要的国际后期制作公司，比如数字动画屋—动物逻辑影业公司，与其共址在此区域。并非没有本土电影产业的批判，他们为了控告其文化上的"出卖"，将罗伯特.默多克的福克斯所有权和演播室的国际化选址连结起来，并且很显然，附属于演播室的"主题公园"是一个彻底的失败，在那里，主题公园明显地交叉补贴电影工作室。

和悉尼之于澳大利亚一样，多伦多在历史上就已经成为了加拿大影视生产的中心，直到1990年代主导着加拿大英文电影生产。它曾经受到过来自温哥华的挑战，温哥华成功地将其自身定位为"北部好莱坞"，一个离洛杉矶只有两小时航程的地方，并且提供了可利用的壮观地理、高技能创新人才和倾向于外国投资的不列颠哥伦比亚省政府（Gasher，2002）。然而，从1980年代开始，它成为了一个重要的影视生产基地，直到1990年代外国投资资本流入温哥华，配套设备得以发展，比如桥工作室（1987年开业）、狮门电影公司（1989年开业），以及最近的温哥华电影工作室（Goldsmith

135

and O'Regan，2003）。在 1995 和 2000 年期间，不列颠哥伦比亚在电影生产领域的投资份额从 8% 增长到几乎占本土电影生产的 30%，也吸引着日渐增长的国外投资份额（Gasher，2002: 92），要求多伦多发展针对大规模好莱坞生产的自有的大规模演播室混合体。

新西兰的惠灵顿，作为另一个有前景的媒介首都于近期出现，主要基于指环王三部曲的巨大成功。在指环王之前，新西兰就是本土电影产业的基地，拥有 400 万的本国人口，大小适度，并且已经生产了一些在国际上获得相当成功的电影，例如《钢琴别恋》（1993）、《夕阳武士》（1994）和《罪孽天使》（1994）。惠灵顿电影制作人彼得 . 杰克逊生产出了后者，这标志着他从恐怖电影制作人，例如《宇宙怪客》（1987）、《疯狂肥宝综艺秀》（1989）和《群尸玩过界》（1992），转变为世界上最受欢迎的电影制作者之一。指环王三部曲——《护戒使者》（2001）、《双塔奇兵》（2002）及《王者归来》（2003）——使得新西兰之前的作品都变得微不足道，但是它们巨大的评论和商业成功（这三部电影，截至 2004 年，总共带来了超过 280 亿美元的收入 [Obar，2004]）给当地经济带来了巨大繁荣，并且将惠灵顿或者"惠莱坞"建成为了一个国际大片生产基地，例如《最后的武士》（2003）和《金刚》（2005）。此外，它们已经成为了这个城市国家商标战略的一部分，作为"欢迎来中部地球"口号的促进，国家航线、新西兰航空，便利到达惠灵顿，也成为了城市议会"创意惠灵顿——创新首都"提升战略的一部分。

扩展阅读：AFC（2002）；Gasher（2002）；Goldsmith 和 O'Regan（2003）。

第二个观察总结是，我们需要关注媒介产品跨越广阔地理位置被传播的程度，以及和媒介全球化联系的趋势或许使它随着时间更加分散。

斯科特（Scott，2004a）提出，全球媒介生产网络的前景或许是"全世界不同视觉生产中心有可能建立自己的持续竞争优势，并且吸引新的市场"（Scott，2004a: 474），而不是加速国家媒介生产公司和地理中心的瓦解。阐释故事片生产的不断出现的一系列不同的地点（见图4.2），Scott 解释道：

> 在可以预见的未来，虽然好莱坞的至高无上地位不可能被打破，但至少这些其他中心的一部分将会在世界市场中开拓出令人信服的稳定小平台，并且如果他们形成更有效的市场和发行能力，这一点更是如此……这一论断，如果是正确的，在不远的过去，指向一个更加多中心多音位的全球视觉生产体系。（Scott，2004a: 475）

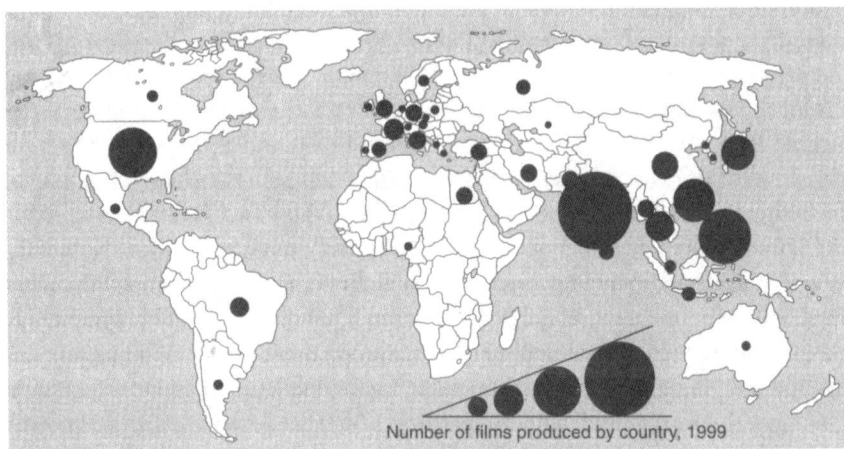

Number of films produced by country, 1999

来源：Scott（2004b），p.476

图 4.2 许多生产故事片的地区，1999 年

电视节目模式贸易的例子警告我们：文化技术转移事实上是否发生过是一个值得考虑的复杂问题。把节目模式定义为一个"跨越时空管理节目理念流动的文化技术"（Moran，1998: 23），对于国际节目模式贸易

影响力的评估要求我们考虑到它的法律的、产业的、技术的、文化的和知识转移维度，这一事实，莫兰给予了高度强调。倡议"建模"的概念在克隆或为适应本土环境而进行的非法拷贝改编之间提供了桥梁，基恩（Keane，2004c）和其他人注意到，模式改编中的相似性和内在差别程度，关联着全球地理经济中广泛的改变，喜欢灵活的生产网络，平行于本国大市场的全球缝隙市场的发展，以及来源于理念和无形贸易的与成品贸易一样多的可选择现金流。在全球媒介生产地图里跨越全球的生产和消费的改变，这一趋势的程度将会是下一个章节的主题。

第五章　全球媒介文化

前言：思考文化的四种方法

伴随着电缆、卫星科技、因特网和万维网的发展，人们比以前任何时候都更加暴露在全球媒介的交流中。正如第一章已经讨论过的那样，任何关于全球化的讨论都需要密切关注全球媒介。这不仅是由于全球化和正在全球化的传播技术有关联，和那些寻求全球范围内合作的媒介公司有关联，而且全球媒介也是符号和信息内容的主要传递者，人们以此认识世界，认识和陌生的他人的关系。同时，本书迄今已经表明了，从当地或本国转移到全球范围内，有一个数量上直接上升的决策和行动的主要轨迹。或者说，在那些全球范围内的媒介公司的影响下，本国媒介体系正在快速衰落，这些因为经验和概念原因被威胁。在这里举第四章的一个例子，电视节目格式贸易的案例明确了一个问题，即节目理念的全球流动和媒介内容绝非同一件事。格式提供了节目的"模式"，这个可以被许多国家的媒介拿来应用，已经嵌入在根植于母国的知识产权中。但是事实上观众接受到的内容已经典型地经过了文化改编和本土化的过程，去掉了岩渊（Iwabuchi，2002）所定义的原始国的"味道"，以此作为当地和本国文化及媒介景观自然化的一部分出现。

文化问题是关键问题。文化和政策一样，是全球媒介流动的内在本土过滤器。为了使概念上不守规矩的文化之兽可以控制（雷蒙·威廉斯在第一章里提到的明确的不安），我将概述思考文化的四种方法，并论述它们之间的交集如何促进我们对于全球媒介文化的复杂性做出理解。它们是：

1. 作为生活和共享经历的文化；

2. 作为媒介化象征交流的文化；

3. 作为资源的文化；

4. 作为政策话语的文化；

1. 作为生活和共享经历的文化

威廉斯对于文化含义的讨论的主要贡献之一，是坚持认为文化不仅涉及艺术和美学的"理想化"的概念，也需要在人类学层面被理解为"一种特殊的生活方式，无论是一个人，一个时期还是一个群体"（Williams，1979: 18）。对于文化的"社会学"定义指的是"不仅在艺术和知识领域，也体现在行为习俗和普通行为上的意义和价值"（Williams，1965: 57）。文化和人们日常行为以及社会群体的关联已经理所当然成为了文化研究概念中的一个主题。霍尔和杰弗森在《通过仪式进行反抗》中解释道，"群体或阶级的文化是作为特殊的'生活方式'……意义、价值和观念镶嵌在组织、社会关系、信仰系统、习俗、目标和现实生活的使用上"（Hall and Jefferson，1976: 10）。在相似的脉络上，弗劳和莫利斯（Frow and Morris，1996: 345）把文化定义为"一个社会群体的'全部生活方式'，被表征和权力建构"。

当然，如果把文化作为一个**生活和共享经历**的人类学意义考虑进来，那么全球文化便无法达成明确的定义。正如安东尼·史密斯所观察到的那样：

> 如果文化意味着集体的生活方式，或者作为信仰、风俗、价值观和象征符号的集合，那么我们只能谈及文化的集合，而绝不是某一个单一的文化体系；对于集体的生活方式，或者信仰的集合，等等，在一个宇宙的视野里去预测不同的模式和集合。因此，"全球文化"的概念在实践上是不可能达到的……即使这个概念被预测为

homosapiens，作为其他种类的对立，人类生活方式和信仰之间的差异很大，而共同的因素太广义，以至于允许我们构想出全球化的文化。（Smith，1991: 171）

简而言之，如果全球文化需要涉及人们日常生活的有关事宜的集合，那么这个明显尚未发生，未来也不可能发生。如果作为生活和共享经历的文化的人类学解释已经足够，那么我们便不需要担心全球媒介文化。

2. 作为媒介化象征交流的文化 140

但是，如果文化作为有生命和人类社会群体的共享经历这个概念，被想象、意义产生的过程叠加了；交流的形式、相互作用以及象征性的符号通过这些过程得以发展。这么一来，全球媒介文化的问题变得更切题了。这已经是关于文化研究的再生主题。谈到上文提及的三个作者，威廉斯强调，文化不仅仅是物质生产的实践，也需要考虑到"象征和表意系统"（Williams，1976: 18）。与此相似，霍尔和杰弗森指出了文化是如何涉及"'意义地图'以此让事情易于理解，以及个人是如何以此成为"社会的个人"（Hall and Jefferson，1976: 11），同时弗劳和莫利斯观察到，社会生活的每一部分都被"一个表征的网络——文本、想象、言论、行为准则以及组成这些的叙述结构"所形成。（Flow and Morris，1996: 345）。如此定义显然指出了符号学的方向，并且坚持"每一个交流行为……都是提前假设了意义系统作为其必要准则"（Eco，1979: 9），文化蕴含了一个社会、语义和心理关系的系统，由此"个人"被"生产"。

媒介对于当前任何一种对于文化的理解的中心性，被道格拉斯·凯尔纳（Douglas Kellner）有效地概述在这些观念中：

广播、电视、电影和其他媒介文化的衍生物提供的资料制造了我们的认同以及个性；什么意味着男人女人的概念，我们的阶级、种族以及门第概念，对国家、性别以及"我们"和"他们"的认识。媒介形象塑造着我们的世界观和内心深处的道德观念：我们对于好坏是非、积极消极、善良和邪恶的判断和辨别。媒介故事提供了象征、神话和资源，我们由此组成共有的文化并且通过它们将自身嵌入到这个文化体系中。媒介胜景说明了哪些人手握权力，哪些人束手无策，哪些人被允许使用军队和暴力，哪些人无特权……我们的一生都浸入在一个媒介和消费社会，因此学习如何理解阐释和批判它们的意义和价值是相当重要的。（Kellner，1995: 5）

后现代主义的媒介理论把文化被全球媒介吸收作为当前全球秩序的必要条件。在争议最为激烈时，让·鲍德里亚（Jean Baudrillard）提出，所谓的"真实"已经倒在了多样的仿真模型之中，对于那些力求将文化定义为全球媒介当中独立存在的人们而言，这样的观点将是对他们继续的挑衅（见 Poster，1988）。与其相似，麦肯齐·沃克（Mckenzie Wark）提出，我们现在存在于一个"虚拟的地理"里，在那里，作为日常生活的文化被全球交流载体双倍加强，因此"我们不再有根源，只有天线"（Wark，1994: xiv），它形成了全球媒介文化影响的可比较性分析。在一个更具历史性的脉络中，约翰·汤普森已经提出，当我们从"象征性"和传播的意义上理解文化时，就会发现媒介制度和技术、传播和全球化的现代性之间，彼此密切关联。

如果我们最初的关注点不在于价值、态度、信仰，而在于象征性的形式以及它们在社会中产生和循环的模式，那么我们应该会看到，随着现代社会的出现……一个系统的文化转移开始确立。依靠那些与印刷有关的科技发明，随后又有了信息的电子编纂，符号形式得以产生和再产生，并以史无前例的规模循环，交流和相互作用的形式开始以一种深刻并不可逆转的方式改变。这些改变……所包含的，我们只能不那么精确地称为"文化的媒介化"（Thompson，1995: 46）。

3. 作为资源的文化

第三种也是与众不同的研究文化的方法是被乔治·尤迪思提出的，伴随着**文化作为资源**的概念。尤迪思提出，在全球化新纪元的 21 世纪初期，"由于社会政治和经济改善，作为资源的文化越来越多地被使用，这也就是为了在一个政治参与逐渐衰弱、公民冲突以及'文化资本主义'逐渐上升的时代中越来越多的参与性"（Yudice，2003: 9）。这个观点已经在下列这些观点中得以呈现。

- 需要为艺术和文化基金发展经济的理论基础；
- 对社会资本作为经济发展因素这一观念日渐的认同；
- 基于新理念和无形资产的财富传承，创意产业日渐兴起；
- 在城市推广策略上的文化应用；
- 少数民族对于文化权日益增长的需求，以及对文化公民的认同。

对尤迪思而言，这一理念的结果便是他所提出的**权宜的文化**，或者是为了作为社会资源建构它，便可成为政府或私人投资的合法领域。作为社会资源的文化越来越多地被要求发挥多样的功能，从重新调整社会边缘化到促进社区行为更加有益于经济增长，从在节日和公共事件时公共投资以促使当地旅游业更加活跃到使那些休眠的创意源泉更加有活力。这些都要求在各个层面上对当前文化制度的行为产生影响。

142

尤迪思主张"在全球化和文化之间存在权宜关系即二者可以互相适应"（Yudice，2003: 29）。对此观点有三个主要的支撑理由。首先，全球化已经伴随着日渐灵活的产品系统和差异化的消费市场，即"在全球化背景之下，差异化而非均化正在灌输到积累的流行逻辑中"（Yudice

2003: 28)。其次，文化可以构成弗卢（Flew et al，2004）所提出的一个新的人道主义的基础，这将会重新调整历史上关于"实践性"的商业活动和"精神上的"艺术的划分，因此当试图复活人道主义对于"完整的人"（当今的商业文化将其描述为"软技能"）之特性的传统时，更容易陷入商业流行文化和知识经济当中。商业管理著作中创意话语的繁荣就是这个观点的一个清晰指示（Flew，2003c）。第三，由于全球化再次将焦点放在了城市和区域的意义上，将它们视为经济活力所在地，由于区别于民族国家，文化已经变成了特色和差异的重要信号，在城市和区域的**地方竞争力**当中，也已经开始被政策制定者视为愈发关键的因素（O'Regan，2002；Stevenson，2004）。

展现这些趋势的一个很好例子就是全球文化论坛，于 2004 年 5 月到 9 月在西班牙巴塞罗纳举办的（www.barcelona2004.org）。这个论坛旨在促进"创新、教育和知识的民主化作为传播方式，传递那些为不同文化和谐存在并进行对话提供根基的价值和态度"，这个项目围绕文化多样性、可持续发展和全球和平主题展开。这个联合国教科文组织给予支持的论坛，通过在斯廷、鲍伯·迪伦和其他一些人的努力下完成的学术会议和公共音乐会的组合，以及诸如伊莎贝尔·阿连德和戈尔巴乔夫这些世界知名人士带来的公共演讲，得以促成了这样的目标。它也给巴塞罗那政府权威机构提供了一个机会，一次重新发展波布雷诺（Poble Nou）衰退的港口区域，并且使其对于资金投放者和中产阶级公寓购买者更具吸引力。这也使得巴塞罗那发展机构可以呈现该城市的特色，即通过壮观的大事件来融合文化、世界和平和城市重建，对于那些全球旅行者、学校的孩子们和会议代表们来说体验通过城市交通系统的延伸方便进入，而这在 1992 年奥林匹克运动会已经预先得到了再次发展。

4．作为政策话语的文化

为了在更大范围的人群中获得社会和道德的提升，也为了保持一个国家的文化遗产，文化在传统上已经为艺术政策话语服务，为那些最值得公共支持的智力和艺术形式提供决策（Williams，1989；Lury，1994）。由于政府已经在力求扩大文化政策的到达范围，并使其与其他政策目标相匹配，所以在如何更好将文化研究和政策的形成与执行相匹配这个问题上，出现了一个政府话语和学界话语的有趣融合。这种文化理论和文化政策的再次一致，也被视为**文化政策辩论**，已经在关注文化作为政策目标的散漫式构建和将文化政策手段和其他议程追求相互连接的能力，这些议程包括：公民权、社会包容、城市革新和经济发展（例如，Cunningham 1992；McGuigan，1996；McRobbie，1996: Lewis and Miller，2003）。围绕这些线索最长久的一系列辩论由托尼·班尼特（Bennett，1989，1992a，1992b，1995，1998，2003）展开，他的贡献在第二章的一些细节中有过讨论。

　　就我们如何思考文化而言，班尼特关于文化政策的分析中特别重要的一点是把文化作为公共话语的目标而呈现。在福柯提出的作为"积极"权力概念的基础上，它强调了政府经营文化关系的延伸，如福柯所言，政府权力行为用来形成并塑造个人特性而不是束缚他们的全面发展（Foucault，1982）。治理性的概念已经注意到以下这些问题：**治理技术**被用于管理人口，通过明确问题建构文化领域时政府的角色，以及凭借多种形式的专业知识为行动过程提供建议（Miller and Rose，1992；Dean，1999；Rose，1999；Bennett，2003）。班尼特围绕着多元文化论的当代政策作了一个阐述，提出：在当今的多民族国家，要维护不同文化的人们彼此之间的和谐，需要那些提出由于民族、种族、国籍而引起的在历史上和今天不利条件的政策行为，文化机构的重组能更好地认识和反映不同文化的人口状况，促进跨文化交流以及不同文化之间更好的理解。他提出，如果政府不通过一个致力于"在旨在改革生活方式的方法之中管理文化资源……（这些是）当前社会的政治和文化政策中很重要的一部分"的机构，来扮演积极角色，所有的这些都是不可能实现的（Bennett，1998: 104；参见 Benett，2003）。

整合的多样的文化概念

除了孤立地思考四个文化概念，将这四个部分的交集找到，考虑它们展示了全球媒介和文化的何种关系，这是更富有成效的方法。

这四种思考文化的方法产生了六个交叉点，这些交叉点又是怎样给我们提供了对于全球媒介文化本质的更深远洞察，关注这点是有用的。

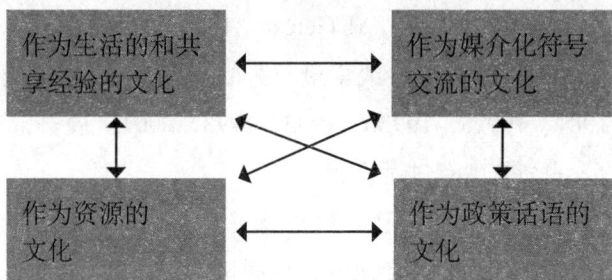

图 5.1　绘制文化的四种定义

1和2：作为生活和共享经历的文化／作为媒介化象征交流的文化

这层关系已经存在于许多文化研究的中心地带，因此逐渐发展成了一种规律。它出现在关注理解和参与文化之间的交叉口，因为通过那些"自下"的公司和政府权力的主流结构，它是有生命和有经历的，同时理解文化以多种形式大规模入侵每日生活的暗示，以及文化对于全球人口持续增长的意味。关于我们是否生长在一个"后现代主义文化"环境的争议有很多，例如：集体文化通过媒介而交汇在多大程度上已经替代了人际对话和人们缘于日常经历而滋生的社区稳定性？围绕这个问题的探究已经开始循环出现。观看《左邻右舍》已经取代我们和邻居间的对话了吗？或者是《绝望主妇》描述了足够篇幅的妇女家庭生活以至于使得当地妇女群体变得多余了吗？相似的是，关于全球媒介对文化的影响提出了一些问题，这些问题关于世界大同的体验，一旦例如政治和商业领袖、外交官、军事人员、人才机构和较高级的学术组织，这些保护的精英正在通过大众媒介和网络被大众化。我们现在已经抵达了一个点，在那里对基本交流技术和基础设施的接近是如此普遍存在，用迪克·赫布迪奇（Dick Hebdige）的话说就是"居住在一个'世俗的世界主义'变成了'日常'经历的一部分世界里……所有的文化，无论是时间还是地理上的遥远，在今天对于我们而言都变得是可以接近的符号和 / 或商品"（参见 Thomlinson，1999: 133）。

伊恩·昂关于**全球媒介 / 本土意义**的分析（Ang，1996a）旨在理解文化的"有生命的"和"媒介化的"这两方面意义之间新的关系，基于全球媒介本土接受的语境。昂提出"全球化涉及了一个系统化去除种族歧视的多变过程，这样一来，本土文化失去了自主独立的存在，趋向通过大众媒介形式以及科技的全球流动的一部分进行自我重塑。"（Ang，1996a: 153）。对于昂而言，研究全球文化与本土文化二者关系最大的意义便在于，全球化所涉及的文化科技出口程度——媒介科技、实践和形式——围绕"基于利益的文化生产商业原则"或者"媒介文化的商品性"从而重组本土媒介文化。以香港动作电影为例，昂总结到"出现的东西是极其与众不同并且经济上可行的混合文化形式，这样一来全球和本土变得难解难分且错综复杂……换言之，那些被视为'本土'和'原汁原味的'不再是一成不变的内容，但是作为引进文化商品的本土化改造的成果受制于改变和修正"（Ang，1996a: 154-5）。昂观察到，文化形式的全球化可以通过观察知晓，但是这与全球文化的一些形式不能等同，他也在西蒙·迪兰的**全球流行**理论中发现了共鸣之处（During，1997）。迪兰将全球流行从文化全球化中区别出来，由于全球流行"只有当一个特殊的产品或明星在众多市场取得成功时才得以形成"（During，1997: 810），尽管这显然和其他形式的文化全球化联系在一起，但它是娱乐产业跨国传播的策略造成的结果。

146

1 和 3：作为生活和共享经历的文化／作为资源的文化

自从 20 世纪 80 年代，文化能构成资源的观念开始扎根。玛格丽特·撒切尔和约翰·梅杰的英国保守派政府热忱地拥护这一观点，即英国经济的复苏需要"企业文化"的灌输。如今，**创造力城市**的概念已经将文化放置于当前城市活力的中心，指出了**创造力环境**和"软实力"的重要性。这样的发现得到了支持，举一个例子，关于本土互联网对音乐产业发展重要性的研究工作（Brown et al，2000；Flew，2001；Gibson，2003）。理查德·弗罗里达（2002）将其发展成为一个更加具体的应用理论，强调**地域的力量**，他称之为"创造性阶级"，说明具有创造性的人们对于多样化给予极大的重视，文化上充满生机的城市具有与众不同的特性和多样化的体验。他认为拥有文化创造力源头的城市中心将会生机勃勃，因为他们的经济活力得到驱动，不是因为政府的激励而去吸引新的与信息通信技术相关的产业，而是通过他所谓的**科技、天赋和容忍度这三个 T**（technology，talent and tolerance）。这是因为"那些倾向于多样化、包容并且对于新的观念持开放态度的创造性的人们，赋予区域经济增长力量。多样性使得一个地方吸引具有不同技能特点和观念的人的几率增加了"（Florida，2002: 249）。

重点举例，考虑伦敦成为一个具有创造力的城市，兰德里（Landry，2005）提出了，在 21 世纪全球经济中，对于伦敦这样的城市来说，文化在六个方面构成一个有价值的资源：

1. 历史的人工制品和城市公民的当代实践共同产生了当地的归属感，这是公民自豪感的资源。

2. 和发明创新有关的文化活动是城市能力产生和创新，以及城市资历的核心。

3. 与地方形象相关的文化部分，通过市场影响地方的竞争力，影响城市吸引国际资本投资的能力，以及技术工人的地理移动。

4. 文化和旅游业密不可分，因为旅游者寻求城市的"高级"文化（博物馆、画廊、历史建筑等等），以及城市的流行文化（俱乐部、酒吧、饭店、当街节日习俗等）。

5. 创意产业在全球经济中不断增长的经济显著性提升了因信息通信技术驱动的知识经济的数字内容发明形式的意义，提升了跨越补贴的、商业的媒介和文化的部分之间的网络的重要性。

6. 文化也许能促进更大程度的社会接纳，并且重塑经济不平等和社会优势，通过提供一个场所的能力，在这个场所里，其他的边缘群体可以参与文化活动的合作形式，因此便会促进个人的发展、生活能力的提升和新的雇员的创造力和培训机会。

然而关于文化迁移的如此之论断当然免不了被质疑（参见，Oakley，2004，一个机敏的知情人士进行的英国语境下这种论断问题的分析；例如，Peck，2005，对弗罗里达的评论文章），他们所得出的结果，对于城市和区域的发展政策有如此的影响，暗示了一种增长趋势，即一个地方文化最世俗的方面在全球经济中多大程度上被视为当地城市和区域有价值的资源。

1 和 4：作为生活和共享经历的文化／作为公共话语的文化

历史上，文化作为日常的生活和共享的经历和文化作为公共话语通过政府机构所扮演的角色紧紧地联系在一起，政府机构通过文化民族主义的有意政策促进普遍的民族文化。本尼迪克特·安德森在现代民族主义问题上的先驱性尝试，已经强调了如此的"民族性"的政府工程如何以及在多大程度上取得了成功，它们将民族主义从一个意识形态领域的概念转到了想象个人处于和自己使用同一语言的其他人联系之中的集合形式，集体主义意识，一系列共享的历史神话，以及一个地理和命运的混合物。结果就是一个民族是"被想象成一个团体，因为，尽管事实上的不平等和剥削可能在各自领域盛行，一个民族还是会孕育作为一个根深蒂固的同一阶层的情谊"（Anderson，1991: 7）。安东尼·葛兰西的**民族－人民的**（*national-popular*）观念，作为一个解释的策略，以确认在何种条件之下，政治同盟能出现特别的跨越阶级、种族和区域分割的民族大环境，意识到流行媒介在跨越政治、社会和文化分割的发声中的重要角色，着眼于日常文化和文化政治在特定国家和社会中的关联的政治含义（Forgacs，1993）。

为了管理日益增长的多文化社会的发展策略已经成为这种连结的重要手段。班尼特（Bennett，1998）观察到，生活方式由于逐渐增加的不同文化人口得到了多元化提升，产生了思考和积极支持的需求，作为复数的"文化"出现了，这一切标志了许多国家范围内艺术、媒介和文化政策的重要转折点。1989 年产生的**一个多元文化的澳大利亚国家议程**，把多元文化主义描述为"一个管理文化多样性成果的政策"，并且确定文化认同、社会公正和经济效益三个主要原则（引自 Castles and Davidson，2000: 166）。在他们的多元文化主义评论中这样描述这个政策：

> 伴随着多元文化的到来，关于个人在获得公民权利之前的国家归属的要求已经逐渐消失了。远离属于某个国家的公民这一趋势已经反过来导致了新的民主、政治、经济权利以及行动的出现，这一点如今不得不由政府所接受，以解决本国居民不再分享共同价值观这一新的事实。（Castles and Davidson，2000: 166）

2 和 4：作为媒介象征性交流的文化／作为公共话语的文化

传播媒介和文化政策二者之间的关系已经组成了国家媒介内容政策的核心，广播媒介作为空间限定的媒介系统，受政策制定者的操控，致力于作为一个为国家文化发展做贡献的工具，这其中包括了那些在文化、民族和语言方面倾向于少数民族的政策。通过这种方法，广播媒介对欧内斯特·盖尔纳（Ernest Gellner）所描述的"努力使得文化和政策保持一致"有所贡献（Gellner，1983: 43）。在直接的意义上它们已经有所作为，通过它们的能力使观众喜欢能引起他们强烈兴致的国家叙事媒介内容，在更加间接的意义上，通过颁布限制措施阻止观众接触引进的媒介内容，从而定义国家媒介生态的标准意义。在国家媒介政策当中，这种文化推动和文化阻拦的平衡证实了菲利浦·施莱辛格（Philip Schlesinger）的观点："在现代世界……社会空间即交流空间"（Schlesinger，1991b: 299）。现代社会中的公民权利需要媒介公民这一形式，包括接触信息的权利、对于国家的重大事件提供多样性的观点、通过可用的媒介代表认识社会全貌的权利，以及参与形成这样的媒介代表的机会（Golding and Murdock，1989；Flew，2003b，2006b）。通过这些策略形成的政策工具包括了资助为国家公共意义服务的媒介发言人，支持集体或少数民族的发言人，文化多样性配额，本土内容配额，本土媒介内容生产的津贴。

149

在这种政策话语之内，公民和集体通过媒介跟国家文化发生关联，总会出现紧张和模棱两可之处。其中有两点尤其凸显。第一，如果说媒介是创意产业，它们一方面**具有创造性**，因此涉及借助观念和想象生产有吸引力的文化内容，然后以这种象征性的交流形式进行宣传，另一方面又是**产业**，它在商业媒介市场的环境下为了配销而生产文化商品。正如施莱辛格所提到的广播媒介和电影产业的关联，"所谓'视听'既是象征性的竞技场又是经济舞台……允许个人同时制造出兼具文化和经济的论点"（Schlesinger，1991: 146）。这一点已经被塞弗森讨论过，在其他人的观点中，这种紧张现已弥漫在全世界的公共服务广播中，为了确保经济生存的需求，出现了观众最大化的策略，而这点反过来会产生破坏，由于它们抹杀了自己"文化的"指令特色，致使他们"没有真正地提供给商业电视可选择的批评目标"（Syvertsen，2003: 170）。第二，媒介地理上的抵达范围，具有跨越国家领土边界的固有延伸性。他们致力于以领土化定义文化指令，这一观念有时候处于挑战之中，去领土化的事例似乎和新的媒介形式一起得以巩固了。例如网络从来都不是固有在本国范围之内，正如广播媒介从来就不是特别本土的。施莱辛格已经提出了这个问题和欧洲媒介内容配额的关系，构建了他的观点"一个欧洲集体认同很大程度上在国家层面上形成"（Schlesinger，1997: 371）。施莱辛格提到，如此的争论包括了一个持久的兼容，这种兼容存在于为了达到和美国一决高下的区域经济指标需要扩张欧洲市场，对于作为拥有政策支持产业的视听产品部分的理解，和作为普遍欧洲文化继承的关键部分的视听媒介概念之间。如此的争议在寻求掩饰而非解决之道，内在的紧张一方面为了达到经济规模需要出现泛欧洲的媒介市场，其次又宣称（这仍然在很大程度上被认为是虚构的，至少在媒介消费模式上被如此认为），欧盟成员国家的人们可能会认定他们为"欧洲人"，与目前的非常具有历史基础的——成为英国人、法国人、威尔士人、德国人、意大利人、波兰人、苏格兰人、荷兰人、比利时人等人民的意识不同。[1]

150

2 和 3：作为媒介象征性交流的文化／作为资源的文化

在媒介政策中"文化的"和"经济的"基本原理的历史平衡自从1990 年代就受到了挑战。在 1990 年代大量的国家信息政策把媒介定义为内容产业，在全球市场的扩张中占有新的可能性的内容产业。[2] 在更加全球化的层面上，经济合作与发展组织着眼于与互联网发展相联系的媒介内容的分配和市场的进展，将其命名为基于互联网的服务，这能让内容变成一个新的增长产业（OECD，1998）。与此同时，它识别了需求的转变，从传统的为管理市场结构和建立媒介商品的市场许可的媒介政策机制，转向了有规则的策略，旨在促进"关键资源的开放性许可……没有歧视、发明和竞争"（OECD，1999: 6）。经济合作与发展组织建议，例如，"希望促进文化的（语言的）多样性的政府部门，参与积极地鼓励新的多媒介服务的推动，比限制市场准入方面的尝试会更有成效"（OECD，1999: 7）。

在2000年代，创意产业的政策声明开始替代国家的信息政策争论，尤其是2001年IT产业的衰退，表明了鉴于全球移动纯粹以信息传播技术为驱动的方法的脆弱性，以及该领域投资的费用敏感度。在这个时期创意产业策略有所发展的例子包括：

■英国：1998和2001年间，经由文化、媒介和体育部门的创意产业图录报告的发展，国家和区域基于创意产业的发展战略都有所提升；

■澳大利亚：昆士兰州政府在2001年采用的创意产业战略，以及一个为发展数字媒介版块的国家数字内容产业行动计划（DCITA，2004；Cunningham，2006）；

■新西兰：认同创意产业和生物科技、信息和交流技术一起作为2002年增长和发明基本框架的"三大支柱"；

■新加坡："重振新加坡"策略（see Leo and Lee，2004）依靠的便是2001年得以发展的广泛政策资源，包括贸易和产业部的研究《新加坡创新产业的经济贡献》（MTI，2003）；

■瑞典：瑞典政府建立知识基金，为了检验他们称之为**体验产业**的角色和意义，明确了它作为"用来形容从事创造性职业的普通人和商人的集合性术语，这些人主要的目标是创造以及/或者提供多种形式的体验"，还明确了它占据了整个劳动力市场的6.5%（Nielson，2004: 48）；

■中国香港:《香港创意产业的底线研究》，由位于香港大学的文化政策研究中心所承办（CCPR，2003），规定了创意产业对于香港形象和品牌树立的重要性，和把当地经济发展成为具有高附加值的服务行业的机会，由于劳动密集型制造业转移到了中国大陆的广州（珠江三角洲）地区；

■欧盟：由欧盟委托的MKW研究（MKW，2001）发现，在涉及文化的职业领域，雇员的增长速度是欧洲雇员平均增长速度的四

151

倍，并且该领域的雇员成为个体劳动者的可能性是其他领域雇员的三倍，拥有第三方资历的可能性是其他领域雇员的两倍。该研究也注意到了，在欧盟的环境背景下讨论创意产业在得出共同说法时存在概念性的分歧，在司法管辖区（在德国最为明显）坚持认为，对文化的定义并不是产业的一部分，在其他地区（例如芬兰）将所有涉及"基于内容的产品"的活动都作为文化的或者创意的产业，文化概念在这两者之间摇摆不定（参见 Flew，2005a: 116-18）。

■中国内地：尽管"创意产业"至今仍然被视为一种误称，在传统集中的国营文化产业和创新机构聚焦的计算机技术领域这两者之间，"创意产业"难以立足（Wang，2004），但是这一切近期出现了改变的迹象。2005 年 7 月在北京举行的国际创业产业会议，对发展创意产业的需要给予了关注，旨在抓住数字内容领域的机会，这将知识经济优先和加强创造性的需求结合起来。这是关于中国摆脱"世界工厂"的一整套争论的一个部分，从低附加值的制造业商品生产者，（"中国制造"）到"中国创造"议程的转变，将中国视为知识产权发展的领导者（Keane，2004c；Nolan，2004；参见 special issue of IJCS，2006）。

这样的战略凭借的是创意产业日渐提升的影响力，位于"艺术、商业和科技之间的十字路口"（UNCTAD，2004），或者位于信息技术、商业创业、创新实践的交叉部分（Mitchell et al.，2003），在萨琳尼·万徒勒里（Shalini Venturelli，2005）所定义的**全球创意经济**中已经变成了其增长的关键动力。联合国贸易暨发展会议（UNCTAD，2004）已经明确地围绕五个趋势将创意产业的扩张和全球化关联在了一起：

1. 全球文化的管制撤销和媒介政策架构；
2. 全球平均收入的增加，允许在艺术、文娱产品和服务上的更多"任意的"支出；

3.技术的改变，特别是在数字媒介内容和全球化分配中互联网所扮演的角色的改变；

4.服务产业在全球的增长，给予无法触摸的知识形式一个更高的费用，这也是创意产业的出口所需要的资源，特别是在设计、广告和市场营销领域；

5.国际贸易逐渐扩张，特别是服务领域的贸易。

韩国电影的繁荣

在 21 世纪头十年的中期，世界上最具活力的电影产业之一就是韩国。尽管世界上许多国家的国内电影产业在和进口产品的对抗中都经历了逐渐萎缩的市场份额，特别是和美国来的产品对抗，但是对于韩国观众而言，从 1990 年代中期到 2000 年代，韩国本土生产的电影的国内市场份额已经呈现持续增长之势。韩国电影的本土观众份额从 1996 年的 23.1% 增加到了 2000 年的 32.6%，并且从 2002 年的 45.2% 继续涨到了 2004 年的 54.2%（《欧洲电影期刊》，2003 年 5 月；《韩国电影观察》，2004 年冬）。同一时期，韩国电影的出口从 1996 年的 40 万美元增加到了 2000 年的 700 万美元，到 2004 年超过了 5800 万美元，这些出口产品超过四分之三将销往亚洲（这其中日本占绝大多数），但是欧洲和北美总共占了几乎 20%，仅仅十年之前，这一切是难以置信的（《韩国电影观察》，2004 年冬）。这样的成功已经促使了国内的观察者"将韩国本土电影的繁荣和 70 年代晚期和 80 年代早期重新激励了中国香港地区电影的天赋和热情的爆发进行对比"（Smith，2001）。

在不是特别有利的环境下韩国电影出现了繁荣。在朝鲜半岛之外的地方很少讲韩语，在和朝鲜的关系上，韩国受持续的政策不确

153

定性限制，政府对本土电影制作者有强大审查的传统。此外，美国军事的参与也意味着，强有力的美国文化的参与。所有这些因素使得韩国不太可能成为全球媒介产品的所在地，特别是较之于中国香港地区，中国香港地区享有**自由放任**的经济环境，伴随着全球中国文化流散的强烈根基。1998 年，在卢泰愚的统治下，所做的两项决定对韩国电影的影响直至今日。首先，新的宪法允许电影审查制度的缓解，自从 1993 年韩国成为民主共和国，这就成为了一种趋势。第二，对于外国电影的进口限制提高了。这项政策决定的首要影响是灾难性的，由于好莱坞和香港的电影已经征服了本土观众，本土产业的市场份额在 1993 年跌落很低，只有 16%（*Paquet*，2005）。

从 1990 年代中期开始，这样的情况发生了戏剧性的扭转。鉴于韩国电影生产者已经将目标锁定在生产和国内大事件相关联的电影，因此唤醒了本地观众对于流行文化记忆的强烈感觉，电影例如《伤心街角恋人》（*The Contact*，1997）和《生死谍变》（*Shiri*，1999）大规模地击中了韩国观众的兴趣点，基于它集合了那些引人注目的国家故事，展示了西方动作电影的常用手法，产生了和好莱坞大片一致的价值观，并且对观众形成了强烈的吸引力而不是政治或美学的感觉。正如安东尼·梁（Anthony Leong，2002）提出的，韩国电影生产者很可能已经填满了足够具有吸引力的东亚电影的真空期，即香港地区在 1990 年代后期面临的不确定性而让出的空档，随着回归中国，被好莱坞窃取了最好的创意人才。

《生死谍变》的成功和随后的电影，例如《加油站被袭击事件》（*Attack the Gas Station*，1999），《共同警备区》（*Joint Security Area*，2000），《朋友》（*Friend*，2001），《我的野蛮女友》（*My Sassy Girl*，2001），《我老婆是大佬》（*My Wife Is a Gangster*，2001），《2009，失去的记忆》（*2009 Lost Memories*，2002），《老男孩》（*Old Boy*，2003），《春夏秋冬又一春》（*Spring, Summer, Fall, Winter...and*

Spring，2003)，《实尾岛》(*Silmido*，2004)，以及《马拉松》(*Marathon*，2005)，呈现了一个折中的混合，清晰地发现了本土观众对于这点的支持，到 2005 年，韩国票房前十名的电影有八部是韩国本土电影。韩国电影在本土观众当中持续强大的市场份额，已经使得在面临着"全球好莱坞"生产价值和发行权力时，它在国家电影文化中几乎独树一帜。

支持韩国电影繁荣的因素是创造性和产业化的融合。梁(Leong，2002) 指出，韩国电影"新浪潮"特点围绕着这些因素：独特的讲故事方式，混合模糊的类型电影因素的就绪；冒险文化和挑战现存社会道德观念和政治正统观念的意愿；技术的复杂水准，不仅反映了产品预算的优越性，也展示了这一代电影生产者被好莱坞电影习俗所"培训"的程度；以及从朝鲜半岛动荡的政治历史和韩国人结局未定的历史行程的意识形成的文化视角。梁发现亚洲电影的"狂热者"将注意到，这是一种归因于 70 年代后期……直到90 年代初期的香港电影的同样的品质 (Leong，2002: 17)。

电影生产融资方面的创新也加速了韩国电影的繁荣。由于 1990年代电影审查制度规定缓慢地放松，韩国大型综合性企业集团（以**韩国大企业**而著名，包括了例如三星、现代、大宇和 LG 这些企业）开始投资电影产业，然而 1997—1998 年的亚洲财政危机目睹了他们在该领域大幅度的跌落。尽管这一切加剧了危机，但同时也为企业家在筹资电影时寻求可以选择的资源提供了新的机遇，为那些更具创新性而不是韩国大企业准备支持的电影筹资。风险投资资本家建立了远程电影投资（"网民基金"），旨在挖掘小规模的投资者，在2000 年代早期这对于起动本土产业是至关重要的 (Leong，2002: 14-16)。

延伸阅读：Leong (2002)；Park and Shin (2004)；Paquet (2005)

3 和 4：作为资源的文化／作为公共话语的文化

这两个领域可以被视为同义词，由于作为"资源"的整个文化概念，当然是来源于"自上而下"的文化管理者角度而不是"自下而上"的文化生产者和消费者的视角。尽管如此，不同之处还是微妙且重要的，并且涉及全球媒介和文化作为日常生活体验的一部分和作为全球信息基础设施的双重属性。对于这些关乎一切文化影响的问题，三个积极的发展引起了关注。第一，大量暴露的以多样形式在全球分布的媒介，不足以成为本土文化认同降低的关键因素。全球媒介当然对本土文化有所改变，特别是当它们成为被描述为'全球现代化'的包裹的一部分（Giddens，1990；Tomlinson，1999），但是认为它们对本土文化进行了侵蚀的观念已经远被证明是站不住脚的。当不均匀的互相依赖和文化复原的意义被认为是对于全球媒介和文化流动的回应的动机时，这一切甚至更加明显。第二，从 1990 年代信息政策话语到 2000 年代关注创意产业发展这一转变，已经将创意领域带到了政策的主流，其位置从传统路径中被驱逐到成为创新系统，同时 1990 年代 IT 行业所驱动的对信息公共话语的关注（Cunningham et al.，2004；Cunningham，2006）。第三，文化和"新经济"的一致或者文化和知识经济思维的一致，使得迄今为止文化在工业社会作为"文明影响"或者作为某一种类型批判性精神发展的场所的主导观念得以移出，趋向于思考那些作为提供生产力的资源的文化训练，为了将来有益于"新经济"想象的新理念和形式（参见 Flew，2004a）。事实上，诸如丹尼尔·平克（Pink，2004）这样的权威就此建议艺术硕士学位（MFA）或许可以成为新的 MBA，因为好的艺术为反直觉的理念、信息和想象建构了至关重要的场所。

与此同时，21 世纪早期政策制定者所提出的"文化的再发现"已经成为了双刃剑。尤迪思给出了这种紧张和矛盾情绪的很多例子，从联合国教科文组织官方的抱怨——作为一个社会学家和文化政策专家，她被要求解决那些她没有受过专业培训的经济和政治问题——到美洲开发银行的官方人士，要求当地社区中的社会投资和文化改善应该有执行度量，由于他对于"为了文化目的的文化"基金不感兴趣（Yudice，2003）。尤迪思提议把艺术、媒介和文化政策之间的"人类学转向"——这就是说，对作为生活和共享经历的文化的兴趣——和全球化联系在一起。这一切的发生，通过一个"社会公正的非政府组织化……也就是说使反政治力量受到政府的管理（Yudice，2003: 37），通过加入先前在政策制定的现代主义概念中被分离出去的政策领域，文化发现其自身作为"被用以解决那些先前属于经济和政治领域职权的难题（并且）……为社区解决一系列问题，这一切似乎从文化上识别自身，反过来已经失去了其特性"（Yudice，2003: 25）。尤其是公民已经成为了文化作为资源和文化作为政策话语特别容易互动的诸多领域之一。

156

文化和公民

公民的概念已经成为了政治哲学的一个核心因素，伴随着对其本质和基础的争论，从苏格拉底、柏拉图和亚里士多德对如何控制雅典城市国家这一问题的贡献，到 18 世纪晚期美国和法国革命和现代自由民主民族国家的形成，到当前关于 21 世纪全球化和文化多样性对于公民身份特性的影响的争论。海因兹（Hindess，1993）已经从三个维度给出了公民的定义。

> 1.**法律政治**的维度，基于对权利和职责平等主义的理解，包括先于法律的独立以及平等的法定权利的确保，演讲集会自由的政治权利，公民参与涉及自身管理的决定之权利，作为他们成为独立个人的一部分。
> 2.**民族**的维度，或者是在一个以领土定义的群体内，授予公民权利存在形式的排外性，并通过正式的准入受控于国家权威，包括

拒绝进入的权利，和公民参与社会大事件的要求，包括对其领土的捍卫。

3.**文化的**维度，一方面，作为一个政治群体内成员的捆绑意义的一部分，道德群体或其公民的"共同文化"形式的支撑的需要，另一方面，承认并包容差异、多样性和"私人"领域个体权利的自由。

157　　公民理论强调了其与民主关系以及社会不均这一问题的重要性。T.H. 马歇尔（T.H.Marshall，1949）关于公民的历史发展的高度并有影响力的概念，看到了 17 和 18 世纪出现的法律权利（例如公平审判的权利，陪审团审判，以及立法代表的权利）在 18 和 19 世纪得以巩固，通过更加正式的并且在民主社会中被奉为神圣的那些政治权利，例如选举权、政府的议会体系。马歇尔提出，19 世纪晚期和 20 世纪早期见证了一个更深入的权利分层——经济和社会权利——和公民相关联，由于福利国家保护性的和再分配制度的发展，提供了大规模医疗保健和教育，以及承认贸易联盟权利的企业交易框架的形成（参见 Turner，1997）。

理解公民和公民权的这个框架已经对思考媒介和交流产生了一些影响。利用马歇尔公民的、政治的和社会的历史类型学，彼得·戈尔丁和格雷厄姆·默多克（1989）提议确保公民权利的交流政策应该是：

1. 最大化地接近信息，特别是在和公民权利相关的领域；

2. 给社群的所有部分提供可能的最大范围的关于问题的信息、解释和争论；

3. 允许来自社会各个领域的人们通过传播媒介提供的表征来认识他们自身，并且能够对这些表征的发展和形成做出贡献。

为了获得如此目标，传播和信息系统的必要条件是提供最大可能的多样性，用户反馈和参与的机制，以及无论收入、地理位置或社会状况都能普遍接近服务。为了满足这些标准，默多克指出"一个交流系统既要多样又要开放（包容）"（Murdock，1992：21）。

公民已经长期和传播媒介联系在一起。流行媒介曾经是为了发展国家和公民身份认同，统治和被统治的中继点，同时随着公共权威不公正不合法或者不受欢迎的使用，流行媒介也成了表达不满的场所。统治的现代形式依赖于媒介互动而不是直接的演讲和面对面的交流，由于现代民族国家的大小、复杂性和多样性。尤尔根·哈贝马斯（Jurgen Habermas）关于公共领域的理论已经广泛被用来说明民族国家在促进公民认同领域的积极角色，通过强化使用权、多样性、多元论和参与性，也通过媒介规则或者直接资助公共服务领域和基于社群的媒介组织（Habermas，1977；Garnham，1990；Dahlgren，1995）。从一个完全不同的角度，媒介理论家诸如哈特利（Hartley，1996，1999）和麦基（Mckee，2005）已经将流行媒介阐述为当前公民形式的核心，由于媒介是权威机构（政府的、教育的和文化的相关机构）和大众流行的中继点，大众越来越由读者或者媒介使用者构成，随着文字水准的提升。

围绕**文化公民**这一问题，作为在媒介和政治理论交叉中被理解的有关公民的争论，事实情况是，在保护个人权利上，无论公民话语的意义如何，包括少数民族，促进参与式民主，主动且平等主义的社群意识，它都还是在民族国家体系内形成。正如海因兹所观察到的那样，自我管理社群的理念"就领土和人口明确的政治分界线而言提前假设认同。有一个里面和外面，并且两者之间没有太多争端"（Hindess，1991：176）。这意味着公民的分类基于领土，这已经和这些事实共存：其他人是非公民（即使在同一领土分界线内），限制公民进入政治社区的是他们对于共有文化的参与程度。卡斯尔斯（Castles，1997）已经概括了全球化所呈现出的基于民族的公民概念的挑战：

民族国家的概念通常暗含了种族划分和政治认同的紧密联系。

民族通常被视为这么一个群体，即在共同语言、文化、传统和历史的基础上属于一个体系——换句话说就是民族群体。国家被定义为一个以领土分界线和民族其他成员黏合的政治单元。国家旨在代表民族的政治观念。民族国家的概念暗含了人们种族文化的同一性。这个可以通过这些传递共同语言和文化的机构（学校、行政机构、教堂、民族服务机构）得以积极地实现；或者通过少数民族迫害甚至"种族清理"得以消极地获得。民族国家的这种模式难以应对全球化引起的日渐增加的移民和文化多样性。（Castles，1997: 5）

文化公民是表达政治公民和民族文化认同二者之间内在断开的机制之一。在某种意义上，这并不是一个新的问题。由于种族和文化的扩散以及大规模的移民——特别是 1945 年之后——这极大地丰富了世界上大多数国家的民族和文化。然而，明显的是，管理文化上具有多样性的人口的传统政府策略，例如对少数民族的政治排斥、文化同化原则，和对于文化多样性的有限包容，已经逐渐被证明是不恰当的做法，让位于更充分地构建**多元文化主义**的概念。多元文化主义的出现，一部分是因为少数群体有组织的对这种策略的抵制活动，同时也是这些国家的需要：吸引在全球范围内流动的技术工人，寻求全球化经济上的竞争力，以提升其包容和大同主义的形象，并且其民族、种族和文化背景明显排外的程度与形式上的支撑公民的民主和平等原则是不一致的。罗萨多（Rosaldo，1994）提出，在美国的情境下，多文化公民的"绿卡阶段"，少数民族只有接受并服从主导文化和其制度，其进入才能得到包容，那些相信制度自身应该去适应文化多样性、有结果地与多样性和差异融合，实现所有人的公民权的人受到质疑。普瓦斯基（Pakulski，1997: 77）已经观察到"文化公民不仅涉及对多样认同的包容，也涉及——并且越来越地涉及——要求有尊严的代表，规范化的居住设施，以及对于这些认同和它们之间象征性关联的积极教化"。

这样理解的话，文化公民有以下三个更深入的内涵。首先，在制度层面上它承担了政治和资源需要——例如反歧视法规，促进平等就业机会的策略，提供公共资源以支持文化共同体的认同和持续——这和想象的共同体一样是国家的象征代表和理念。就其本身而言，它与媒介象征和流行文化动力完整地关联在一起。第二，文化公民的范围明显地超出了少数民族和移民群体，趋向少数人口的范围，包括土著人口、女同性恋者、男同性恋者、残疾人、宗教少数派，以及其他追求另类生活方式的人们。如果文化公民涉及"成为'另类'的权利，重新评价被污名化的身份……（并且）开放且合理地容纳迄今为止被边缘化的生活方式，然后无障碍地将其传播"（Pakulski，1997: 83），那么将不可避免地转移"主流"政治和文化制度，使主流民族文化认同去中心化。这可能不仅仅会导致一个来自于目前处于主导地位人们的文化"强烈抵制"和对其自身民族文化权利的主张，[3] 也包括"更广阔的……处于主导地位的文化关节点的国家干涉，包括大众媒介和教育机构（Pakulski，1997: 83）。

第三，与工业法规和福利国家相关联的经济和社会权利的范围比较 160起来，它并不如有时候假设的那样清晰：商业市场和经济全球化与少数民族文化权利的实现是不一致的。存在一个值得思考的论据，"全球资本主义寻求新的消费公众和管理多样的劳动力……可以给它们自身穿上多元文化主义陷阱和多样性授权的外衣"（Yudice，2003: 175）。在区域或全球层面上通过孤立内容进行媒介贸易，介绍跨文化的参照物或者发展那些在不同层面能为当地和国际观众服务的内容，这些做法的优势是众所皆知的。举几个例子，好莱坞电影诸如《黑客帝国》系列三部曲、《杀死比尔》第一部和第二部、《尖峰时刻》，将其影响力强有力地置于东亚流行文化中最显著的位置，因此通过地理语言上的市场将其潜在的市场份额最大化。麦基（Mckee，2002）已经注意到：一个跨国的"酷儿国家"，尽管分享了消费习惯，仍以其独特的编码、表意实践和公民礼节被界定。同时，民族文化政策在许多情况下对其构成人口的文化多样性远远不够开放，偏爱"自然保护主义的身份视野和基于传统文化商品和制度的取消种族隔离视角"（Canclini，2000: 129）。在考虑到政府政策和制度如何恰当地或者在其他方面应对来自于"重新思考文化公民以使其适合一个文化多样性的国家……（在）21 世纪"的挑战（Castles，1997: 21），我们既不应该忽略那些将其商业产品嵌入如此空间的合作领域的生产和创新，也不应该忽略这个长期驱动公民话语的问题，也就是国家与那些不能通过资本主义和商业市场充分到达的群体和行为对话时扮演的角色。

东亚流行文化

东亚地区作为全球媒介内容的文化生产者的崛起已经得到了广泛的关注。中国香港地区的电影产业和日本动漫的意义早已被认可（例如 Bordwell，2000；Iwabuchi，2002；Curtin，2003），诸如韩国和中国台湾地区已经成为了动漫电视的全球供应站（《辛普森一家》的著名挖苦，《辛普森一家》自身对韩国外包产品）。从 1990 年代晚期，东亚文化商品的范围和深度已经极大地增长，从诸如韩国和中国台湾这些地区电影产业的繁荣（Leong，2002；Lewis，2003），到韩国在线游戏的非凡成功（Herz，2002），作为全球音乐形式的"粤语流行音乐"的崛起，以及诸如《卧虎藏龙》、《英雄》和《十面埋伏》这些中国电影的"跨越"成功。甚至那些传统上只注重硬件交流而非文化软实力的国家，例如新加坡，也正在发展自身可输出的电视节目，例如动画类儿童节目《番茄双胞胎》（Lim，2004）。

蔡明发（2004）提出：一个有特色的东亚流行文化已经开始围绕着处于上升的城市年轻中产阶级的爱好和文化消费类型而出现，而不是围绕政府资助的官方文化出现。对比与其他维护东亚文化特色的尝试，比如新儒学和"亚洲价值观"的争论，蔡观察到"在东亚，流行文化产品每一天的交叉跨界（和）东亚流行文化已经能够开拓出一个区域消费经济的显著领域"（Chua，2004：218）。重要的是，它们并不是作为美国文化潮流和其他"西方"流行文化的替代品，而是在多样的东亚国家人口中可辨认的一部分人们的文化消费模式戏剧性的增长的替代性反映。这种人口统计学信息是典型的30岁以下人群，扎根于主要城市，由于雇佣行为和海外教育而与全球经济和文化巡回连结，受到良好的技术和文化教育。这个群体是全球化的快速经济增长和新技术使用的受益者，并且戴着对于现代性和文化混杂性的承诺，就像是戴着徽章那样（或者，也许更像是一个移动电话铃声的旋律）。伴随着中国经济的提升，以及到2010年可能达到上亿的中国城市中产群体的不断扩大，这种趋势只会加速发展。

　　蔡解释到，亚洲内部的文化潮流、东亚文化认同问题以及这些发展的广泛的政治和意识形态内涵之间的关系仍然不明确。尽管如此，他还是提出五个假设，关于文化产品的传播"也许会起作用……为这样一个认同的出现创造出一个推论式和想象式的空间"（Chua，2004：216）。首先，东亚流行戏剧作品强烈地将城市认同置于引人注目的位置，因此抹去了"传统的"和乡村的之间的关联。第二，对年轻人、城市人和单身在职青年的关注与儒家文化对家庭的关注是自相矛盾的。第三，这些节目强调中产专业人员"生活方式消费"的一个相对水平，没有着眼于跨区域的不同收入相关性。第四，年青一代在他们的视觉特色上被构造为"美丽的"，并且"泛亚洲的"，不再关注国家的不同。最后，相比于被视为儒家文化认同形式之关键的隐式社会化工程，蔡强调"泛东亚认同的构建对于东亚文化产品生产者而言是一个自觉的意识形态领域的产品，基于占领更多受众和市场的商业渴望"（Chua，2004：217）。

162

扩展阅读: Ong (1999); Iwabuchi (2002); Ho et al. (2003); Chua (2003); Moran and Keane (2004); Tay (2005)。

全球文化,认同和混杂性

由于全球化和文化二者关系的模棱两可,**混杂性**的概念已经被证明对于理解全球媒介、文化和认同的关系变得越来越关键,这很可能不足以令人感到惊讶。这本书将不会深入探究迅速增长的后殖民主义文本(参见 Spivak, 1990; Young, 1990; Bhabha, 1994; 参见 Mcrobbie, 2005b),宁愿追求更加中性的目标,即注意到在全球化语境下,混杂性的概念如何跨越全球媒介影响之下的一些主导流行文化的理解。混杂性概念也表明了全球化环境下认同形成不会被过多抑制,因为事实上的扩散,以及这将如何反过来关联与现代性的关系。在此过程中,我注意到较早被讨论的汤姆林森的研究,即"远远不会摧毁它,全球化已经可能成为**创造**和**扩散**文化认同的最重要的力量"(Tomlinson, 2003: 16)。

让·皮埃特斯(Jan Nederveen Pieterse, 2004)表示混杂性的例子成为了全球化的**主题**。他之所以这样认为,是通过把混杂性的范式和其他两个全球化文化影响的通常流行理解对比。第一个是文化的差异化,在塞缪尔·亨廷顿(Samuel Huntington, 2000)的著作中得以发展。亨廷顿**文明冲突**的理论预见到了"文明的领域"之间分化的加强——民族国家、地理区域、宗教认同、语言群体和文化实践之间的宽松混合——存在于西方基督教人文主义者、中东的伊斯兰教和东亚的儒家文化之间。不足为奇,在 2001 年的 9·11 事件之后,过多的恐怖冲突(阿富汗、伊拉克、以色列人进入黎巴嫩)以及继它之后的恐怖行为(巴厘岛、马德里和伦敦爆炸),使亨廷顿的理论遭到了巨大打击。[4] 第二个角度是**文化的聚合和同质化**,或者是所谓的"麦当劳效应",在全球扩展的快餐连锁之后（Ritzer，1993；Barber，2000）。从这个角度而言，麦当劳化与美国一整套价值观的全球扩散是同义的，这套价值观的物质和象征性的形式、价值和工作的实践被那些食物链所代表。巴伯指出，全球环境越来越容易构成"一个和传播、信息、娱乐以及商业紧密相关的麦当劳世界"（Barber，2001：21），并且对其而言，唯一有效的阻止方式是圣战主义者严峻、前现代的民族精神。

彼特斯（Pieterse）将文化混杂和文化融合视为这两个视角之间更加合理的点。他认为全球化同时涉及了一个"意识到世界'正变得越来越小'以及文化差异正在减弱"，和"一个对于文化不同逐渐增长的敏感"，他指出，文化差异的概念自身已经改变了形式：

> 过去采用民族差异的形式，正如在民族特点和认同的熟悉的讨论中那样。现在差异的不同形式已经凸现出来，例如性别和认同政治、民族和宗教运动，少数民族的权利和原住民。（Pieterse，2004：41-2）

与基于对文化差异的固有和离散的理解"文明冲突"的路径形成对照，混杂性理论关注其流动性，无限开放性和互联性，其中全球媒介潮流是一个重要的组成要素。相似的是，当文化同质化的争论指向一种基于经济优势的文化对其他文化的支配，混杂性理论和杂交指向了复杂性和适应过程，这个过程出现在一个地方的文化形式被迫和分散地出现在别处的身份、文化和实践信息相关联时：

> 对于种族和国家主义教条的文化差异主义而言，混杂性是一个解药，因为它十分需要那些在文化差异性上被驱逐、被边缘化以及被禁忌的经验。因为它有跨越边界的特权，所以它颠覆了民族主义。因为它始于边界的模糊性，所以它颠覆了身份政治，例如种族的或者其他对于纯洁或可靠性的诉求。如果现代性通过紧密的疆界 164

代表了一种精神的秩序和整洁的区分，混杂性反映了切断"n"混合、犯罪和颠覆的后现代的敏感性（Pieters，2004: 53）。

彼特斯总结了对于文化差异理解的不同的范式，如表格 5.1 所展示的那样。

表 5.1　观察文化差异的三种方法

维度	差异性	融合	混合
宇宙学	纯度	散发	综合体
解析学	区域文化	文化中心和漫射	跨区域文化
世系学	不同之处体现在宗教信仰、语言、阶级和等级制度	帝国的宗教的普遍主义	科技、语言和宗教的文化混合
现代	空想的差异性 种族思考 沙文主义 文化的相对论	理智的普遍主义 现代性 可口可乐化	梅蒂斯语 克里奥尔化（欧洲语与殖民地语的混合化） 汇合（尤指不同宗教信仰或哲学主张）
现在	文明的冲突 种族清洗	麦当劳化 迪斯尼化	后现代文化 跨国文化流动 减少"n"混合
未来	永恒的不同文化和文明的镶嵌	全球文化同质化	开放式的正在进行中的混合

资料：彼特斯（2004），p.55

混合性的概念并非没有遭到批评。评论家们，例如德里克（Dirlik，1994）和默多克（Murdock，2004）指出，混杂性概念已经被构建为一个过度积极的术语，由于提供了"有持续生产力的一代人的新颖组合，这个组合为表达和认同打开了新空间"（Murdock，2004: 28），忽略了阶级不平等、全球资本主义和文化剥夺的物质现实。他们也对诸如大规模移民和文化混合这些现象的创新有疑问。回应这些批判时，彼特斯解释了混杂性包含的三个要求：

1. **经验主义**的要求，伴随着日渐剧烈的人口、理念和商品的全球循环流动，文化融合出现了比以往任何时候都要高的程度，伴随着我们如何思考文化、公民和政治之间关系的影响；

2. **理论主义**的要求，这样的文化混合已经有了广泛的暗指，对于我们如何更加普遍性地孕育文化，特别是形成了一个意识：种族单一的民族国家的理念可能成为欧洲历史上的一个特殊产物，从未与那些服从殖民规则的社会平行，今天它在全球的意义正在减弱；

165

3. **标准的要求**，边界的挑战是一个积极的政治进步，类似于伴随后现代主义和挑战二元逻辑的解构的知识进步，正如混杂性和去领土化、世界主义的产生以及文化认同的后民族形式相关联一样。

经验主义提出的文化混合是 21 世纪早期社会显著特点的观点是强有力的，正如赫斯特和汤普森所提出的一样，这在历史上也不是没有先例的：他们注意到，例如在 1850 年到 1914 年间大规模的跨越洲际的移动。虽然 1945 年后这段时期移民人口的程度不是历史上独一无二的，但实际上它确实超越了之前的移民规模（Held et al., 1999: 299-314）。除此之外，20 世纪晚期和 21 世纪早期的大规模移民具有相比于早期时代的显著特点：人们现在典型地从一个国家移往另一个国家的事实；他们对已经形成的民族国家和民族文化观念的影响；人们可以容易地借用多样身份在国家之间来往——旅游者、学生、顾问、教授、外来工人——使用先进的空中交通系统；大规模移动人口、世界范围内流散团体的创新、全球分散媒介越来越容易的接近，这三者之间的交集。

混杂性概念，在围绕全球化主导的进化的元叙事去中心之中，已经变得重要，通过将注意力转移到多样的内容和经验上，它们将世界的

第五章 全球媒介文化 **173**

不同部分引领到资本现代性的全球循环。西欧很多国家的经验已经成为典型，它们中的很多是在 18 世纪晚期和 19 世纪形成的，把全球化体验为对国家领土主权的挑战，在那里，政治、经济和文化一致存在。事实上，在一些显著的例子中，例如英国、法国，较次之的西班牙和葡萄牙，通过国王的管理在资本主义现代性的输出形式中致力于它们自己的实践。与之相反，对于亚洲、非洲、加勒比海地区和中东地区的后殖民国家而言，这个问题更是一次企图：落实那些作为新独立国家主权标志的经济和文化政策基础设施。例如，1982 年联合国教科文组织在墨西哥举行的世界性会议关于文化政策的最后报告，提到"年轻国家……肯定其个性，有尊严地建立并发展它们的国家文化"（UNESCO，1982：8）。拉丁美洲的例子也许又不同，伴随着多种民族文化形式内在的混杂性和不稳定性，诸如尤迪思这样前卫的分析者建议"在欧洲北美语境下出现这概念很久以前，拉丁美洲就成为了后现代性的先驱……拉丁美洲社会和文化形式具有多样性的特点，这使它可能出现间断的、可选择的和混杂的形式，挑战现代性的**宏大叙事**霸权"（Yudice，1992：1）。即使在所谓的"白人定居者"或者"主权资本家"国家，例如澳大利亚、加拿大、南非和新西兰，在那里文化民族主义者已经历史性地为一个共享象征性文化的"'社会黏合'的缺席而感到悲叹，民族主义理论所坚持的**首要条件**即政治稳定性和合法的政治制度"（Collins，1990：xii），或许他们是一个更广泛的历史体验，正如汤姆·奥瑞根表达的那样，"有限的和共享的最高统治权从来都不是什么新鲜的东西"（O'Regan，1993：101）。那么，简而言之，**强大的公民**概念，国家组织结构一直在通过共同语言、文化和国家认同的转移从而使得公民无视国家（一个共有的象征性的文化），或许从历史上和地理上而言，西欧经验比起通常所呈现的要更加特殊。对历史语境加以考虑，混杂性的概念是一个及时的提醒，对世界人口的大多数而言，一个较弱的国家公民和文化主权的概念已经长期存在，全球媒介将其自身置入到复杂的文化的镶嵌中，而不是作为"门外的狼"突然出现，或者对于民族文化来说是新的无所不在的

166

威胁。

关于混杂性指向一个更广泛的**去领土化**趋势的诉求更加有疑问，这个诉求意味着基于国家的边界和思想的后现代主义拼贴中的双星的瓦解，以及世界主义、后国家意识的出现。彼特斯（Pieterse，2004）总结了他的讨论，这个讨论关于全球化交叉的"全球混合"的特性，以及必然且不可避免的民族国家衰亡的混杂性：

> 已经产生巨大影响的单一民族国家黏合剂，产生于定居的经验、农业和都市生活，然后工业便作为了国家经济的支柱。民族国家继承了较老的领土需要，并且"国家利益"将其转化为地理政治学和地缘战略的生态位和工程。这些一起便构成了一个真实的历史身份愿景……我们将镜头从静止转到移动种类的时刻，整个的环境和视野就改变了：打猎、游牧的田园主义、捕鱼、贸易、跨国企业和多维空间都注入了去领土主义。如果移动性定义物种和定居性一样多，那么为什么认同应该以定居为中心而非以移动种类为中心，为什么分析给不动产而不是移动性以特权？（Pieterse，2004: 116）

这些争辩的变式，将后现代思想和全球化相关联，欢迎单一民族国家和文化民族主义的衰落，这处处可寻（例如 Milner，1991；Mani，1992）。我认为有两个因素驱使了这样的解释。第一个便是对于**世界主义**的渴望，或者一个被不同于民族主义的东西团结到一起的共同人性的视野。自此之后便和公民话语相关联，正如大卫·赫尔德（David Held）提出的那样，"在支撑公民的理论和国家群体之间仅有一个历史性偶然的关联"（Held，2004: 115）。超越国家地位的公民视角已经跨越政治边界而存在。斯图亚特·霍尔观察到"现代性的强大话语权"这个视角，诸如马克思主义和自由主义，"国家的附着物，像那些部落、区域、地方、宗教，被认为是资本主义现代性将逐步地或者采用暴力手段去消解或代替的古老的特殊论"(Hall，1993a: 353)。受到这种方式限制的世界主义趋向于成为少数人的观点，这个问题一方面由知识分子所提出，他们对于本土和民族文化的"古老的特殊论"表示不耐烦的态度；另一方面，作为一个地理上移动和文化上"现代化"的阶级结构的意识形态，这个阶层可能被定义为跨国商人、省府官员、学者的"空中飞人"阶级。对于伊曼纽尔·沃勒斯坦（Immanuel Wallerstein）来说，这是"世界文化，许多先哲的人文主义"的视角，这可以"克服地方主义……文化的古老的特殊论"(Wallerstein，1991: 103)。对于这样的声称，他持怀疑态度，他认为世界历史从来就没有以文化同质性为特性，而是以不少指向文化差异的有力趋势为特征，伴随着强有力的"万有引力限制离心式的趋势，并且组织他们……单独最有力量的万有引力曾经是民族国家"(Wallerstein，1991: 96)。

目前对世界主义的辩护，认为它并非作为布鲁斯·罗宾斯（Bruce Robbins）定义的来自本土群体和特殊文化认同的"分离观念"，而是作为"（再次）依附、多样依附、远程依附的现实"(Robbins，1998: 3)。翁爱华（Aihwa Ong）关于"灵活的公民"的研究——他们经历离散中国人的职业人士地理移动——着眼于"思考和感觉"的形式，这没必要和国家紧密关联，这样的话，职业管理阶层的成员在特殊时期会找到自我。在一个更广义的层面，汤姆林森想知道是否越来越多的人们可以接近大都市模式的体验，通过大量增加的旅游机会，和通过传播媒介对文化差异和宽广世界进行例行探索的更加"世俗化的世界主义"。

这个争辩的第二个支撑涉及**去领土主义**。这个术语在两个非常不同的知识记录得以操作。在吉尔·德勒兹（Gilles Deleuze）和菲利克斯·瓜塔利（Felix Guattari）的著作中（Deleuze and Guattari，1987)，"领土"指一个被群体的某些形式组成的空间（社会的、心理的、环境的），一个人可以例行公事一般地回归。在这个方面，去领土化在相对的意义上总是对再次领土化开放可能性，或者返回到另外的群体空间；它仅仅是绝对去领土化的可能性，或者被再次领土化的不可能性，为所有领土留了平台。[5] 对于内斯特·加西亚·康克丽尼（Nestor Garcia Canclini）关于去领土化的理解而言，这是非常不同的用法，他将其理解为"文化与地理和社会领土的'自然'关联的丧失"（Canclini，1995: 229），或者对于约翰·汤姆林森（John Tomlinson）的理解也是如此：

> 全球化的文化是混杂文化的观点有一个强烈的直觉上的吸引力，这直接跟随于去领土化的概念。这是因为全球化过程所带来的文化与文化之间逐渐增加的堵塞，表明了文化和地域之间关联的解体，伴随着产生新的混杂的文化形式的这些非嵌入式文化实践的混杂物。（Tomlinson，1999 : 141）

汤姆林森提到，特殊文化和他们所在的地理空间的主导文化坐标之间一致性的缺乏。例如，它指出，锡克人在伦敦、萨尔瓦多人在洛杉矶，越南人在悉尼，或者穆斯林人在巴黎，他们居住在领土上定义的位置，但是其中很多人想方设法归属于一个广泛意义上的地方，因为它归属的形式被定义为文化意义和历史的系谱学，并且独立于他们被创造。在那个方面，一个流散的认同，既不是原始的地方，也非当前的场所，而是一个"想象的共同体"的新形式，事实上可能构成去领土化的形式，或者文化、地域和认同之间关系的一个重新配置。这些观点是合理的，特别是到目前为止，它们总结了混杂性理论的贡献，作为一种特殊的西欧框架之外的有关全球媒介和文化公民移动辩论的方法，特殊的西欧框架所认为的公民等于本民族或本国人民。去领土化最好被理解为关于公民、文化和民族国家内的认同的争论，并且是关于世界主义的无特殊阶级形式，而不是作为德勒兹式想法的实践应用。

关于民族主义和世界主义的争论，以及它对于公民未来理解的含义，将继续成为重要的问题。对在管理文化多样性上民族文化的危机和文化公民的紧急诉求的讨论，与混杂性理论的含义相关联，也在挑战社

169

会科学以国家为中心的趋势（Tomlinson，1999: 104–6；Taylor，1996）。
同时，全球化导致了民族国家意识弱化的断言当然遭到强烈的反对，特
别是到目前为止，这个断言取决于文化多元化弱化了民族国家的组织和
政策框架。

概述：超越国家文化？

　　在上一章，我们关注文化在定义国家和公民时的中心地位。媒介和文化政策的起源被正式追溯到 1789 年法国革命，媒介和文化政策扮演的角色是，通过赋予国民共同的国家文化和认同在民族国家和其人民之间建立正式和非正式的关系。全球化在多种表现中挑战了国家、文化和认同之间的关系，虽然它的影响在全球并不均匀。尽管全球化在其经济意义上并不标志着空间、地域和认同意义的消除，但是它涉及媒介和借用它有效生产的创意产业，对跨越国家界限的劳动力、人才和创造力的特殊资源进行治理，以此来发展具有附加值的文化商品，为了日益增加不同成分的文化和更丰富的商品。尽管如此，在多种媒介形式和文化消费中，依然存在一个"本土优先"，如果遇到一个合适的且具有前瞻性的公共政策，便可以纠正"全球好莱坞"、文化同质化和西方文化帝国主义的趋势。这种趋势体现在在东亚流行文化的兴起中，尽管在拉丁美洲的文化复原中，显得问题更多。

　　本章将探究的问题是，这对于媒介和文化政策究竟意味着什么。媒介和文化政策起源于——伴随着地区和国家的一些差异和细微差别——监管和保护国家所发展的能力中。问题中包含了民族主义和政策的管理概念。同时，在目睹这些和单一民族国家衰落同义的发展时，需要必要的警惕（由于有一个全球化的文化）。将要被讨论的是，迄今为止由于媒介和文化政策越来越指向创意产业发展策略，在媒介和文化政策的**轨迹**中有一个平缓但重要的转变。在一个层面上，这让与创新城市及创新　171

群体积极性相关的本土或次国家的策略越来越重要地被视为政策的驱动。同时，它也目睹了超国家的政策构成正在出现，围绕着全球和区域组织、跨国的贸易协定、跨国市民社会组织的增多（国际非政府组织）和那些合作机构。这不是指向民族国家的消失——即使不再是——作为21世纪跨媒介和文化政策和掌控的关键部分，而是表明：这些国家机构将目睹它们有效的政治权力和做决定的能力"通过国家的、区域的、国际层面的多种力量和机构共享和交换"（Held et al., 1999: 80），也包括本土的、次文化的和次民族的层面。

媒介政策和管理国家

媒介政策已经在所有形式上成为了媒介发展的关键。政府政策机构控制媒介的所有权、生产和分配，并且为了引导媒介机构朝向特殊政策目标而寻求管理和形塑文化活动。尽管作为"第四等级"的媒介修辞——相对于政府和其他利益独立公正的观察者和守门人——在许多国家已经形成流行趋势，但是历史上曾经有这样的例子，正如詹姆斯·迈克尔所观察到的那样，"传播媒介的管制与侮辱的世仇一样古老，并且……与决定该谁使用讯息鼓和羊角一样都是经典问题"（Michael, 1990: 40）。交流的自由已经被一般的公民和行政法律所限制，也被针对媒介的法律和规则所限制。那些不特别针对媒介，却影响它运行的法律元素，包括与诽谤、版权、**轻视**、悬案、中伤、猥亵、亵渎神明、暴动相关的法律。媒介机构也受制于一系列关于所有权、内容和表现形式这些因素的科技、市场和行为规则，这些规则既作为产业规则的一般形式（例如，确保市场竞争的法律），也作为对媒介而言特别存在的规则，凭借它们作为公共交流工具的独特角色。

印刷媒介是典型地较少受控于政府的，并且自然较少受控于特殊产业形式规则，至少在自由民主的社会里面是如此情况。对比之下，广播媒介受控于政府规则的广泛混合形式，包括大多数国家**公共广播**的建

172

立，它们在许多情况下对广播电视具有垄断的控制权，一直持续到 1980 年代。媒介规则的基本原理已经包括了：

- 关注其对于孩子和其他"脆弱的"个体的潜在影响（Hutchison，2004）；
- 为了公民构成和民族文化认同的发展而使用媒介的能力（Gellener，1983；Mattelart，1994；Schudson，1994）；
- 与媒介作为公共交流形式的意义相关联的公共参与的暗含权利，和它们作为公共文化资源的本质与其私人拥有之间可能存在的紧张（Horwitz，1989；Streeter，1995）；
- 媒介商品的"公共商品"因素，包括接近和消费都具有非竞争性和不排他的因素，产品的成本和使用或消费的成本极大地不相关联（Collins et al.，1998）；
- 在一个纯粹的商业性媒介系统中，"市场失败"的可能性包括：

  □ 由于经济规模和范围的扩张趋于垄断或寡头的倾向，导致了潜在的新的竞争者进入市场的障碍（Picard，1989: Litman，1990）；

  □ 由于商业利益源于观众最大化，从而导致了对于少数观众而言产品多样性和供求方式的缺失（Herman，1997）；

  □ 潜在的避免高制作成本的节目形式——特别是本土生产的节目形式——如此的节目类型可采取进口，本土生产的节目可以聚集在低制作成本的节目形式上（Autralian Broadcasting Tribunal，1991）。

在政策介入的**基于进口**的形式（典型地涉及补贴文化活动的产品）和**基于出口**的形式之间（涉及那些被设计用来鼓舞和管理媒介和文化产品的分配和展览的规则）可以发现一个有用的差别（参见 Ham and Hill，1993；Flew and Cunningham，1997）。创意和表演性的艺术，生产的模式已经在特性上被定义为手工艺性质的、一次性的，并且专注于创造性的自我表达的特殊形式，它们已经典型地吸引了公共津贴和基于进口的途径；诸如电影这一领域，由于其出口已经被认为既是艺术表达又是对国家文化遗产的有益贡献，所以现在已经吸引到了政府津贴。对比之下，广播媒介本质上被认为是典型的工业，已经吸引到了一个管控的或者基于出口的路径。对于后者，在一个成熟的系统中具有多样变化，即从高度受管制且免费播放的电视广播产业到"媒介选择"中虚拟开放的市场（诸如电影、视频和数字内容产业）。在网络大规模被使用的年代，如此差异变得更加复杂，由于互联网是内容的导管，它免费延伸，并且在混乱中跨过了印刷媒介、广播媒介和无线电通讯媒介的领域，迫使对于特殊领域的媒介管制（不同于通过聚合性实体进行的更加普遍的管制形式）进行重新思考，例如英国通信管理局（Ofcom）（Collins and Murroni，1996；Tambini，2002；Cunning，2005a）。

根据代表国家公民意愿的"公共利益"准则，与媒介产业结构和媒介内容管理相关的公共政策原则，在广泛意义上，涉及了对媒介机构的内容和行为进行监督和管理的**管制国家**的视野。广播媒介出现于 1930 年代到 1960 年代这段时期，那个时候存在广泛的政治共识，即国家在经济管理上处于中心地位，要么直接作为重要的公共机构的拥有者，要么当这些机构被私人拥有时对其产品进行广泛调控。作为 1930 年代大萧条和第二次世界大战的结果，公共所有权或管制权随着国家经济计划、福利国家、符合凯恩斯理论的作为自由主义和社会民主主要支撑的充分就业的管理要求而出现。在美国的环境下，霍维茨（Horwitz，1989：25，26）提到了一个"积极"信念，即"民主政府的力量使得无力消费者的需求和公司的生产能力得以和解"，而且"管理的过程（操作）不仅是保护无力的消费者，也逐渐影响经济领域的理性和公正"。在广播媒介的环境下，作为"公共利益"的监护人，如此的管制过程采取了在商业广播公司和政府管制者之间建立**社会契约**这一形式（Flew，2002，2006a）。"公众利益"的概念在广播节目领域出现，正如斯特里特（Streeter，1995）

观察到的，来自于电波（光谱）作为公众资源和私人财产的双重属性，意味着电波的使用对于私人使用者而言被视为是公共资源的一个"馈赠"，广播公司被视为**公众信任**的形式，政府可以围绕着例如国家内容配额、本土节目要求、儿童节目和处理纠纷的程序这些领域，对那些互惠的且"忠实于既定社会道德准则的"规则施加影响（Flew，2003b）。

文化政策和保护性国家：普通维度中的国家

媒介政策并非独立于公共政策的其他领域单独发展，在 20 世纪下半叶，它越来越多地和**文化政策**联系在一起。其最早的典型，例如 1946 年大英艺术协会的建立，文化政策极大地和艺术政策趋同。吕里（Iury，1994）指出，英国文化政策，在 1950 年代和 1960 年代极大地由"为了保护传统艺术形式（选择性投放的，较高的艺术形式，即歌剧、戏剧、视觉艺术、舞蹈和文学）免于市场力量破坏的一系列预防性质的运动组成。这是一个明确的尝试，旨在保护国家文化遗产，这既是源于文化遗产自身，又作为抵制消费主义和大众文化兴起的壁垒"（Lury，1994：140）。尽管 1960 年代和 1970 年代目睹了这项议程的扩大，特别是扩大低收入者和其他不具优势的群体对艺术的接近，和一个更加有参与性的集体艺术议程的出现（参见 Hawkins，1993），但是情况还是那样，对于英国和其他所谓的"盎格鲁撒克逊"国家，例如澳大利亚和新西兰，文化政策很大程度上不复存在了。取而代之的是一个基于个人艺术家和艺术公司大量的**特别**基金，同级的质量评估，和作为国家文化壁垒促进优秀艺术议程的艺术政策的划定范围（Williams，1989）。

第二次世界大战之后，一个更具活力和整合意义的文化政策概念出现在欧洲。在这领域领衔的国家是法国，在 1959 年戴高乐主义的第五共和国时期，伴随着文化事务部的正式创新（国家部长掌管文化事务），任命安德烈·马尔罗作为政府部门的领头人。对于国家文化政策轨道的大方向，马尔罗确认了三个清晰的任务：传承、创新和民主化。**传承**的概念预示了国家以最公正和有效的方式在国家人口中分配"想象力的永恒产品"时扮演的角色：在主要城市内外，对博物馆、画廊和其他展览性空间的建立、革新，是国家文化政策的主要任务之一。进一步而言，国家在促进新的艺术和文化工作的**创新**上扮演了一个持续的角色，并且在新工作的创新上国家需要使用公共资金来提供催化的作用，与之伴随的是，支持艺术家和文化工作者的相关需要。最后，可能最富争议的是，在通过文化手段纠正社会经济不平等时，**民主化的**目标对于文化政策而言成为了一个积极的角色。如此的批评引起了这个问题：是否文化政策极大地使**文化行动**成为必须，还是文化政策制定者定义且支持文化活动家和文化活动机构使其离人民、社区和社会更靠近的方式，这种方式被活动家和评论家认为是国家分配"伟大的作品"，或者**社会文化活动**的基础，借此文化被理解为人们或社区活动的主要构成部分，并且文化政策制定者需要相应地重新排列文化政策的角色和目的（Looseley，1995）。

175

马尔罗的文化政策概念明确地与文化政策在公民领域的问题相关联。在一个层面上，它使得自 1789 年法国革命开始的文化共和国概念变得现代化，特别是艺术珍宝和纪念物被认为是民族财产和国家责任这一观念（**文化遗产**）。同时，它也本着**挑战美国**的精神，在视听产业和全球文化贸易的其他领域加固民族文化基础设施建设，从而对媒介全球化（特别是好莱坞电影）对民族文化产业所带来的挑战给出了应对之策（Caughie，1990；Schlesinger，1991a）。它预示了民族国家作为倡导者的角色，不简单是对艺术和"高端"文化进行公共补贴，而是阿曼德·马特拉（Armand Mattelart）所描述的**普通维度**，或者是米歇尔·福柯对于治理所研究的"程序和行为，借此政府主题和情况变成可以操作的"（Mtterlart，1994：193）。

对于亚洲、非洲和中东新独立的后殖民国家而言，如何发展国家文化政策这一问题，文化政策作为国家整合工具的视角，构成了联合国教科文组织的默认设置。伴随着欧洲整合以及欧盟的发展，这开始成为了欧洲文化政策的核心，特别是在涉及美国的国家贸易协定中（Galperin，1999）。对于**保护性国家**的概念，在媒介和传播政策之间已经得以匹配，即通过"交流边界的维护"来参与视听空间（Schlesinger，1991a: 162）。这一部分通过控制全球媒介流动的方式得以发生，从禁止天线接收器的所有者分享本土内容份额，到控制外国人对于媒介的所有和控制。这也涉及刺激本土媒介生产更加主动的措施，从为了支持本土文化产品的津贴以及其他激励手段，特别是对于诸如电影这些高制作成本的媒介，到支持公共筹资的命令其节目要迎合国家认同和集体的广播节目，并且对于国家内部的语言和文化多样性进行识别和响应（参见 Grant and Wood，2004）。它涉及了，在本国观众当中限制进口媒介产品的影响和曝光（主要是针对美国而言）的相应措施。

文化政策实行的第二个维度，或许可以更好地作为**整合国家**的政策，借此，媒介和文化政策机构和工具致力于"民族化"个人，或者产生一个统一的民族文化，以提供一个图像、符号、概念和流行想像的预设，使形形色色的人们认为他们自己是民族的一部分。在拉美的环境下，马丁·巴尔贝罗（Martin Barbero，1993）着眼于一些拉美国家建立民族的任务，国家在财政上支持本土文化产品，特别是民族电影产业，以使人们愿意接受他们自身的形象，他们的想像和他们的历史。1970 年代之前，这在墨西哥取得了成功，"电影将（人们）安置于民族的框架中；不是在给其国籍这个意义上，而是他们经历了成为独立民族的过程"（Martin-Barbero，1993: 166）。

当前全球媒介背景下文化政策的限制

克雷克等人将文化政策定义为"被组织且受控于政策领域的文化实践系列、产品、循环和消费的形式"（Craik et al.，2002: 159）。最后，他们确认了文化政策的四个关键领域：

176

■ **艺术和文化**，包括文化生产者直接筹资，和为文化机构筹资，例如图书馆、博物馆、画廊和艺术表演中心，以及为筹资管理负责的文化机构筹资；

■ **通信系统和媒介**，包括资助和支持（公立和商业的）广播媒介的政策机制，以及在媒介融合环境下，与新媒介技术、多媒介、出版、设计和数字权利管理的相关政策；

■ **公民和认同**，包括语言政策、文化发展政策、多元文化主义、流散认同，文化旅游和民族象征性认同的问题；

■ **空间文化**，包括城市和区域文化及传承、城市和区域计划、文化传承管理，文化旅游，休闲和娱乐。

任何文化政策都为政策制定者提出了两个问题，并且随着时间推移，这些问题已经变得越来越紧迫。第一个问题涉及了，文化政策的幅度和延伸范围，或者文化在什么情况下是作为政府的一个目标开始和结束的。法国文化政策存在的争辩，是这个问题的一个表现。这个争辩存在于**文化行为**（或者使用公共资源从而使公民可以使用那些国家视之为文化的形式）和**社会文化行为**（或者通过那些因国家文化政策得以促进其发展的人们的行为和活动来定义文化）之间。公众筹资并给予支持的文化形式和经由商业市场生产分配的文化商品之间的关系问题是关于文化政策的第二个问题。1980 年代早期，在联合国教科文组织负责的工作中，奥古斯丁·吉拉德（Augustin Girard）观察到，国家文化政策已经在有限的影响范围内对国家筹资的文化活动有所促进，然而极大地忽视并经常声讨商业领域的文化活动，并且"为了使文化民主化并得以分散，做了很多事情，借用市场上可见的工业产品而不是借用公众权威机构资助的'产品'"（Girad，1982: 25）。在 1980 年代，英国当地政府文化政策创始的背景下，尼古拉斯·加纳姆（Nicholas Garnham）得出了一个类似的结论，即"大多数人的文化需求和渴望，或好或坏，是由市场上的商品和服务提供的。如果一个人不理睬对于支配性文化过程的分析，要么不能够理解我们这个时代的文化，要么不能理解支配性文化为公共政策制定者提供的挑战和机会"（Garnham，1987: 24—5）。

我们可以明确文化政策分散的三个方向，由于它已经在传统中形成了（Flew，2005c）。在第一种情况中，存在分散的要求和源于人们消费实践的"自下而上"的路径，而非国家明确的法令。第二，要求更清晰地认识到市场的重要性——特别是对于跟媒介相关的文化产品和服务——这将对文化产业和创意产业政策起关键作用。最后，随着全球流行媒介的扩散，出现了朝向全球文化商品的文化政策，实现远离国家签署的文化形式这一要求。这种情势可以用图标呈现，如图 6.1 所示。

方向	公众集资的文化	市场供应品
"自上而下"的文化政策	官方的国家的文化政策 →	文化和创意产业政策
"自下而上"—源于每日文化实践	分散的文化供应品（e.g. 集体艺术运动）	全球流行文化

图 6.1　文化政策分散

创意产业政策和赋权型政府

1990 年代对于文化政策的发展而言是关键的十年。1994 年，在马拉喀什（摩洛哥西部城市）签署的服务业贸易总协定——在美国和欧盟就视听媒介政策领域贸易自由问题疏远之后——似乎标志着国家文化政策逐渐的终止，把保护主义者的路径整合到不可阻挡的全球媒介和创意产业的上升中。除此之外，媒介生产、消费和合作战略的潮流，似乎成为了一个指向"全球好莱坞"和基于美国电影电视分隔产品的全球流行文化的快速扩张。与此同时，在为了信息通信技术的发展而制定新的国家政策中，出现了一个浓厚的兴趣，因为作为一个大规模全球化交流中介的互联网崛起的意义，对全国范围内政府机构变得更加明显。由于计算机、远程通讯和媒介内容的融合已经变成了一个更加需要政府管理的问题，媒介政策开始越来越多地被视为**国家信息政策**的一个元素。因此，为了促进技术的改变，公共政策把"内容产业"培养为"新增长的产业"，把国家媒介和信息通信技术产业建立成为紧急的全球信息经济的"参与者（玩家）"（OECD，1998，1999；Mattelrt，2003：99-127；Flew，2005a；Flew and McElhinney，2005）。这一切发生在这样的时间里，即文化产业发展创始，从当地和区域政府权威向上渗透到国家政府的政策平台（Hesmondhalgh and Pratt，2005）。

179 　　澳大利亚政府的《创意国家:共和国文化政策》声明发表于1994年，在很多方面是一个标志性的转变文件。出现于澳大利亚中左翼工党操控政府的后期，对于联邦政府文化筹资和如何更好地使艺术、媒介、传播政策成为一个整体的重新思考也出现了至少有五年，这个声明构成了一个引人注目的，国家文化政策对形成国家文化公民和认同的传统关切与强化媒介和文化作为产业能够产生在全球经济中优势的战略之间的混合。关于国家文化政策重要性的声明——在一个传统上避开如此宏大的文化姿态的国家——可以轻易采用安德烈·马尔罗的演说词，或者1970年代的联合国教科文组织政策小册子：

　　　　谈及澳大利亚文化，目的是认识我们共同的遗产。这就是说，我们共有的观念、价值观、情感和传统，和我们在所有多样的表现中所看到的……这些究竟对澳大利亚而言意味着什么。文化……涉及到认同——对于国家、社区和个人的认同。我们力求保护我们的文化，因为这是我们理解我们是谁这一问题的基本概念。它是我们曾经的名字，它是我们居住的房屋。文化让我们拥有了"我们"的感觉……有了文化政策，我们意识到我们所肩负的培养和保存这个环境的责任。我们意识到，遗产和认同的所有权以及自我表达和创造力的方式，是基本的人类需求，同时也是社会需要基础。（DoCA，1994: 5）

伴随着面对全球化时对于公共国家遗产维护的如此关切，被认为是对以下问题的一个更加实用的评估，即为什么在国家文化政策领域的投资不仅对于国家集体精神有益，而且它也是经济底线：

> 文化政策也是一个经济政策。文化创造财富……（和）附加值，它对于创新发明、市场化和设计业做出了重要贡献。它是我们的产业标记。我们创新的水准实际上决定了我们适应新的经济指令的能力。它本身便是一种有价值的输出，同时也是其他商品输出的关键伴随品。它吸引着游客和学生。它对我们的经济成功至关重要。（DoCA，1994: 7）

在对于文化产业价值链的关注上，刺激需求、消费以及供求的策略，其兴趣点在促进文化出口，对于信息通讯技术能力的关注，使得文化实践的新形式成为可能，创新国家在从艺术政策的传统关切到文化产业框架的转变的做法上，沿着加纳姆、吉拉德以及其他人所倡导的路线，值得效仿。与此同时，很明显的是，一个政策优先权需要被建立，围绕着文化政策的传统民族主义规定，这不仅教会人们"它对于澳大利亚意味着什么"（DoCA，1994: 5），也如文件在别处声明的那样，保护一国的人民免于"全球大众文化浪潮"的影响，为了确保国家不会变成"一个全球化且均质化的平庸海洋"（DoCA，1994: 6，7）。

创意产业政策的出现和"新工党"政府的政治策略相关联，当"新工党"政府于1997年在英国开始掌权，由布莱尔领导。在之前的章节中已经有所提及，围绕着这个新概念的概念性和定义性一系列问题，一些倾向于保持"文化产业"这一术语的作者们将"创意产业"这一术语视为，在艺术和文化领域的长远问题上一个过度乐观的举措，将艺术和文化政策与信息政策中"性感的"领域联系到一起（例如 Garnham，2005；Hesmondhalgh and Pratt，2005）。其他人已经将文化产业到创意产业的转变，看作是给文化划分出一个新的领域，这一新领域关注国家研究和发展战略之间的关系，数字环境之下用户作为内容的共同生产者的出现，和与传统上关注艺术和媒介政策的大型企业和公共基金旗舰相对的企业家精神和中小企业的日益增长的重要性。（Cunningham et al.，2002；Cunningham，2004: Hartley，2005）。

　　创意产业作为一个政策过程在国际间日益被理解，和自 1990 年代后期全盛期开始的远离国家信息社会或者信息经济策略的转变是相关联的，这一现象值得关注。1977—1998 年这段时间，亚洲经济的下滑暴露出了引人注目的问题，即国家主导**管制**的方法去发展内在具有全球移动性质的国家信息和通讯技术领域。不久之后，美国纳斯达克股票交易所于 2001 年 4 月的崩溃，使得许多国家（尤其亚太地区）的全球经济明星与信息和通讯技术时尚的关联程度被暴露出来（Flew and McElhinney，2005）。随着与艺术、媒介、知识产权以及信息和通讯技术产业的结合，创意产业战略已经被很多政府机构——正如第 5 章所讨论的——视为一个对政策发展而言更加兼收并蓄的全盘的路径。创意产业战略基于这样的前提：在资本、商品和信息全球移动的时代，信息和通讯技术的"文化"和"软实力"能够生产出独特的知识产权形式和持续的竞争优势。相反的一方持这样的观点：核心的行为与技术自身相关，例如节目制作，可以大量输出到高技术、低工资的新兴经济，例如中国和印度。这样的策略含蓄地分享了约翰·霍金斯（John Howkins）的观察结果，即"如果我是一些数据，我将会以身在信息社会而自豪。但是作为一个会思考的、有情感的、具有创造力的存在——在好的日子里，无论如何——我想要一些事情变得更好"（Howkins，2005: 117）。

　　超越定义的问题，我认为，创意产业政策话语的出现预示了 21 世纪对于文化政策一个有意义的重新思考。20 世纪的媒介政策和管制国家相关联，文化政策和保护国家相关联（包括迄今为止的媒介政策由于它超越艺术逐渐上升为文化层面）。相比之下，创意产业政策为以下问题指出了方向，即什么叫作**赋权型国家**（Mulgan and Wilkinson，1992；Botsman and Latham，2001），**新的管制国家**（Braithwaite，2000），**新的**

文化国家（Redhead，2004a），**促进型国家**（Abramson，2001），**网络型政府**（Tompson，2003；Barney，2004）？跟那些将国家的角色视为"驯服"商业市场的路径相比较，它没有将这个问题视为或多或少的规则的一种，而宁可将其视为，怎么发展既促进市场规则（为了维持基本的服务准则，或者确保基本服务的普遍到达，最小化消费者或者开发工作人员）又促进跨市场的规则（通过促进竞争或者于消费者而言提升技术改变和产业号召力而获得更大的多样性）的政策框架。它明确了创新、企业家精神和竞争之间的相互联系，这也是20世纪奥地利经济学家约瑟夫·熊彼得（Joseph Schumpeter）所定义的**创造性的毁灭**（参见 Garnnham，2005），并且在技术、组织和社会文化快速改变的背景之下，媒介和文化政策的需要，不仅是为了保护现存**制度特权**和其**相等之物**，也要创造一个新的环境，在这个环境中创始力量能够活跃成长（Flew，2005c）。

来自于小国家的大媒介：中东的半岛电视台

中东——被认为是介于东地中海、波斯湾、红海和印度洋之间的那些国家——历史上被认为是重度媒介消费的一个地方，很少作为一个重要媒介产品基地而引人注目。阿拉伯的大众广播机构直到最近一直都是由政府经营，并且大多数机构故意避免政治内容而不是支持政府的节目。然而在阿拉伯媒介中有一些贸易往来，尤其是电影产业，开罗已经被形容为"阿拉伯世界的好莱坞"（Boyd，1999: 50），政府已经趋向于控制来自于其他国家的媒介潮流，戴贾尼（Dajani，2005: 599）已经观察到了"所有国家媒介管制的过程都是不透明的，它们的媒介系统政治上是被管制的"。

阿拉伯媒介景观从 1990 年开始发生了戏剧性的改变，伴随着伊拉克入侵科威特和 1991 年的第二次海湾战争。[1] 尤其是，美国有线电视新闻网络（CNN）能够从它的基地埃及向阿拉伯世界持续、免费、未经审查地播报关于战争的报道，这一事实极大地刺激了卫星电视的需求和新闻机构提供除国营电视服务机构那些传统、可预测、被高度审查的内容之外的其他内容。一个区域对于未被审查的卫星广播有了合理的要求，这样的意识成为了泛阿拉伯卫星频道和服务多样性发展的一个刺激因素，在它们当中最著名的便是半岛电视台，它于1997年开始作为全新闻卫星频道在卡塔尔的多哈以外的地方开始广播。

"半岛电视台"这个名字意味着"岛屿"或者"半岛"，体现它的微小海湾国家卡塔尔的地理位置。卡塔尔拥有75万人口，其中仅仅有大约20万可能是国家公民，剩下的是形形色色的客籍工人。除了迎合阿拉伯世界对于未经审查的卫星新闻频道的极大却未被满足的要求，即CNN与1991年首次开创的做法，半岛电视台将其出现归于其他两个因素。首先，驻扎于罗马却由沙特阿拉伯经营的卫星轨道收音机与电视服务系统，以及BBC新闻服务机构的阿拉伯电视分区，这两者之间与1994年签订了合同，目的是建立区域最大的卫星新闻服务，而这一合同在1996年被终止，源于在沙特阿拉伯当局对新的网络内容的不满。半岛电视台的执行主管们，为其无经验的媒介服务寻找专业人士，快速正式雇佣了那些BBC阿拉伯新闻机构的雇员们，并且从伦敦将其安置到多哈。第二个因素是卡塔尔酋长哈迈德的承诺，为了给半岛电视台作为免于政府控制的独立网络而提供财政支持。哈迈德于1995年以不流血政变的方式从其父手里获权，已经促进了卡塔尔的现代化进程，包括议会选举权、给予妇女选举权利、减轻政府对于信息流动的审查和控制。

半岛电视台和卡塔尔政府的关系在阿拉伯世界属于不寻常的一个。半岛电视台既不在财政上独立于政府，也不在人事上独立于政府（卡塔尔的皇室家族也在它的董事会成员当中）。但是卡塔尔作为一个小的海湾国家，志在宣称自身与沙特阿拉伯的不同之处，而半

183

岛电视台也从中受益颇多。

半岛电视台以其较少的审查制度和提出具有争议性问题的意愿,不仅填补了中东的媒介空白,同时对于那些政治反对意见遭到高度限制的区域,它作为一个不同意见的发声平台,又填补了政治空白。泛阿拉伯频道的定位,从阿拉伯视角探究全球性的问题,导致一些人把网络看作阿拉伯世界产生的一个自发的公共空间,为民主社会需要具备的因素和不代表政府或者国营媒介频道的流行观念发出声音(El-Nawawy and Iskandar,2002: 68-9;El Oifi,2005)。在2006年,伴随着高大上的英语广播和在线新闻服务机构的成立,半岛电视台也开始寻求更广泛的国际形象和影响。

如此一个位置自然引起了高度的争议,特别是在中东不稳定的社会环境下,伴随着看似棘手的问题。它已经频繁地激怒了不习惯于公共批评或者反对观点传播的政府,而且当前它不被阿拉伯国家广播委员会承认(Zayani,2005: 3)。广播网保持对卡塔尔政府的资金依赖,这一事实指向了它在吸引广告客户方面面临的持续困难。西方人对广播网在中东政治中所扮演角色的看法更令人担忧。在西方人尽皆知的便是广播网在2011年9·11恐怖袭击事件之后播报奥萨马·本·拉登的声明,它作为反美国的平台,并且助长了阿拉伯世界的政治极端主义,因此在美国遭到常规的批评。在2003年其记者们被驱逐出纽约股票交易所,它在喀布尔和巴格达的办公室遭到了美国导弹的袭击,并且其中一个记者被杀害,虽然美国权威机构已经宣称这是一个意外。这种紧张2004年在《控制室》(*Control Room*)这个文件中被特写出来(Dir. Jehane Noujaim)。

半岛电视台的出现是否在阿拉伯媒介中预示着更广的改变,依然需要观察。它在该区域有许多的竞争者,最引人注目的是基地在阿拉伯联合酋长国的迪拜的阿拉伯广播网,"半岛电视台新闻风格"已经被该地区广泛采用。事实上,美国已经建立了自己的卫星频

184

道——自由电视台，部分是为了重塑在该地区的虚弱形象。半岛电视台的英语服务在国际新闻市场中如何与 CNN 和 BBC 对抗，依然是一个引起极大关注的问题。然而，半岛电视台的出现最显著的一点是，在多大程度上，极具影响力的媒介组织能在一个广泛的区域政治、文化和经济蓝图中看似相对不起眼的国家中出现。

延伸阅读：Boyd（1999）；Sakr（2001，2005）；El-Nawawy and Iskandar（2002）；Dajani（2005）；El Oifi（2005）；Zayani（2005）。

次国家文化政策：创意城市和创意集群

美国文化政策分析家 J. 马克·舒斯特（J. Mark Schuster）已经提出了这样的问题：是否次国家层面的政府——城市、州和省——已经逐渐开始成为文化政策形成和实施中最具动力的机构（Schuster，2002）？他注意到，在联邦政府结构的国家，诸如美国、德国和澳大利亚，文化政策资金必须基于不同级别的政府机构合作的基础上得以实现，但是他也提出，甚至在那些更加集权的政府国家中，"授权、委托、非集权化、**私营化**的节目已经得以固定"，使得朝向次国家一级文化政策的转变更加普遍化（Schuster: 2002: 184）。舒斯特也解释道，次国家一级文化政策意义的提升加速了该领域的其他趋势，例如对通俗文化活动的关注超过对"高雅艺术"的关注，公私合营以及艺术文化管理其他更具企业特色的形式成为更重要的角色，文化政策和政策领域（例如旅游业、经济发展、教育、青年政策、多元文化主义和社会政治）更大的关联（Schuster，2002: 14-16；参见 Rentschler，2002；Stevenson，2004）。次国家级别的文化政策形式正在提升的角色，与坎宁安（Cunningham，2001，2005b）的主张是一致的，即文化政策的基本原理从两端被挤出，一方面通过创意产业全球化和国际贸易协定，另一方面通过依附于中小企业和地理定位的知识对于文化企业化的当前形式的 意义日渐提升。

对于文化政策次国家维度的关注，着眼于它与**创意城市**和**创意集群**的新兴文本之间的关联。创意城市文本聚焦全球化和看似"失重"的新媒介背景下对于地域的重申，同时聚焦城市发展所形成的或者查尔斯·兰德利（Charles Landry）定义的**创意环境**积极的集束影响（Landry，2000；Hall，2000），这种创意环境把文化产品的互补应用和更深入创意、创新行为副产品的消费放了一起（Pratt；2000，2002；O'Connor，2004，2005；Tay，2005）。在一个层面上，创意城市或许是全球化城市的另一个名称。**全球化城市**凭借其在全球服务产业中的主导地位，成为了全球交易的关键性交叉点，相对的其意义得到了更显著的提升，即经济活动由国家层面向日渐增长的全球层面循环（Sassen，2000，2001，2002；Taylor et al.，2002）。在此基础上，诸如纽约、伦敦、东京、巴黎、洛杉矶、香港、新加坡和悉尼这些城市作为创新型城市出现，基于他们在如此关键的全球服务产业（如会计、广告、银行业、金融、保险、法律）的主导地位，并且在传播和交通网络中处于中心枢纽。这样的城市不可避免地将创造性城市的其他关键成分拉入或镶嵌其中，例如投资资本、具有高技巧和野心的人们、文化多样性的人口、艺术、文娱基础设施、从属的服务工业（例如媒介后期制作，时尚业、旅游业），以及关键教育机构。在这一点，很难判断一个创新城市是否全球化，或者一个全球化城市是否具有创造力。

"创意城市"的争论趋向于在所谓的**第二等级**城市当中引起了强烈的共鸣，提出了这样的问题：是否具有前瞻性的公共政策能够从第一等级的全球城市当中发掘出创造性活动，或者在全球文化经济环境下产生竞争优势的新形式？它提出了关于城市的条件问题，例如，像波士顿和旧金山这样的城市基于他们的文化便利和人口多样性，能够成为美国新媒介的领头者（Florida，2002），曼彻斯特和格拉斯哥是否能够挑战伦敦在该文化经济领域的霸权地位（O'Conner，1999，2004），或者像墨尔本、布里斯班和惠灵顿这样的城市是否能够对全球投资构成区别于澳大利亚和新西兰领头城市悉尼和奥克兰的独特吸引力。基于地理位置的为了争夺创造力"领头地位"的竞争，在东亚环境下已经变得越来越紧张，IT 行业具有极高的地理移动性，上海、北京、首尔、深圳正在挑战香港、新加坡、东京这些传统上的领导城市而成为创造性工作的中心，这种情形刺激了东亚流行文化，尤其是数字媒介内容产业（Keane，2006）。在创意产业全球投资领域地方竞争的所有形式中，伴随着建筑、交通系统、传播基础设施和公共机构这些**硬件设施**，对于**软件设施**或者"缔合结构、社会网络、关联和人际互动的系统，支撑并鼓励个人和机构之间理念的流动"的构建进行了重点强调（Landry，2000: 133）。由于这样的"软件设施"在国家权限范围之外也能发展得很好，"赋权型国家"的政治战略，需要以非政府、"第三方"或者基于网络和社会基础设施的市民社会进行合作和相互关联的新形式来工作。

为了通过文化政策促进创意产业发展而采取更加直接的尝试来管理城市空间，已经被视为是通过战略促进了**创意集群**的出现。利用在新媒介领域的多种经历，例如旧金山市场南区（SoMA）的出现、纽约的"硅谷"、威尔士的卡迪夫湾（Cook，2002 ; Pratt，2002）和来自有关对于集群动力和集束影响的经济地理和商业研究的文本，对于那些能够刺激和整合文化创造力和经济创新的城市，当地政府有能够给予其创新便利的能力，也是文化计划中越来越关注的一部分。对于荷兰创新集群形成的分析（在阿姆斯特丹、鹿特丹、蒂尔堡、乌特勒支这些城市），摩玛斯已经观察到，创意集群战略受到一系列不均匀的政策优先的驱动，包括：

- 吸引全球范围内移动的资本和技术工人到特殊地方；
- 对艺术和文化政策领域，刺激出现一个更具企业化且以需求为导向的路径；
- 通过感知文化上充满活力的地方和其他经济领域创新之间

的互动，来促进更加普遍的发明和创新；

  ■ 发现工业时代被抛弃的场所在后工业经济时代的新用途；

  ■ 促进文化多样性和民主化，对于在其他方面边缘化的社会群体的文化行为持有更加包容的态度。

摩玛斯将这作为结果的政策策略描述为展览式的**特定工作制**，借此不同的观点在不同的情境下被采用，基于因情况而异的、高度地理化的、就事论事的基础。他观察到，这不仅不是这些新文化政策相对而言最新的发展后果，也不是对于较早的、自上而下的文化政策及文化计划模式作出的反应。虽然他广泛地欢迎政策过程中的自反性和"赋权性"，但是他继续指出，在这些案例中呈现出了一个"走钢丝般的艺术"，一方面这将能够借助新的方法轻易地进入一个"高雅艺术"政策陷阱中，另一方面一个积极文化政策的归类主动地进入特殊的固定资产策略中，驱除了那些非商业形式的文化表达（Mommaas，2004:525.528，530）。

创意城市和创意集群的盘点主动地暗示了，在面临20世纪文化政策的僵局时，因为与"高雅艺术"和文化公民（通过国家认同所定义）的附属关系，在多大程度上本土和区域权威正在以更具企业化和自组织的次国家一级的文化政策形式接过指挥棒。在这个意义上，他们采用了一个参与全球化的"第三方"途径（Giddens，2000；Stevenson，2004），这维持了国家在管理和掌控市场力量时一个积极角色的构建，却也拒绝了民族文化和使得20世纪后半期的文化政策更加有活力的全球商业之间的分裂。

然而，在本土文化政策领域如此创新活力的意识，不能承担一个不加批判的背书，正如史蒂文森（Stevenson，2004）所定义的在城市文化政策和文化规划中的新"公民淘金热"。史蒂文森所关注的一点，围绕着文化概念和创意资本的策略常常有一个下滑，这个下滑存在于实际已存的地方和本国文化资源中，也存在于成功的文化政策接入的实践中，希望这些政策的其中一个成果将会培养出新的文化和创意资本的形式，特别是在边缘化和被社会排斥的人群中。危险之处是，这些政策可能会对于提出相互矛盾的政策目标产生虚幻的希望，例如能够同时促进本土文化经济的扩张，又能表达社会排外和边缘化。那些产品和服务在全球文化生产和消费循环内流动的创意产业部分，它们回归本土经济的可能性微乎其微，而那些文化产品和实践极其依赖本土化的部分，在面对经济文化全球化的广泛趋势时依然显得高度脆弱，这两者之间的紧张尤为值得关注。[2] 此外，过度普遍适用的创意产业政策也存在危险性——例如创意集群模型——采取了一个根植于过度相似的"一刀切"方法。奥克利（Oakley，2004）在英国背景下已经表达了这样的担忧，即创意产业策略经常会"似乎急于试图去复制某一个创意产业模型"，以"一个大学、一些孵化器、一个'创新中心'，无论有无一个咖啡店、画廊和精品商店"为特征（Oakley，2004: 73）。正如奥克利所注意到的，如此策略不能同时在所有地方都有效果，尝试理解和应用本土和区域的差别会更好，而不是将这些模型应用到所有地方，例如英国广告产业全体从伦敦移到谢菲尔德或哈德斯菲尔德的徒劳希望。在一个国际化的范围内可以观察到，北京有成为创造型城市的志向。

城市、节日和大事件：展示城市的创造力

大规模事件和城市重建之间的关系具有历史渊源。1851 年在伦敦举办的世博会和 1855 年在巴黎举办的世博会，提供了两个最著名的历史证明，即如此的大事件被用于从基础上重建城市，以使城市更具公共性并且"将其呈现"。那个时候对于这两个城市农业、设计行业、交通和通讯行业的大规模投资造就了至今依然显而易见的遗产（Hobsbawm，1990；Hall，1998；Tay，2005）。然而，着眼于城市重建塑造全球形象的大规模事件，例如重要体育活动（像奥运

会、世界杯）或者贸易和科技展览（博览会、世博会），没有倾向给予那些作为城市多样性重要元素（官方试图提升世界的其他地方）的艺术和文化活动更多的重要性。这是一种轻视在城市和文化旅游市场中扩展文学的艺术作用，表明建立这种联接的相当大的范围存在（Garcia，2004；Landry，1996，Landry，2000）。

从 1990 年代初期开始，对于城市文化活动和重要事件之间关系的思考发生了尖锐且有意义的改变。两个发展似乎对此很关键。首先是欧洲文化城市（现在为欧洲文化首都）倡议，在 1985 年首次通过欧洲共同体（现在的欧盟）得以发展。然而开始的成功竞投者，例如雅典、阿姆斯特丹、佛罗伦萨和巴黎，主要借助此类大事件来展示已有的文化活动和文化组织，格拉斯哥（欧洲文化城市，1990）和都柏林（1991）将此类事件作为其城市基础设施、形象、便利设施和吸引力大范围改革的部分，不仅对当地居民而且对广泛的欧洲人和全球共同体。在格拉斯哥的例子中，此类事件给它一个重新定位城市的机会：从一个跟失业、去工业化、毒品酒精和宗教暴力事件这些问题关联的形象，转变成为一个具有活力的艺术文化中心。对于都柏林而言，1991 年的欧洲文化城市奖，不仅为其提供了城市中心的都市复兴——尤其是圣殿酒吧区域的重新发展，同时又促进了其作为欧洲城市的急迫形象而非依赖欧盟资助的贫穷停滞发展形象的建立。都柏林作为 1991 年欧洲文化城市的成功，与其在 1990年代作为"凯尔特之虎"的经济繁荣紧密关联，正如格拉斯哥成功的倡议是 1990 年促进苏格兰国家认同复苏的因素。

另一个主要的发展是 1992 年巴塞罗那奥林匹克运动会，这一发展关注重要事件、文化和全球创意城市发展之间的关联。虽然大多数奥林匹克主办方很少关注此类大事件对于触发大范围城市重生的潜力，并且 1970 年代和 1980 年代的奥运会大部分陷入争论的泥潭（1972 年慕尼黑的恐怖主义，1980 年莫斯科的联合抵制，1984 年洛

第六章　从主权到软实力：全球媒介时代的国家媒介政策　　**199**

杉矶的联合抵制），或者造成财政灾难（1976年的蒙特利尔），但是巴塞罗那运动会普遍地被誉为是一次成功，它将西班牙的第二大城市（作为卡特兰少数人口中心城市曾经在佛朗哥独裁统治下遭到了明显的剥夺）置于全球版块当中。到了21世纪，它继续被视为一个标志性的欧洲和全球城市，正如巴塞罗那如今所呈现的那样，在2002年顶级CEO们愿意将生意扎根于此且令人满意的欧洲城市中，它已经从1990年的第十二位上升到第六位（Landry and Wood，2003: 36）。

巴利伯注意到了，巴塞罗那成功的奥林匹克竞标，在1980年代后佛朗哥时期对于一系列主要城市选区而言产生了刺激性影响，由于它是"一个运动、文化和理念合为一体的事件，它在形成本土爱国精神和凝聚力，以及大范围向世界介绍该城市上获得完胜"（Balibrea，2001: 198）。然而，Balibrea质疑了"巴塞罗那模式"是一个其他有雄心壮志的创意城市应该模仿的明确的成功故事的说法。更近的事件，例如2004年5月至9月举办的，得到联合国教科文组织支持的全球文化论坛（Forum Universal de les Cultures），已经潜在地危及到了举办主要论坛事件的海岸区域低收入人群的稳定性（Balibrea，2001；Garcia，2004）。

21世纪将艺术文化和全球形象以及经济竞争力相关联的野心，从多种角度而言都相当明显。2003年，兰德里和伍德通过城市的**吸引力量**的概念断言，文化因素对于城市竞争优势至关重要。吸引力量的概念涉及到"吸引、保留和泄露的动力"或者"对于鼓励外来人口进入（城市）或者现存人口留在城市有贡献的因素"（Landry and Wood，2003: 23）。他们提出，在全球范围内吸引力获得成功的城市离不开以下三个因素：

1. 文化资源、文化遗产和符号化资产的独特组合，构成城市的成功商标；

2. 城市既有能力吸引新的人才，又能成为已有人才和创造性资源的孵化器；

3. 城市中存在一定范围的活动和机会，以此满足城市居民的日常生活，并且创造自我表达、公民自豪感和集体认同感的新形式。

在全球经济背景下，对于创新和文化活动作为城市成功驱动力的重新关注，在某种意义上可以被视为对于城市本性理解的回归。20世纪重要的城市理论，例如刘易斯·芒弗德和简·雅各布斯（Lewis Mumford and Jane Jacobs），将艺术和社区的融合作为现代城市以人为本的视角，即"好的城市规划……促进公民同时参与城市戏剧的表演又成为其观众，这是一种全方位的参与"（Makeham，2005：3）。同时，对于城市作为一个"社会行为大舞台"（Makeham，2005：1）的关注，也指向了对乔治·尤迪思（George Yudice）观点的关注，即全球化需要文化扮演一个日渐增加的**表演**角色，在全球经济背景下，在基于本土竞争优势的城市里，这是社会和经济发展的资源，并且成为"自身权利中的价值助推器"（Yudice，2003：336）。

延伸阅读：Hall（1998）；Landry（2000）；Landry and Wood（2003）；Gacia，（2004）；Stevenson（2004）；Makeham（2005）；Tay（2005）。

跨国家的媒介和文化政策：贸易协定、文化多样性和全球市民社会

正如媒介和文化政策的次国家形式呈现了增长的势头和动态，21世纪正在见证国际联合和**跨国家的媒介文化政策**持续的增加现象。这种趋势，即政府间联合组织（IGOs）的数量从1909年的37个增加到1996年的260个，并且国际间无政府组织（INGOs）的数量从1909

年的 176 个增加到 1996 年的 5472 个（Held et al，1999: 53）。此外，政府间有影响力的国家协定的数量在 1946 到 1975 年间从 6351 个增加到了 14061 个。赫尔德等人（Held et al，1999: 55）将这种趋势视为"国家政府受困于一系列全球的、区域的和多边体系的管制"的程度的证据。国际联合协会网（www.uia.org）的网址展示了这一趋势在 21 世纪加速的程度，目前它已经列出了 50000 个国际组织和国际非政府组织：

- 5900 个跨政府组织和网络；
- 38000 个国际间非政府组织联合会；
- 529 个全球会员组织；
- 1050 个跨洲际组织；
- 4100 个区域（次大陆）组织和网络；
- 850 个跨国家宗教规则；
- 2700 个半自治国际主体；
- 4500 个国际化定位的国家组织。

雷波伊（Raboy，2002）已经注意到了，全球媒介政策的意义，以及"如何将那些自从有了电报之后已经占据了国家日程的事件转移到处于各种目的，最重要的议题自此被结束的跨国家层面的问题"（Raboy，2002: 5）。在筹划这个"相互依赖结构的复杂生态……大量的跨越多政策体系的正式和非正式机制"时（Raboy，2002: 7），他发展了下面的制度类型学：

1. **全球组织**，例如那些传统上已经成为了联合国机构的一部分，例如联合国教科文组织和国际电信联盟，还有一些较新的、更加商业化集中的实体，例如世界贸易组织和世界知识产权组织；

2. **多边专属"俱乐部"**，例如经济合作与发展组织、八国集团，这些是世界上最有影响力的国家的合作组织；

3. **区域性的多国组织**，例如欧盟、亚太经合组织、多边贸易协定，例如美国、加拿大、莫斯科之间的北美自由贸易协定，巴西、阿根廷、乌拉圭和巴拉圭之间的和南方共同市场贸易区；

4. 已经获得官方论坛认可的**跨国私人部门组织**，包括电子商务全球企业对话、可持续发展世界商务委员会、国际知识产权联盟；

5. **跨国市民社会组织**，例如，世界社区广播电台协会、电影和视频协会、进步交流协会、基督徒世界交流协会、文化环境运动、公民交流宪章，社会责任感电脑专业人士联盟；

6. **横向的常规组织**（Raboy, 2002: 8），跨越机构和类型管辖进行操作，例如互联网名称与数字地址分配机构，这是一个松散的部门联盟——主要是商业利益——它管理在线主要域名的注册。

1994 年，服务业贸易总协定（GATS）在马拉喀什最终定稿，以及 1995 年世贸组织（WTO）的成立，就视听服务领域的贸易自由战略而言，这是思考全球媒介政策的两个主要催化剂。服务业贸易总协定有潜力对国家媒介文化政策产生影响，在其条款中涉及到了最惠国待遇（条款 2）、市场准入（条款 14）和国家待遇（条款 17）。[3] 服务业贸易总协定所有的这些条款，抛出了这样一个问题，即国家政府采取有利于本土服务业提供者的政策的能力如何（Footer, 2000；Grant and Wood, 2004）。然而，一个案例是，关税及贸易总协定（GATT）的乌拉圭回合谈判 1994 年协商的结果，导致了服务业贸易总协定，40 个世贸组织成员国（包括欧盟作为独立体）反对服务业贸易总协定最惠国条款（条款 2）和国家待遇条款（条款 17），并且在世贸组织协定的"千年回合"和 "多哈回合"谈判中，在视听服务领域很少活动。

然而，正如德韦恩·温塞克（Dwayne Winseck, 2002a, 2002b）提出的，世贸组织对于全球媒介文化政策真正的意义，不在于它推翻国家立法的能力，而是它促进了话语的转变。它把媒介和传播作为基础服务

193

产业广泛趋势的一部分进行思考，受制于诸如竞争政策这些通用的法律形式，伴随着把低成本并具创新价值的媒介和传播服务传递给世界消费者这一主要责任，区别于那些依附传统传播政策的价值观，比如表达的自由、多样性、多元主义、国家文化和文化认同的促进。

跨国家媒介文化政策议程的出现，不简单是全球新自由主义政策制度在这些机构上的一种强加，尽管在服务业贸易总协定和世贸组织的政策倡议曾出现了至关重要的生动的批评关注，观察到这一点是非常重要的。这也涉及到了双边和区域贸易协定的影响，其中最显著的是，1989年欧盟提出的"无边境电视"指令，设定 50%"欧洲生产"的电视节目内容份额约束所有欧盟成员国，北美自由贸易协定和南方共同市场也是如此。赫南·加尔伯瑞（Hernan Galperin, 1999）对于区域贸易协定中媒介和文化政策倡议的调查中，发现在区域贸易协定中对待视听产业方式的变化主要取决于：

- 它们的**产业轮廓**，或者经济政治资源在贸易合作伙伴的视听产业中的分配；
- 它们的**国内传播政策**，或者管制传播产业的常规框架，包括视听电讯传播和文化政策；
- 成员国家**文化距离**的程度，包括在语言上、视听消费习惯上、风格喜好上的相似性和差异性。一个相关的问题也是这些国家之间和其他国家之间文化距离的程度，美国作为世界顶尖视听服务出口商最为显著。

加尔伯瑞的框架让我们能够理解此类区域贸易协定的重要实践动力。在北美自由贸易协定的例子中，基于加拿大不仅地理上接近美国，而且分享（至少加拿大的英语区）临近的文化和语言，所以也感到来自于南方大的邻国文化上的威胁，为什么它能够成功获取"文化豁免"是非常明显的。对比之下，墨西哥很少关注北美自由贸易协定中这方面的内容，因为文化语言的差异提供了一些免受美国主导的"自然的保护"，迄今为止它和美国所分享的文化特性——在美国大规模且不断增长中的西班牙人口——这对媒介和文化出口到大的和繁荣的市场提供了新的机会。[4]

在欧盟内部，比起法国，英国较少担心美国视听和其他文化进口产品的可能影响，因为英国对于美国而言具有重要的语言、文化、外交和其他方面的吸引力，然而法国担心"好莱坞霸权"和对法国语言文化意义的稀释，有长久广泛的知识和政治历史。在对欧盟议会的媒介、文化和交流政策的回顾中，萨丽卡（2005）提供了一个混合的报告卡片。她提出，欧洲议会在提出政策倡议方面已经是一个有效的整体，它确定和描绘了一个独特的欧洲视听空间，例如"无边界电视"倡议，欧盟议会也从资金上支持着欧盟媒介文化产品，保护概念性、哲学性和实践性公共服务广播。同时，萨丽卡（2004: 169）观察到，欧洲议会"对于欧盟地区美国文化主导这一现象的担心揭露了一个'盲点'直到主导的内部程序被关注"，这"有助于现状的合法化，为了在市场体系中竞争而支持'欧洲'表达"。对于萨丽卡而言，两个例子尤为显著。第一个是允许欧盟成员国内少数民族表达自我合法化的困难，部分和"历史上"的少数民族相关，例如英国的威尔士人、法国的布列塔尼人、比利时的瓦隆人，但更多与近年到来的移民人口相关，他们当中很多人没有公民权利。就欧洲议会而言，另一个问题被证明是难处理的，国内媒介市场中媒介所有权的集中因为国家代表和主导媒介产业利益群体的联盟力量已经最大化，意大利的例子最明显，西尔维奥·贝卢斯科尼（Silvio Berlusconi）在 1994 年到 1995 年和 2001 到 2006 年间，同时作为意大利总理和最富权力的媒介所有者。

一种观点简单地将媒介作为全球市场贸易中的文化商品，与之背道而驰的是为了文化多样性约定的达成，通过联合国教科文组织进行的运动。联合国教科文组织提到，文化可以理解为类似生态系统"由富有且复杂的文化镶嵌组成，或多或少充满力量，对多样性有所需求，是为了把它们最有价值的遗产保存并传承下来"。和生物多样性的规定作一个对比，联合国教科文组织提出"只有丰富的文化政策才能确定创意多样性在对抗单独同质文化的风险时得到保护。文化多样性是通过促进和支持所有的世界文化来阻止同一性世界发展的积极表达形式"（UNESCO，2003）。文化多样性的约定因为国际文化政策论坛（INCP）的倡议而出现，国际文化政策论坛是来自世界各地的超过五十个文化部长组成的协会，加拿大在其中扮演关键性促进角色（Goldsmith，2002）。国际文化政策论坛力求发展一个新兴合法且具约束力的工具，赋予签署国采取措施保护和提高文化多样性的选择权，即使这些与服务贸易总协定和世贸组织的引导性原则有分歧（Grant and Wood，2004: 381—90；Smeers，2004）。

这一倡议受到联合国教科文组织极大的拥护，在 2001 年一个联合国教科文组织《关于文化多样性的宣言》中开始传播（UNESCO，2001）。其中主要原则如下：

> ■ 主张"独特种类的商品"需要特别关注"创意作品提供的多样性"，并意识到"文化商品和服务作为认同和价值载体的特殊性，意味着它们不能仅仅被当作商品或消费品"（条款 8）；
> ■ 主张由于文化政策是"创造力的催化剂"，因此它的角色是"每一个国家为了规定其文化政策并且通过适合的手段去执行（操作性支持或者恰当的规定），需要适当考虑其国际义务"（条款 9）；
> ■ 主张"市场力量不足以单独确保文化多样性的保存和促进。因此，在促进可持续人类发展的问题上，公共政策与私企和市民社会合作的关键作用必须要重申"（条款 11）。

Smeers（2004: 86）已经观察到，文化多样性的约定有双重作用，既保持现存文化遗产形式的多样性，又促进文化形式和实践的多种新形式。2001 年由联合国教科文组织倡导了保存和促进文化多样性措施，作为其后一系列相继措施其中之一,"保护促进文化多样性表达的规定"
(UNESCO,2005b)确定了签署国在"制定并执行文化政策、采取措施
保护并促进文化表达的多样性、加强国家合作,从而实现此规定的目的
这些事务上的最高权力"(UNESCO,2005b,条款5),包括限制进口
文化商品和服务流动的法规,以及资助并促进本土文化产品和分配的方
法。这个规定得到了联合国教科文组织148个成员国的支持,只有美国
和以色列投了反对票,四个成员国(包括澳大利亚)选择弃权。

　　由于文化多样性约定的意义,并且相关的问题,即在世贸组织以
法规为基础的框架中这种无约束力的工具(例如一个宣言)是否具有真
实的法律效应——关于联合国教科文组织的意义和影响,这在某种程度
上是一个问题,并且联合国在世界事务中更常见——四个关键问题很突
出。第一,作为世界上最大的经济和军事力量以及最大的文化产品和服
务出口国,美国反对这一规定,并毫无疑问寻求影响作为其他国家文化
政策元素的这些约定的试图执行。美国的做法受到来自贸易经济学家和
文化理论家的智力支持。考恩(Cowen)就是一个例子,考恩认为有活
力的文化本质上是融合的、世界性的、有远见的,与文化全球化相关联
的"创造性摧毁"的过程刺激了新的文化形式产生。考恩认为,通过国
家法规来供奉"文化多样性"的尝试仅仅是保存本国的文化现状,然而
文化生产和消费实践事实上已经日渐全球化和多元化,这理应受到那些
拥有世界主义思维特质的进步人士的欢迎,即使有其主要导管的全球文
化市场已经扩张。

　　第二点是联合国教科文组织的规定和政策话语,在这个领域更普遍
遭遇了熟悉的定义上的紧张,即作为生活经验和人类表达形式的集合的
文化,以及作为媒介的文化(在第五章已经讨论)这两者之间的紧张。
麦格德(Magder,2004b)已经注意到,视听领域(电影和电视)的参
照与联合国教科文组织的主要文件或者有关文化多样性规定的相关声
明都很少有关联,然而就文化政策而言,它们却是跨国家倡导机构的主
要鼓舞者,因为它们是大范围被生产、被消费、跨国交易的文化产品

和服务，特别是，当辅助领域（例如广告）被囊括进来时（UNESCO，2005a）。

第三，在促进文化多样性的问题上，国家和非国家的参与者之间是怎样的关系。麦格德已经有所观察，联合国教科文组织文化多样性宣言倾向于优先将文化作为超越个体在表达观点上自由权利的集合体来考虑，在《联合国人权宣言》19 条中清楚地被奉为神圣（Magder，2004b：392）。这是一个长期存在的问题，伴随着联合国教科文组织支持的为了实现传播民主化的战役，这可以追溯到 1970 年代和 1980 年代的新世界信息和传播秩序（见下文）。这种紧张起因于政府在联合国教科文组织层面上成为了文化仲裁者，以及这个伴随着个人权利、文化多样性问题、国家内部的异议等问题将在随后章节中进行细节化的讨论。

第四，从一个更合法的立场出发，接受联合国教科文组织有关文化多样性的约定，以及相关的协议，比如对于文化表达多样性的保护和推进的约定，提出接受那些约定的适当权力的问题。特别是引起了国际**论坛**谈判中涉及到的国家能力问题，例如联合国教科文组织代表国家政府（通过民主方式被选举的国家政府被认为是代表这些国家公民的遗产保管人，这些公民在民族国家内选举它们成为公众机构）批准超越国家层面的协议。澳大利亚最高法院前首席法官，安东尼·梅森（Anthony Mason）爵士，注意到这个问题和澳洲政府 1994 年决定签署服务业贸易总协定是有关联的，尽管那个时候政府并没有寻求关于此决定的任何直接或间接形式的民主命令，如此决定的含义绝没有被传播或在澳洲公民当中进行公开的辩论和审议（Mason，1996）。虽然一个法律上没有约束力的宣言签署国的承诺，可能不同于法律上具有约束力的协定（例如法律、服务业贸易总协定和世贸组织的约定和规范），但是国际谈判者和国内政策制定者正在一些问题上达成一致，在那些公民参与决策过程的深思熟虑机制缺席的状况下，这些问题对国家公民具有潜在影响。

信息社会世界高峰会议（WSIS）

2003 年 12 月，第一届信息社会世界高峰会议在日内瓦举办，2005 年 11 月，第二届会议在突尼斯举办。信息社会世界高峰会议盛事由联合国国际电信联盟组织，集合了来自 175 个国家的政府、国际组织、私企和非政府组织、市民社会组织的代表。其目标已经发展成了一个议程，正如日内瓦国际电信联盟峰会《原则宣言》所描述的那样，为了建立：

> 一个以人为本、包容、以发展为目标的信息社会，每个人都能从中创造、接近、利用和分享信息知识，赋予个人、集体和公民在促进其自身持续发展以及改善其自身生活质量方面的全部潜力，以联合国宪章的原则和目的为前提，并完全尊重和赞成人类权利的普遍宣言。（WSIS，2003）

自从冷战结束后，国际协议的峰会模式已经具有了联合国会议的特点，地球峰会（1992，里约热内卢）、世界食物峰会（1996 年，罗马）、反种族主义世界峰会（2001，德班），可持续发展世界峰会（2002，约翰内斯堡），是其中最引人注目的（Klein，2003）。峰会是一个独特的联合国活动，由于在决策过程中明确地寻求市民社会组织（例如非政府组织）的积极参与，尽管组织对其结果提出明显质疑，本着这种精神国际电信联盟还是得以充分发展和前进。它们是这些年联合国全球治理三重路径的例子，私企和非政府组织在全球决策过程中被认为是国家政府旁边法定的利益相关者（Klein，2003；O Siochru，2004；Raboy，2004）。

在其《原则宣言》中，2003 年日内瓦信息社会世界高峰会议最后确定了以下内容作为"所有信息社会"一些关键性原则：

198

1. 一个**多方利益相关者的路径**，私企、市民社会、国际组织和联合国以合作和伙伴关系促进信息通讯技术发展时，和国家政府一起，都有自己的角色；

2. 发展一个综合的且能够负担得起的信息通讯技术**网络基础设施**；

3. 对公共领域**知识的普遍接近**；

4. **能力的构建**，公民当中扩展的计算机技术知识和读写能力，尤其对于残疾和边缘人群；

5. 加强**信息和网络安全防护**，包括提供鉴定、隐私和用户保护，增加用户信任促进网络安全；

199

6. 一个**授权的国家和国际政策以及管制框架**，促进透明度、竞争、国际标准的发展、以及知识产权的保护；

7. 促进**信息与通信技术在生活各个领域的利益**，包括电子政务、电子健康、电子学习和基于经济和社会进步以及福利的其他信息与通信技术应用；

8. **促进文化多样性和文化认同、语言多样性和本土内容。**

情况通常如此，这样的文件起因于多方政府和多方利益相关者的谈判，《原则宣言》是一系列政治妥协的反映。雷波依（Raboy，2004）观察到，在最后的文本中反对观点极大地被掩盖了，涉及：作为普遍人权的传播权利的宣言；来自于世界知识产权组织（WIPO）采用的方法，知识产权体制的转移（巴西和印度没有成功获得）；"数字团结基金"的建立，发达国家政府和电信基础设施的重度使用者创立，为了在最不发达的国家资助工程；建议转换网络治理的责任，从美国主导的互联网域名和地址管理机构到更加多边的国际电信联盟（Flew，2005a: 194-5）。

对于国际电信联盟峰会最后文件的批评，在 2003 年日内瓦国际电信联盟峰会总结时得以传播，国际电信联盟峰会的宣言，以《为了人类需求而形成信息社会》为标题（WSIS，2003），提议信息社会世界高峰会议一个可供选择的措辞：

> 在信息和通信社会视野的中心是人类自身。所有人的尊严和权利，以及每一个人必须得到发展、受到尊重、保护和肯定。我们首要关注的应该是：调整发展水平之间，富足和极端贫穷之间不可逾越的鸿沟。（Civil Society WSIS，2003）

它围绕着四个关键主题，强调了其对信息社会世界高峰会议官方文件的批评。首先，传播权力应该和本地及全球范围内的社会公正问题相关联，为了根除贫穷要求资金转移到最不发达的地区，扩大传播手段的接近范围（尤其是本土社群、少数民族、弱势群体，例如难民、因为战争无家可归者、避难者这些人群），以及为了信息和通讯技术的发展和使用可持续且基于社群的模式。第二，社会群体强调个人权利的中心性，正如在《联合国宪章》和1948年《人权普遍宣言》首次宣布的那样，例如自由表达的权利、隐私权、参与公共事务的权利，并且这些权利不应该从属于政府审查制度，也不应该受到政府或企业的监督控制，还有国家安全的问题。第三，文化和语言多样性只能通过约束媒介垄断的提升和媒介多元论的保护得以保证，确保"公共领域"信息和软件的接近以及"内容开放"原则，通过知识产权和专利权的回顾来看是否当前的政治制度正在抑制创意能力、创新能力以及公共利益的提升。最后，市民社会群体为更加民主和可解释的治理形式而辩解，对信息社会世界高峰会议领导人过度的信念，使得他们开始质疑在对社会、文化和政治问题的技术解决中所看到的一切，为了确保全球管制机构在框架内工作，将信息和通信技术发展的收益在国家和社会群体之间得以更平等的分配作为首要目标。

回顾市民社会在2003年日内瓦信息社会世界高峰会议的参与（例如，Burch，2004；O Siochru，2004；Raboy，2004），市民社会群体与信息社会世界高峰会议相关的成就，较少在于对最终《原则宣言》和联合行动计划的影响——这两者都被认为有深度缺陷——而是在于它们的能力超越了已被划定界限的作用，即把"传递下去的经验"贡献给"真正的"决策者，朝向一个更强的能力，以扩大决策制定的议程，使其将诸如人权、信息和知识的开放性接近这些主题囊括进来，也将文化语言多样性与媒介多样性和多元主义的关系包括进来。除此之外，通过其增加的能力来组织其自身朝向公共目标和自我管理的集体行动，促进这些通过官方以及更正式的手段和机制对协商形成影响，雷波依（Raboy, 2004: 335）提出"信息社会世界高峰会议进程已经动摇了当前的全球管制状态"，将其视为"一个拥有新的分配权力，包含着新涌现并建立的社会力量的实验体验"。

2005 年突尼斯信息社会世界高峰会议证明了市民社会议程已经在某些领域取得了进步，尤其是一个互联网管控论坛（IGF）的发展，作为一个比互联网名称与地址分配机构更加认同以多边和包容原则为基础的机制。然而，在把传播权和人权相关联的问题上，尤其是围绕着隐私权、自由表达权利、自由联合的权力、信息自由权利，比起 2003 日内瓦信息社会世界高峰会议，突尼斯信息社会世界高峰会议议程（WSIS, 2005）在其陈述中有争议的更加不透明。这可能暗示了美国在这一过程中心性的衰弱，以及中国和俄罗斯作为全球关键角色的提升，也暗示了存在于非洲政府和中东之间对于如此问题非常不同的视角。

信息社会世界高峰会议（WSIS）和世界信息和传播新秩序（NWICO）：比较和对比两个对于全球媒介和传播的联合国途径

联合国教科文组织，1945 年作为联合国创始机构建立。联合国教科文组织从一开始就理解了文化多样性的问题以及传播媒介作为它们组织传承核心的关系。然而对于这些领域的思考首先大量集中在艺术生产、新兴国家文化认同的重要性，迫使 1960 年代的进程更注重大众媒介的角色，同时还有文化产品的国际贸易问题（UNESCO，2004）。在 1970 年代，由于文化、发展和国际力量之间的关系，对于"第三世界"国家或者"南方国家"改变其在全球体系中不对称的力量结构变得越来越关键，一个世界信息传播新秩序（NWICO）的要求日渐凸显。第二十次联合国教科文组织大会确定了"结束发展中世界对于信息传播的依赖"并且"建立一个新型的、更加平等有效的信息传播秩序"的需要（引自 Pasquali，2005：292）。这些行动被认为是，在更加广泛背景之下国家（这些国家既不属于美国主导的西方国家体系，也不属于苏联主导的国家体系）信息的"不结盟运动"，这些国家定义其自身为"第三世界"，在 1973 年至 1974 年发动了一场战役，通过联合国建立"新的国际经济秩序"。

1980 年，联合国教科文组织建立了传播问题研究国际委员会，由出生于爱尔兰的国际特赦组织的创立者肖恩·麦克布赖德（Sean MacBride）担任主席，发布了全球传播的最终报告，《多种声音，一个世界》，也称作《麦克布赖德报告》（1980）。这个报告高度批判了它认为的信息从发达国家到第三世界"单一的流动"，产生于多国合作控制信息技术和资源的机制。它将促进信息在全球"自由流动"的争论看作一种需求，在反抗国家政府权力上得以权衡，特别是对于发展中国家，这样的流动有助于维护国家主权，建立文化认同，更有效地驾驭传播资源以有利于发展目标。在 1980 年于贝尔格莱德举办的第 21 次联合国教科文组织大会上，采纳了麦克布赖德报告的建议。

在 1980 年代和 1990 年代早期，联合国教科文组织建立世界信息和传播新秩序的斗争经历了一个缓慢痛苦的毁灭。有三个关键因素。首先就是美国对此议程明确的敌意，当里根政府掌权时得到了强化，关键的是，美国政府和英国、新加坡政府一起在 1984 年撤

202

消了对联合国教科文组织的所有财政支援，直到 2004 年美国重新加入。美国的立场认为世界信息和传播新秩序把国家管制强加给那些基本原则上与西方自由价值观有所冲突的国家媒介，正如从美国宪法的第一次修订案中可以看到的，它保证了演讲自由和"信息自由流动"的信条。也有如下的批判，要求国际传播改革的政府同时参与了政治审查制度，并且压制本国的媒介自由，这样的争论得到了第三世界媒介所有者和新闻主编们的支持，也得到了国际协会中许多专业记者和传播专家的支持。这引起了第二个问题，世界信息和传播新秩序是国家之间进行对话的产物，可能会因为过度的民族主义和国家中心制，而不予理会参与国家对媒介自由的压制，从而遭到批评。这是美国和苏联以及各同盟国之间"冷战"的副产品的一部分，关于内部安排不民主本质的沉默程度之处，是经常支持多国**论坛**（例如联合国）的条件（Tomlinson，1991: 70-3；Mattelart，1994: 182-4；Roach，1997）。最后，世界信息和传播新秩序议程的幻灭，不仅仅是美国政府直接的政治和财政压力或者冷战结束的结果，也是因为与网络的发展和国际传播的强大趋势相关联，这个趋势朝着自由贸易和国家传播政策去管制化的方向发展，朝着由私企投资引领的全球信息基础设施的方向发展。有一个随着远离联合国教科文组织的传播政策的"论坛转变"过程，朝着以经济为主导例如国际通信联盟这样亲市场机构的方向发展，也朝着贸易协定的乌拉圭回合发展，导致了 1994 年《服务业贸易总协定》和 1995 年世贸组织的形成（O Siochru & Girard，2003；Mastrini & Charras，2005）。

信息社会世界高峰会议区别于早期的**论坛**，例如联合国教科文组织内部对于世界信息和传播新秩序的争论，这个争论集中在几个主要的结构和制度方面。首先最重要的一点，它从一开始就决心以一个多方利益相关者的方法处理议程形成、审议和履行，这确定了非政府组织作为市民社会代表的重要角色。虽然非政府组织能够"代表"市民社会的程度引起了广泛讨论，但是信息社会世界高峰会议更多寻求世界信息和传播新秩序谈判中的可能性和积极性，而不仅是国家之间的对话，这一点已经明确地被建立。第二，正如克莱因（2003）所注意到的，峰会利用了后冷战世界极大的外交流动性这一优势，峰会具有全球审判权、局部地区审判权、广泛合法性、关于全球事务的时效性，因此比起1991年之前的全球政治秩序，它具有更大的实质上政府指令的机会，因为比起1991年之前的联合国的情况，"集团投票"变少了。第三，国际电信联盟后来发现，峰会和多方利益相关者这一路径对于决策制定和进行管控的价值，可能比市民社会组织更有优势，由于远离之前的联合国路径，他们可以避免之前模式的陷阱，例如将非政府组织本质上视为顾问或由官方机构形成的决定的执行者（O Siochru，2004）。最后，"信息社会"相对开放和多视角的本质，作为一个概念允许更广泛的讨论，而不是作为更直接的"政治"和"政策"问题。正如雷波依所观察到的那样，信息社会世界高峰会议已经成为了"一个偶遇……与信息社会的观点相对……信息社会世界高峰会议的利害关系是概念性的、哲理性的、散漫的和狭义上政治的"（Raboy，2004：355）。

帕多瓦尼（Padovani，2005）在一次演讲中为了确认随着时间的持续性和不同分析了信息社会世界高峰会议官方宣言，市民社会宣言和麦克布赖德报告的建议（参见Padovani and Tuzzi，2004 on the WSIS texts）。帕多瓦尼发现，三个文件对"发展"都有广泛的提及，但三者之间有实质性区别。对于信息社会世界高峰会议官方宣言和市民社会宣言，他观察到，前者广泛提到通过科技、联接性和基础设施来构建信息社会，并且提到了经济增长、生产力、工作创新和竞争力的重要性，后者提及更多的是民主、参与、人权、交流权、开放性、权力和多元化。两个信息社会世界高峰会议文件和早期的麦克布赖德报告也有着完全不同的关注，后者对大众媒介、记者、跨国公司、所有权的集中、自我依赖、国家优先的关注更加显著。

　　对于帕多瓦尼发现的一个解释是，鉴于世界信息和传播新秩序更加被作为印刷和广播媒介的全球媒介，以及通过出口和形象控制的分配而被关注，而信息社会世界高峰会议在一个媒介融合和全球数字网络的环境下得以发展，伴随着信息通讯技术已经清晰嵌入进了所有经济关系、社会生活和全球权力关系领域。另一个重要的问题当然是，非政府组织对于世界信息和传播新秩序过程的关键程度，以一种在极大程度上对世界信息和传播新秩序而言不真实的方法。同时，信息社会世界高峰会议市民社会宣言和麦克布赖德报告持续在信息社会世界高峰会议官方宣言中缺席，例如，坚持考虑所有的媒介而不仅是网络，质疑孤立于政治和社会文化进程的技术解决方案，讨论全球权力和资源在富有和贫穷国家之间分配不平衡的真实后果的意愿（Padovani，2005；Mastrini and de Charras，2005）。

　　延伸阅读：关于世界信息和传播新秩序，见 MacBricle Report (1980)；Roach (1987, 1997)；Nordenstreng and Schiller (1993)；Mattelart (1994)，pp.167-86；Hamelink (1997)；Macbride and Roach (2000) . On the WSIS, see special isseues of *Continuum: Journal of Media and Cultural Studies* 18 (3)，2004；*Media Development* 1，2004；*Global Media and Communication* 1 (3)，2005。

　　《理解全球媒介》一书已经提出，当代社会的传播媒介以全球化进程为中心，并且这种媒介全球化挑战了长期以来一些关于领土、身份和文化之间关系的假定，还给那些试图管理媒介流、媒介权力、媒介控制的机构带来新的挑战。数字媒介技术深刻地打破了这些关系的稳定，它通过推进媒介内容的无界限流动，让用户通过全新的数字内容制造方式和网络分配模式变成内容生产者，改进媒介形态的融合，生产出比特定民族国家生产出的媒介内容更加日益缺少差异性的内容。虽然这些并非是互联网发展和盛行所带来的唯一产物，正如有线电视和卫星广播以及"小国家大媒介"（例如卡塔尔半岛电视台"Qatar-based AI Jazeera"），但是它们显示出 21 世纪早期媒介去疆域化程度比 20 世纪要多得多，20世纪一对多的广播传播在许多方面都是霸权的。

　　同时，《理解全球媒介》也试图关注有关强全球化与媒介之间关系的理论。我们了解到，在两个最有影响力的传媒研究案例（批判政治经济学和文化研究）中，是**批判政治经济学**的传统发展了全球化媒介长期以来最连贯的方法。它强调了媒介与权力的关系以及经济权力、政治权力、文化权力管理体制的互联性。总结作者的开创性研究，例如批判政治经济学家赫伯特·席勒提出，大规模媒介的动力拓宽了最初由马克思主义发现的从国家化到全球化规模的趋势，包括所有权和控制权的集中化趋势、社会文化关系的商品化趋势、国家作为对抗影响源泉的削弱、文化劳动力全球分化的发展，以及消费主义意识形态的推动和全球竞相效仿西方价值观的趋势，如赫尔曼和麦克切斯尼所提出的"使全球化市场顺利进行"（Herman and McChesney，1997: 189）。新媒介以这种增强社会文化关系的支配和从属属性的视角被理解，随着跨国跨平台媒介大公司数量的增长，新自由主义作为一种霸权流行和政策话语的宣传，以及在监管权力从单一国家到超民族国家到绝对亲市场的公共机构，如世贸组织和世界知识产权组织。

虽然**文化研究**已经设法将一些批判政治经济学传统的假设进行问题化，特别是与受众相关的媒介权力的问题，但是它因为在国家框架中含蓄地运作而受到批判，这限制了其理解一系列有关国际社会文化进程的全球化媒介的能力。它聚焦于意识形态、接受效果、受众解码媒介信息这些问题，这也被认为是一种缺陷，因为批评家们认为它几乎没有谈及媒介生产和分配的实际过程。同时，通过提出全球化媒介产生了一种全球化的、霸权的、同质化的大众流行文化这一断言，它与具有影响力的文化杂交理论相衔接，该理论产生于同源学科如社会学和人类学，与人类、科技、媒介、资本、文化的运转相关。

本书试图打破存在于批判政治经济学和文化研究之间的有关全球化媒介的僵局。在第二章，它介绍了其他三种方式去思考媒介、经济、文化和权力之间的关系。第一种是**制度主义**，从社会科学的各种分支中发展而来。"制度主义"强调了市场和经济的社会根植性，制定决策过程的互联性和路径依赖性，制度和身份之间的关系，以及决策制定机构的自治能力。关于制度和网络组织之间的关系一直存在争论，即在第四章中讨论的，但是制度主义为全球化媒介连贯的中间层面的理论化提供了基础，超越了不以特殊地方、决策制定地点、社会文化实践为基础的高度抽象化的争论。

其次，**文化政策**研究在将理解政治文化权力关系与框架相关联这一方面至关重要，这种框架强调了国家机构的决策制定能力以及形成决策制定环境的能力，而不是简单地作为合作权力的傀儡。文化政策研究也形成了关于"文化政府"（government of culture）的特殊理解，认为媒介和其他文化形式虽然出于一种自发行为是随后规制的（subsequently regulated），但是政府介入媒介和文化领域已经从历史角度与更广泛的现代性、国家构成和公民身份的项目相关联。

最后，**文化和经济地理学**对于本书中提出的论点十分重要。通过强调社会、经济、文化和政治之间关系的空间维度，文化经济地理学经常为关于全球化及其影响的高度统一的理解提供必要的矫正，这些高度统一的理解见诸**强全球化**理论，例如哈特和内格里（Hardt and Negri，2000，2005）的文章，以及在较小程度上的曼纽尔·卡斯特（1996，1998，2000a，2001）的文章。它也提出了与全球化媒介理论极为相关的关于全球化的不同理解，即提出**分等级**理解（scalar understanding）媒介如何随着时间而发展（也就是说，从地方的发展为全国的再发展为全球的），关注作为当代全球化核心因素的**内部等级**关系的重要性，或者地方、国家和全球之间交叉互动的重要性。

媒介全球化有多重要？

本书第三章阐述了这样一种多元角度理解全球化媒介方式的有效性。全球化的一般文献识别出一些促进全球化资本主义的核心经济因素，具体表现为：更大规模和更广强度的跨国交易；加强商品、服务、资源（包含特殊劳动力）的空间移动；跨国公司的普遍增多；全球资本和金融市场的交易规模更大和不稳定性；以及信息通信技术和电子商务日益上升的重要性。

在理解这些趋势的含义中，当代政治经济学家利用新马克思政治经济学的理解提出四种主张。第一，全球范围内的媒介产业集中的发展，与媒介部门竞争的减少有关。第二，这导致全球媒介商品在国内媒介市场的主导，对当地媒介和文化形式不利，削弱了以国家为基础的政府为宣传国家文化政策而监管媒介流的能力。第三，媒介生产和投资的全球化加强了以美国为基础的媒介公司占据主导地位和世界其余媒介之间的"核心—边缘"关系，无论这是通过与"文化帝国主义"论点有关的文化依赖性的概念，或者是通过由于新型的文化劳动力国际分工而引起的

208

经济合作关系。最后，媒介全球化被认为通过强制媒介生产者而不是跨国公司巨头退出商业交易，而加剧了全球资本主义文化的不公正的严重程度，策划出一种在监管和标准方面的"底线竞争"，并且更加深了以西方政治经济利益为主导的全球文化霸权。

第三章剩余部分利用其他观点，特别是那些来自于制度主义和经济地理学的观点，形成对这些论据的实证批判。批判的目的并非驳斥有关全球化媒介议题的激进主义，亦或否定不合理的不平等性，而是思考引发如此争议的论据是否依赖于良好的经验基础。该分析提出了三种见解。第一，这些论据以呈现巨大数字作为媒介更大集中化的初步证据是存在普遍危险的，部分是因为财富逆转的发生（例如2000年美国时代在线时代华纳兼并，或者维旺迪注定失败的成为一家全球化跨国媒介公司的尝试），还因为它们或许由于具体的条件因素而引发，例如在20世纪90年代晚期".com"时代电信行业兼并的兴盛。

第二，来自联合国贸易与发展会议跨国指数的发现十分清晰地表明，大公司通过交易变得更加全球化并不是大规模的趋势，而是一种在国内总公司之外的交易在规模和范围上逐渐的扩张。此外，最"全球化"的公司大多来自于那些较小的国内总部，例如瑞士、比利时、加拿大和挪威，而不是美国、日本、英国、法国或德国。联合国贸易发展会议的数据还显示，媒介行业在全球化方面是落后者而不是领导者：迄今为止最"全球化"的公司是那些矿业和农业的公司，其次是制造业。媒介有着重要价值的是电信行业而不是媒介娱乐行业本身；唯一一个十分重要的全球化媒介公司是饱受争议的新闻集团，并且这至少部分是因为它直到2004年在澳大利亚拥有自己的总部，但是它的公司大部分都在美国、欧洲以及仍在增长的亚洲。

最后，来自于经济地理学的最近文献资料显示，自动假定跨国公司的境外直接投资是通过跨国公司和母国之间十分自然的依赖关系所培植的，这样做是危险的。邓宁（Dunning，2001）的著作，计算了境外直接投资的**国际化**优势，或参与市场间知识获得和知识转移的能力，而不

209

仅仅是为了增加销售额或减少生产成本而扩张，该著作使那些全球化媒介的模式极大地复杂化，后者将最大的全球化跨国媒介公司的国际化野心仅仅理解为扩大范围和缩减成本。"全球化"的概念目的在于跟当地生产者和市场的合作而非对立，这与斯托伯（Storper，1997）的观点相吻合，他提出，全球化不仅仅是以西方为主导的跨国公司以及它们的产品和生产线，在成本驱动下"赢者通吃"式地扩张至世界其他地方。斯托伯认为，经济生产的全球化正在发生，它已经发展为一种双轨逻辑，在这种逻辑中成本驱动模型（即假设任何物品都可以在任何地点生产出来，因为劳动力是通用科技能够被轻易地获得）需要通过一种意识进行补充，即这些为全球市场进行生产的模式依赖于高强度具体劳动和知识能力。这些位于特殊地理位置，经常群集于特殊机构配置，并且导致低标准化的商品生产，利用差异性和创新性或多样性作为全球经济市场中的可持续的竞争优势来源。

知识经济和创意产业：思考全球化媒介的不同方式

20世纪90年代和21世纪，文化和经济领域的主导模式的观点遭遇到挑战。在文化领域，问题是文化政策能否从一种传统模式以及一种以展示艺术卓越为基础的社会发展模式中脱离出来，它以公共补贴艺术为基础并且保护其不受进口媒介商品损害。"创意产业"范例作为一种政策话语出现，强调文化是一种进入其他政策领域的资源，媒介和文化行业是科技组织创新的模型，全球化媒介市场的流动性是创意产业与文化身份日益增长的多样化形式在全球经济文化中的互动。

这种与经济理论内部争论的互动，例如"新增长"经济以创新、想法、无形作为经济发展的基本动力，而不是利用现存资源的更大有效性。这与**知识经济**的增长相一致，在世界旅行的全球企业的升起之星，停落在物质资产的直接所有权以及掌控有技术的创新劳动力之上，而不是依靠在它们自己的制度结构之外与**知识及学习网络**的相互作用，特别

210

是当它们地理上共同位于特定城市或地区的时候。这对于那些正在国际化的公司组织来说十分重要，这些公司依赖于一种商业文化和管理方式的变形意识。反之，这起因于市场关系的持续的社会根植性，这种社会根植性意味着把经济从其他社会文化领域中分离出来的常规的新古典主义经济模式的限制，也意味着全球化批判理论的限制，例如新型的文化劳动力国际分化（Miller，2001），该全球批判理论认为全球化的成本优势方面，为了吸引无拘束的地理上可移动的投资资本，有相当大的一部分来源于较低工资和国家补贴。

第四章关注媒介、文化和传播研究的四个概念，指出考虑全球与地区间关系的不同方式。首先，斯特劳哈尔（Straubhaar，1991，1997）的"**非对称的相互依赖性**"理念指出，全球化媒介进入国家市场的入口从来不仅是一条单向路径或一种从国家到全球空间范围上控制地点的变换。反而在许多情况下，为了提升自身媒介产品在一个更具竞争力的环境中的吸引力，主导媒介形式的"最佳实践"元素会被当地竞争者选择性合并。其次，康克丽尼的"文化再转换"理念认为，政府减少关于国家文化项目的意识并不与地方文化和创新能量的减少相同义。更确切地说，在大规模商业文化生产者和分配者以及以社区为基础的更加本地化的媒介文化生产者之间，有许多种改编形式：随着互联网这样的网络媒介致使分配渠道打开，后者（以社区为基础的更加本地化的媒介文化生产者）变得十分容易（Rennie，2006）。

第三，在"文化帝国主义"的一些关键理论中发现的隐性"全球效果模式"，不仅遭遇到跨文化媒介接收效果的复杂性认识的挑战，还受到日益增长的多元文化以及世界大部分人口的流散性的影响。此外，国家媒介市场的当前优势，部分表现在迎合当地文化传统与喜好这一方面，但也表现在重要国家政策机构和政府决策制定机构的优先接近权方面。陈（Chan，2004）已经观察到，全球媒介公司在大多数情况下依旧是"首先是他们母国中的玩家"，寻求"文化转型"作为他们国际扩张的基础，而不是跨越内部等级分划去成为真正意义上的跨国公司（Chan，2004：26）。最后，正如全球生产网络的兴起意味着东道国为了境外直接投资而进行知识获取和知识转型的重要性（Ernst and Kim，2002），它也与全球媒介和本地生产中心兴起之间的关系的研究工作相关。关于媒介资本的研究工作表明，特别是在亚洲，有余地从"世界工厂"或"外购"模式向着文化科技模式转型，正如在香港、温哥华和首尔等城市出现了"全球生态区域"（global niches）以及新创意集群，正如在上海、悉尼和奥克兰等城市所见的一样（Curtin，2003；Keane，2006）。

创意产业概念的意义在这些争论中得到思考，不仅表现在艺术、媒介和文化政策的再加工，更是由于思考文化和其他领域之间关系的新方式所引起。在第五章特别提到，文化不仅需要从共享的和鲜活的经验和间接象征交流的传统维度去思考，还要从尤迪思（Yudice，2003）的"文化即资源"的理念去思考，以及班尼特（Bennett，1992a，1998）等人提出的文化即政策意向和政府工具这一概念去理解。尤其是创意产业作为一种政策话语的兴起，可以看成起因于以下几种贯通交叉：媒介政策从国家保护视听产业转变为促进数字内容产业；在后".com"时代环境下需要脱离以信息通信技术为核心的信息政策的认知，变成有关如何促进创新、变革和企业家能力的更为广泛的讨论；以及偏向文化创意产业的政策，在"知识经济"环境下，从相关边缘艺术政策转变为国家革新主流政策。正如联合国贸易与发展会议 2004 年报告显示，在经济层面上全球化和创意产业的兴起具有直接关系，例如市场自由化、全球消费者平均收入的提高、网络信息通信科技、服务产业全球范围内的兴起、以及服务国际贸易的扩大，这些全都促进了创意产业部门的发展。从一个不同的角度，汤姆林森（Tomlinson，2003）提出，与其认为为了使全球文化同质化成巴尔伯（Barber，2000）所说的"麦当劳世界"，而抑制独特文化产业，不如认为全球化实际上已经成为一股十分重要的动力，推动增值文化创意产业的发展，因为差异和身份对于自我定义和参与社会环境来说更为重要。

全球化政治和媒介政策：超越乐观主义和批判

《理解全球媒介》试图在媒介产业、科技、商品和服务的全球化方面提出一种见解，即对全球化的经济和文化维度给予同等重视。本书实证检测了一些来源于全球传媒领域的相关争论的关键命题，并且在媒介、传播和文化研究领域，和制度主义、经济文化地理学、文化政策研究、创意产业理论领域，这两个领域的近期发展交融方面，提出了一些重要的新兴观点。可以说，在提出一些批判理论的重要理论基础和实证基础的过程中，当运用到全球通信传媒领域时，本书一直有意无意地支持了媒介关系的"现状"，含蓄地赞同最强大的全球媒介利益的观点。

本书反驳的论点是我们需要重新考虑的两个议题。首先，各种国家市场中的全球媒介公司的存在以及这些公司因而获得市场的主导地位的假定，第一个议题则是在这二者之间经常会遇到的简单问题。实证证据表明，经济地理学家如邓宁（Dunning，2001）、迪肯（Dicken，2003a）等人提出的公司全球化的基准，按照这个基准衡量，只有新闻集团能够被称为一个"全球的"公司，并且新闻集团本身的全球地位，既是一种在澳大利亚建立的历史的意外结果，也是高度取决于在其所运作的国家利用广播电视网络和国家关系的能力。

第二，我们需要思考传播媒介、民族国家和文化政策之间关系的历史偶然性，还要认识到20世纪大部分时期一直摇摆不稳定的轨迹和结构将不会适用于21世纪的媒介产业。有观点认为，一个实施管理和贸易保护主义的国家能够利用，基于国家的媒介和国家为了"制造"国家公民而在管理媒介文化政策方面起到作用，这二者之间的关联，这种观点将会在未来受到挑战。在此，全球媒介的兴起只是该等式关系的一小部分，因为日益增长的文化多样性人口、获得数字内容方法的扩散、"自上而下的"民族主义文化政策议程、以及文化民族主义的国家建设

项目（正如在媒介消费方式中提及的）都是和媒介科技在全球范围内跨

国界兴起发展同等重要的因素。

《理解全球媒介》一书提出，我们正在从 20 世纪的国家管理保护模式中脱离出来，转变为 21 世纪"赋权型政府"模式，即在 20 世纪国家管理保护的环境中民族国家会在他们的领土内对于媒介实施不同程度的控制，而在 21 世纪"赋权型政府"模式中政府当局对于复杂的非政府机构的广播电视网络的作用变成日益宣传式的和表演式的。这种政策的改变，与文化政策能量和动力的重要位点从国家层面到次民族国家层面和超民族国家层面的层级转变有关。

在次民族国家层面，媒介文化政策与转向发展中创意城市和创意集群十分一致，在许多情况下都受到了美国学者（如商业策略理论家迈克尔·波特，以及经济地理学家理查德·弗罗里达）的强烈影响。创意城市策略由各种政策优先权所驱使，这些政策优先权从吸引地理上可移动的资本和技术型劳动力，到建立一种更加依靠需求驱动的艺术文化政策途径，到修复被弃用的城市中心工业区域，以及促进文化多样性和革新文化。与认为全球化将会在世界城市产生更严重的同质化这种假定相反，国家间、地区间、和全球范围内对于"地理位置竞争性"的渴望，实际上激发了城市规划领域的革新思想，并且促进了对于地点的文化维度的更多关注。同时，通过把文化作为地区发展战略的首要位置，倾向于抹除文化政策的确切规模，这对于尤迪思（Yúdice，2003）提出的第五章讨论过的"文化即资源"的方法来说更为明确有效。

在最近二十年，媒介文化政策的超民族国家地点也变得更为重要。虽然全球化概念在 20 世纪 90 年代早期处于次要地位，但其已经成为大公司、政府机构、学者和激进主义分子所关注的首要与核心。本书以实例证明了，虽然媒介全球化作为更为普遍的经济文化全球化进程的一部分而兴起发展，但是理解全球化的两个深层维度也很重要。其一是在国际范围内合法地约束签约国统一意见的兴起。这些意见中最重要的一部分已经成为服务业贸易总协定和贸易相关知识产权总协定以及国际政府间组织总协定，建立这些组织既是为了监管国家服从这些协定，也是为了推进更深层次的经济自由化，例如世界贸易组织和世界知识产权组织。第二个重要维度是国际非政府组织的增殖，其取决于国际非政府组织如何分类的正式数量，从 6000 上升到超过 5 万。国际政府组织、国际非政府组织以及那些法律约束国际协议的重要性，把一定程度的多阶级引入了媒介文化政策进程，沿着赫尔德等人提出的路线，即他们把全球化的一种结果描述成是多么"有效的力量，被各种势力和机构在国家之间、地区之间和国际范围共享和交换"（Held et al.1999: 80）。在 2003 年日内瓦和 2005 年突尼斯举办的信息社会世界峰会提供了一些吸引人的案例研究，关于国际组织例如与美国有关的国际组织，正在寻求如何扩大跨国交易政策对话，如何不仅包括企业法人，还包括以国际非政府组织为代表的全球市民社会的代理人。

本书在不同观点中都提到的一个议题，特别是在创意产业政策论述中提及的议题，是媒介领域的革新是否与更广发展以及创新议程相关联。该议题深入研究了新形式的数字网络媒介以及生产分配数字内容的方式接近权的拓宽（所谓的"刺激型用户"prod-user 的兴起），制定了使媒介获得权民主化以及在传统机构守门人之外进行生产分配的可能性（Hartley，2005；Cunningham，2006；Deuze，2006；Jenkins，2006；参阅布伦斯 2005 年的关于新闻媒介和新闻的讨论）。本书保持了问题的开放性，至于数字领域的如此发展能否替代媒介产业传统的"沙漏"结构，即在这种沙漏结构中，虽然大量创意生产者随着强烈而多样的消费者文化需求而产生，但是通过由文化分配方式的集中而产生的分配"瓶颈"，接近权是受到管制的，并且文化权力和经济权力是可以累积的。

当然，《理解全球媒介》所提出的核心问题是，即使这样的"瓶颈"依旧存在，而且成为媒介产业的一个重要方面，最近二十五年的媒介全球化是不是表示着垄断资本主义的标量动力的转移，所以来源于供小于求的国家市场的媒介产业的"瓶颈"，现今变成了由少量的全球媒介主导的供大于求的全球"瓶颈"？本书对于此议题给出的答案是否定的。当然，一个全球媒介的复杂产业和文化地理正在兴起，其中必然保留着支配性的媒介资本以及占统治地位的媒介资本家，但是媒介全球化并非简单意味着"全球好莱坞"和世界其他地方之间长久的"核心－外围"215关系。通过全球媒介公司在国家基地之外延伸市场的主导性，这样的尝试将会继续以不间断的方式与国家核心竞争者交战，与当地国家文化的多样性和异质性竞争，而且据可获得的证据显示，这么做会有一些缺陷，与我们通常的假设跨国公司拥有无处不在的权力恰恰相反。一般而言，全球媒介的兴起反而意味着一种在地区、国家和全球范围内复杂的变化着的标量动力，借此，全球媒介生产的新中心或许会作为一种文化创意的内在集群从不同地方兴起。

注 释

第一章

[1] 参见泽利泽（Zelizer，2004）对于新闻记者在不同的媒介和社会理论流派中如何进入角色的讨论。

[2] 术语"代理人"（agent）不是用于"人"，因为它承认传播行为通过一系列的社会组织，或者代表了他们制度的人的行为，而不仅仅在那些作为自治个体的人群中产生作用。

[3] 麦圭尔（McQuail，2005）在他所定义的媒介中心和社会中心的社会变化模式之间进行区分，前者把媒介作为社会变化的主要驱动力来定义，后者最大程度上把媒介视为更大的政治、经济和社会力量的延展。

[4] 如此媒介影响的行为模式更宽广的趋势是将产生对媒介力量的重要性及本质的怀疑，因为实质上任何有关个体行为的媒介影响的直接经验研究都会注意中介变量的重要性，或者那些媒介自身之外的因素——那将影响个体对任何单一媒介信息的吸收。这种模式影响的高度，约瑟夫·克拉珀（Joseph Klapper）能够自信地观察到"大众传播通常不是作为一种受众效果的必须和充分的因素在起作用，而是通过一种中介因素的连结而起作用"（引自 Newbold，1995a: 119）。

[5] 其中一个主要的因素，在这本书的篇幅里不会被讨论，是对于媒介效果理论的批判，以及对于相当类型的媒介信息的关注对于消费受众有行为上的影响。对于媒介效果研究的回顾，参见麦圭尔（McQuail 2005: 456-78）。从批判的媒介文化的视角对媒介效果研究的排斥，参见冈特利特（Gauntlett，1998）。

[6] "相对自主性"的概念由法国马克思主义哲学家路易·阿尔都塞提出，他指出社会的政治和意识形态的维度不应简单地被看作由经济关系的结构所决定，而是在一个正在被决定和已经被决定的政治和经济水平的相互作用的复杂过程中形成，或者他也定义为在任意社会中的"多种因素决定"。当然这些细节让人迷惑——特别来自阿尔都塞，作为马克思主义者，坚持经济关系是最终决定性的——然而他使意识形态的研究成为可能，凭此文化权力的问题在不是简单地参照经济领域的主导和权力关系方式中得以发展。对于阿尔都塞的

意识形态分析的回顾参见艾略特和巴雷特（Elliott，1987，Barrett，1991）。

[7] 媒介产品评论的扩散，对于使用不同的消费者指南指引的趋势，例如用星级来评估大规模的媒介产品，被视为对消费者不确定性的回应。

[8] 也许对自我创新的人们最著名的通过制度化的合同尝试是好莱坞的"工作室制度"，这一制度 1920 年代至 1940 年代在美国电影业中执行。工作室制度最后破产，部分是因为好莱坞的五大巨头违反了美国反信任法案，也是因为电影的成功给了电影明星名人地位，以及经济势力，使他们能够成功地谈判离开那样捆绑的合同。关于好莱坞的工作室制度，参见斯克拉（Sklar，1994）。

[9] 当和普通的法律进行比较时，公司法的地位问题十分独特，是否就那些工作在更高水平公司里的人们而言产生了病理性的行为，以一种有趣的方式在纪录片"公司"里面表达（Achbar，Abbott and Baken，2004）。

第二章

[1] 文化研究早期关健性的总结之一就是格林·特纳（Graene Turner），他的书非常明确地关注到英国的文化研究。参见特纳（1990）。

[2] 文化政策研究在英国的主要影响是 1980 年代工党领导的地方政府的发端形成了一个文化产业，作为传统制造业工作流失的回应。这一战略在 1990 年代发展成了创意产业政策。

[3] 迪肯（Dicken，2003b）用沃尔玛的例子来解释这一观点。沃尔玛是世界最大的私人雇主，1999 年有 114 万雇员，然而它在美国以外的销售人员只占总人数的 14%，85% 的劳动力在美国雇佣。但是沃尔玛在全球化的其他方面成绩卓著，最引人注目的在于它如何全球化地把囤积的货物资源利用，也许还在于它是如何鼓励思考"麦嘉百货"组织零售活动的方式，尽管就销售活动的大多数而言，就海外投资的重要性而言，或者是主要的劳动力所在地而言，它不是一家跨国公司。

[4] 华盛顿共识是用来形容国际货币基金组织、世界银行和美国财政部的一些经济学家共同拥有的一套观点的一个术语，有关处理发展中国家在要求国际援助时的的结构不平衡的一些必要的方法。他们指出在消减政府开支，私有化国有企业，以及通过国际金融市场和移除资本控制迈向汇率体系的方向。这个术语来于世界经济华盛顿研究所的经济学家约翰·威廉斯，他在 1990 年分析了 1980 年代拉丁美洲经济政策改革的意义。他的分析文献，参见圣蒂诺（Santino，2004）。

[5] MMOGs 公司是大型的多人在线游戏，在那里分布全球的玩家之间在玩游戏的状态下实时互动。MMOGs 的例子包括无尽的任务（Ever quest），反恐精英（Counter-striker）以及模

拟人生（The Sims online）。

第三章

[1] 严格地讲，我们所指的被形容为全球媒介寡头而不是垄断，意味着被少数的公司所统治，而不是由一个供应商控制市场。我使用术语"寡头"而不是"垄断"有两个原因。首先，这个观点在他们的含义中是清晰的，必要的所有权集中使那些竞争的减少成为必要，即使没有导致单一的供应商来控制。第二，在这篇文章中，垄断的趋势指出全球资本主义经济动力的转换与在新马克思主义理论中所描述的垄断资本主义相近似。

[2] 阿尔弗雷德·希区柯克显然过去常常谴责对他转向好莱坞的英国评论，他说，"这里没有美国人，好莱坞充满了外国人"（引自 Miller et al.，2001: 55）。

[3] 从韩国、中国大陆和台湾地区崛起来看，可能更好地是把这个考虑为东北亚地区贸易集团。

[4] 然而，面对美国在线－时代华纳的问题是，和其他的全球媒介企业集团相比，由 CEO 让·梅西亚·梅西耶建立的以法国为基地的维旺迪环球相对较弱。维旺迪环球的股票到 2002 年已经降低到垃圾债券的地位。梅西耶被打击不仅是因为好莱坞的一些死脑筋总是质疑法国的外来者管理以美国为基地的娱乐业的能力，而且因为法国的政治和经济制度，他们担心法国的"国家冠军"Cannal + 有线电视供应商的未来。康佩恩（Compaine，2000）和凯夫斯（Caves，2000）注意到媒介领域垄断战略的一些限制，因为通过扩散跨部门媒介公司组织元素，他们产生了一些新的控制问题，他们也注意到了在未被兼并的实体里是如何扼杀创意的最初源泉的。

[5] 2003 年北美维旺迪和从 NBC 手中接过娱乐资产的通用电器合并，维旺迪不再被认为是一个媒介企业巨头，因为它们的独立的重要的媒介资产是法国有线网络 Canal+，它是限制法国以外市场的渗透的（The Economist，2002a，2003）。

[6] 联合国贸易暨发展会议（The UNCTAD）列出的 100 个非金融跨国公司依据它们的国外资产排名包括沃达丰、法国电信、德国电信集团、意大利电讯公司、西班牙电信公司、新加坡电信、诺基亚、威瑞森以及摩托罗拉的电信部门。所有这些公司都出现在媒介和娱乐产业，其中有些会随着时间而成长。它们是否能够被认为是一个媒介公司仍然是一个重要的和需要明确的问题，例如像通用电器和微软这样的公司。我过去也指出它们至今仍不能被认为是完全的媒介公司，但也支持了一些假设，通过提供一些媒介内容，它们正日益统治全球的媒介市场。

[7] 这些应用总是注意到"发达"世界和"发展中"世界的模糊区别，特别是那些东亚的经济发展。那些像哈钦森、三星、现代、LG 电器、宏基和新加坡电信在它们独自的领域里是重

要的全球玩家，而它们的"基地"——新加坡、韩国、中国香港和台湾地区——已经很快地从发展中社会的状态中脱离出来了。联合国贸易暨发展会议2006年的发展报告长篇地讨论了发展中经济体中兴起的跨国公司的含义。

第四章

[1] 对于这种声称的一个通常的反例是工业生产并没有明显的衰退，相反地转移到了发展中世界。中国作为世界制造业引人注目的位置，或作为"世界工厂"的兴起，在21世纪早期被看作这种趋势的例证。我不认为中国作为一个工业经济的兴起是无价值的，知识经济的转换有两个原因：制造业全球投资转换到中国，仅仅增强了高工资经济体去确定新的就业和经济增长的源泉，对于基于价格的国际竞争不是那么敏感。第二，中国自身也更加有兴趣怎样发展更加知识密集型的工业（Grewal et al.，2002；Keane，2004C）。

[2] 一个非常重要的有关发展的经济理论，"新增长经济的兴起"与保罗·大卫（Paul David）和其他的所谓斯坦福学派的人联系在一起。保罗·罗默（Paul Romer）指出传统的经济思考试图把技术作为外生的"天赐之物"威胁，这些从外面影响了经济体系。相反他建议在技术变化和经济增长之间有一个动力关系，发展出制度环境的社会经济体系有利于新的思想和创新经验累积的经济变革。大卫（David，1999）对于这个文献亦有贡献，特别是他观察到在新的技术经济制度出现和能使新技术最大化的机遇成为可能的社会制度的调节之间有时间的延迟，这种延迟存在最大到50年。

[3] 好莱坞成为洛杉矶的同义词标志着一个城市和它的一个特殊的次区域的合并。因为在这个次区域产生了电影制片人制度，伴随着历史上美国电影世界性的影响，我们仍旧参考"好莱坞"电影，即使是大多数的电影和电视生产的好莱坞以外的洛杉矶县生产，或许现在它是作为一个成人电影产业的中心，而不是一个更合适的电视和电视产业而著名。

[4] 尼克松（Nixon，2004）提出了一个令人着迷的案例，这个案例有界定在伦敦内部像索和和科芬园这样的广告业地区的重要性。

[5] 大卫·哈维在《资本的限制》（1982）提供了一个从地理的视角对马克思政治经济学的清楚解释。在他后来的著作《后现代性的条件》中，哈维提出"资本主义的历史以在生活中的步伐的加速为特征，而那些克服的空间障碍是世界有时向我们自己崩溃了（Harvey，1989：240）。

[6] 而那些全球电信业详细的研究超越了这本书的范围，这些问题在那些部分非常的明显。1980年代早期通信开始普及，国营的国家垄断企业提供了一个1994年普及的计划的老的电话体系，后来出现了一些新的国际玩家，最著名的是AT & T和沃达丰。同时，现在的国家电报体系的提供者，已经丧失了他们的垄断地位，在很多实例中已经私有化了，已经

慢慢地丧失掉了他们的市场份额，经常维持了接近国家政府的政策市场的特权。像西班牙电信、德国电信和法国电信这样最大的供应商，已经国际化，在多个市场上分散了他们的行动，特别在新媒介领域。

第五章

[1] 施莱辛格引用的数据显示 1994 年在欧洲 94% 的电视观看是特殊语言（Schlesinger，1997：384）。这和一些观察相一致，在一个欧盟成员国内制作的节目只有不到 10% 能够在其他成员国内被观看，尽管一些创始国想要提高泛欧洲的视听媒介内容（Collins，1998）。

[2] 这样的政策例子包括美国政府的《国家信息基础设施实施小组》报告（1993）；欧盟的《欧洲和信息高速公路》（班格曼报告）（1994）；新加坡的《IT2000——一个知识岛的愿景》报告（1994）；加拿大政府的《加拿大信息高速公路——建立加拿大信息和通讯设施》澳大利亚政府的《创意国家》（1994）和《网络澳大利亚的未来》（1994）报告；马来西亚政府的《多媒介特别走廊》战略报告（1995）；韩国的《提升国家竞争力的信息战略》报告（1996）以及经济合作与发展组织的《全球信息基础设施——全球信息社会》报告。参见诺思费尔德（Northfield，1991）对此的延展性文献。

[3] 一个这样的趋势相对亲近的例子是英国文化认同的再主张。汤姆林森（Tomlinson，2004）观察到，因为法定的权力下放开始给了苏格兰和威尔士更多的政治权力去迎合她们独特的文化身份认同诉求，有一个圣乔治十字作为英国身份认同的旗帜在像 2002 年世界杯足球赛、2003 年英式橄榄球世界杯和 2006 年澳大利亚骨灰板球之旅，这样的主要体育赛事中代替了英国国旗。这个可以被看作是和在 1990 年代中期流行音乐里的英伦摇滚里英国认同早期确认相并行的，像绿洲这样的乐队明显地把它们自己和起源于披头士、滚石以及谁人乐队这样的英国音乐的遗产联结起来。不是那么亲近的主流文化认同的再确认的例子是在美国新本土主义运动的兴起，这个运动对于"白人"文化认同有威胁的本性的联邦州程序带有敌意，让－玛丽·勒庞的民族阵线党在法国的选举胜利，"单一民族党"在澳洲的兴起，这些都与多元文化主义相对立，全球化和基于传统的"盎格鲁－凯尔特人"文化的本土人士权力的扩张，这个文化被那些"政治上正确"的统治精英所背叛（Hage，1998）。

[4] 有谣传，例如，亨廷顿的书的复印版，"文明的崩溃"在面临 9.11 突然灾难袭击的开罗不能获得。

[5] 参见布坎南（Buchanan，2004）令人敬佩的简洁的德勒兹思想的关键概念的介绍。

第六章

[1] 然而西方人倾向把这称为第一次海湾战争，2003 年美国领导的武装力量第二次入侵伊拉克，在阿拉伯世界，两伊战争，回溯到 1981 年到 1989 年，见证了 100 万人失去生命，以第一次海湾战争而被世人知道，在 1991 年第二次海湾战争中把科威特从伊拉克占领下解放出来。

[2] 就这一点而言，澳大利亚本土艺术的例子是非常有意思的。因为 1980 年代中期，对于澳大利亚本土生产的艺术品有一个日益增长的国际需求，这些艺术品在英国一流的拍卖公司克里斯蒂拍卖行举行，巴黎的凯布朗利博物馆用澳大利亚的本土绘画喷绘他们的屋顶。从澳大利亚土著地区受欢迎的艺术售卖所获得的新的国际收入产生，他们是在澳洲社会经济学最贫困的边缘人，然而这产生了三个有疑问的问题。首先，艺术世界对于作为作者的原始创作者的付费不太符合边远地区土著社区的期望，他们的作品是国际市场上最受欢迎的，也不太符合集体作品的权属和责任。第二，在有钱的国际艺术赞助人的预期中"传统"的艺术品将被重复复制，事实上，本土艺术家日益在艺术和文化贸易的全球循环中增加工作之间存在矛盾。第三，在本土的人口中，在超过 200 年欧洲人定居中被例行公事地剥夺掉他们的土地和身份，强化那些在边远地区"真正的"土著生活的版本有一个危险，他们在城市和地区中心的生活无论在土著身份或他们的手工和创意产品中有一些不是"真正的"。

[3] 条款 II，最惠国待遇条款，规定每一个成员被要求"立即和无条件地给予服务和服务提供者任何其他成员待遇，优惠上不低于它所提供给其他国家的服务和服务供应者"。条款 XVI，市场准入要求"每一个成员应该给服务和服务供应者提供任何其他成员优惠上不低于在他们日程中特别列出的和同意的条款、限制和条件"。这个文章仍旧要求，如果跨边界的资本运作是服务的必须的部分，成员被要求允许这样的资本运作；条款 XVII，国家协议要求"每一个成员应该给予任何其他成员服务和服务供应商，涉及所有的方法影响到服务的提供，协议优惠不低于它给予它们自己喜欢的服务和供应商。"

[4] 举一个例子，2002 年世界杯足球锦标赛的转播权的付费对于特莱蒙多电视台来说相当地高，用西班牙语转播，超过娱乐体育节目电视网（ESPN），它们有英语的权利。这是因为国际足球兴趣的强度在美国的西班牙社区是远远地超过美国的其他社区，这些地区把足球看作小众的体育运动。

[5] 萨丽卡表明超过 3000 万的人居住在欧盟没有身份（Sarikakis, 2005: 167），所有这些人是从非洲、中东和东欧来的，在他们的国家社会内，他们是在文化上被剥夺权利最严重的人。

参考文献

Abramovitz, Moses and David, Paul (2001) *Two Centuries of American Macroeconomic Growth: From Exploitation of Resource Abundance to Knowledge-Driven Development.* Stanford: Stanford Institute for Economic Policy Research, Discussion Paper 01–05, August.

Abramson, Bram Dov (2001) Media Policy after Regulation?. *International Journal of Cultural Studies* 4 (3), September, pp. 301–26.

Acland, Charles, and Buxton, William (eds) (1999) *Harold Innis in the New Century.* Montréal: McGill-Queen's University Press.

Ádám, Gyorgy (1975) Multinational Corporations and Worldwide Sourcing. In H. Radice (ed.) *International Firms and Modern Imperialism.* Harmondsworth: Penguin, pp. 89–103.

Aglietta, Michel (1987) *A Theory of Capitalist Regulation.* London: Verso.

—(1998) Capitalism at the Turn of the Century: Regulation Theory and the Challenge of Social Change. *New Left Review* 232, pp. 41–90.

Altvater, Elmar, and Mahnkopf, Birgit (1997) The World Market Unbound. In A. Scott (ed.) *The Limits of Globalization: Cases and Arguments.* London: Routledge, pp. 306–26.

Amin, Ash (2001) Globalization: Geographical Aspects. In N. J. Smelser and P. B. Baltes (eds) *International Encyclopedia of the Social and Behavioural Sciences.* Amsterdam: Elsevier Science, pp. 6271–7.

—(2002) Spatialities of Globalization. *Environment and Planning* A 34, pp. 385–99.

—and Thrift, Nigel (eds) (2004) *The Cultural Economy Reader.* Oxford: Blackwell. Amin, Samir (2004) Unity and Changes in the Ideology of Political Economy. In P. Leistnya (ed.) *Cultural Studies: From Theory to Action.* Oxford and Malden: Blackwell, pp. 19–28.

Anderson, Benedict (1991) *Imagined Communities: Reflections on the Origins and Spread of Nationalism.* London: Verso.

Ang, Ien (1991) *Desperately Seeking the Audience.* London: Routledge.

—(1996a) Global Media/Local Meaning. In *Living Room Wars: Rethinking Media Audiences for a Postmodern World.* New York: Routledge, pp. 50–61.

—(1996b) In the Realm of Uncertainty: The Global Village and Capitalist Postmodernity. In *Living Room Wars: Rethinking Media Audiences for a Postmodern World.* New York: Routledge, pp. 162–80.

Angus, Ian, and Shoesmith, Brian (1993) Orality in the Twilight of Humanism: A Critique of the Communications Theory of Harold Innis. *Continuum: Journal of Media and Cultural Studies* 7(1), pp. 1–28.

Appadurai, Arjun (1990) Disjuncture and Difference in the Global Cultural Economy. In M. Featherstone (ed.) *Global Culture: Nationalism, Globalization and Modernity.* London: Sage, pp. 295–310.

—(1996) *Modernity at Large: Cultural Dimensions of Globalization.* Minneapolis: University of Minnesota Press.

—(2003) Grassroots Globalization and the Research Imagination. In A. Appadurai (ed.) *Globalization.* Durham, NC: Duke University Press, pp. 1–21.

Arthur, Brian (1999) Competing Technologies, Increasing Returns and Lock-In by Historical Events. *Economic*

Journal 99, pp. 116–31.

Auerbach, Paul (1988) *Competition: The Economics of Industrial Change*. Oxford: Basil Blackwell.

AusFILM (2000) *A Bigger Slice of the Pie: Policy Options for a More Competitive International Film and Television Production Industry in Australia*. Report prepared by Malcolm Long Associates, November.

Australian Broadcasting Tribunal (1991) *Oz Content: An Inquiry into Australian Content on Commercial Television*. Five volumes. Canberra: Australian Government Printing Service.

Australian Film Commission (AFC) (2002) *Foreign Film and Television Drama Production in Australia*. Sydney: AFC.

Bagdikian, Ben (2000) *The Media Monopoly*, 6th edition. Boston: Beacon.

Balibrea, Mari Paz (2001) Urbanism, Culture and the Post-Industrial City: Challenging the 'Barcelona Model' *Journal of Spanish Cultural Studies* 2 (2), pp. 187–210.

Baran, Paul (1973) *The Political Economy of Growth*. Harmondsworth: Penguin.

—and Sweezy, Paul (1968) *Monopoly Capital*. Harmondsworth: Penguin.

Barber, Benjamin (2000) Jihad vs. McWorld. In F. J. Lechner and J. Boli (eds) *The Globalization Reader*. Oxford and Malden: Blackwell, pp. 21-6.

Barnes, Trevor (2003) Introduction: 'Never Mind the Economy: Here's Culture', in K. Anderson, M. Domosh, S. Pile and N. Thrift (eds) *Handbook of Cultural Goegraphy*. London: Sage, pp. 89-97.

Barnet, Richard and Muller, Robert (1974) *Global Reach: The Power of the Multinational Corporations*. New York: Simon Schuster.

Barney, Darin (2004) *The Network Society*. Cambridge: Polity.

Barrett, Michele (1991) *The Politics of Truth: From Marx to Foucault*. Cambridge: Polity.

Barwise, Patrick, and Ehrenberg, Andrew (1988) *Television and its Audience*. London: Sage.

Bellamy, Robert and Traudt, Paul (2000) Television Branding as Promotion. In S. T. Eastman (ed.) *Research in Media Promotion*. Mahwah: Lawrence Erlbaum, pp. 127-59.

Beniger, James (1986) *The Control Revolution: Technological and Economic Origins of the Information Society*. Cambridge, MA: Harvard University Press.

Benkler, Yochai (2002) Coase's Penguin, or, Linux and the Nature of the Firm. *Yale Law Journal* 112 (3), pp. 369–446.

Bennett, Tony (1989) Culture: Theory and Policy. *Culture and Policy* 1(1), pp. 9–11.

—(1992a) Putting Policy into Cultural Studies. In L. Grossberg, C. Nelson and P. Treichler (eds) *Cultural Studies*. New York: Routledge, pp. 23–37.

—(1992b) Useful Culture. *Cultural Studies* 6 (3), pp. 395–408.

—(1995) *The Birth of the Museum: History, Theory, Politics*. London: Routledge.

—(1998) *Culture: A Reformer's Science*. Sydney: Allen &c Unwin.

—(2003) Culture and Governmentality. In J. Z. Bratich, J. Packer and C. McCarthy (eds) *Foucaulty Cultural Studies, and Governmentaity*. Albany: State University of New York Press, pp. 47–63.

Best, Michael (1990) *The New Competition: Institutions of Industrial Restructuring*. Cambridge: Polity.

Bhabha, Homi (1994) *The Location of Culture*. London: Routledge.

Bicket, Douglas (2005) Reconsidering Geocultural Contraflow: Intercultural Information Flows through Trends in Global Audiovisual Trade. *Global Media Journal* 4 (6), pp. 1–26.

Blackburn, Robin (ed.) (1972) *Ideology in Social Science: Readings in Critical Social Theory*. London: Fontana.

Bocock, Robert (1992) The Cultural Formations of Modern Society. In S. Hall and B. Gieben (eds) *Formations of Modernity*. Cambridge: Polity with the Open University, pp. 229–74.

Bolter, Jay David and Grusin, Richard (2000) *Remediation: Understanding New Media*. Cambridge, MA: MIT Press.

Bordwell, David (2000) *Planet Hong Kong: Popular Cinema and the Art of Entertainment*. Cambridge, MA: Harvard University Press.

Botsman, Peter and Latham, Mark (2001) *The Enabling State: People Before Bureaucracy*. Sydney: Pluto.

Bourdieu, Pierre (1984) *Distinction: A Social Critique of the Judgement of Taste*. Trans. R. Nice. London: Routledge.

Boyd, Douglas (1999) *Broadcasting in the Arab World*, 3rd edition. Ames: Iowa State University Press.

Boyd-Barrett, Oliver (1998) Media Imperialism Reformulated. In D. K. Thussu (ed.) *Electronic Empires: Global Media and Local Resistance*. London: Edward Arnold, pp. 157–76.

Boyer, Robert (1987) Regulation. In J. Eatwell, M. Milgate and P. Newman (eds) *The New Palgrave: A Dictionary of Economics, Volume 4*. London: Macmillan (now Palgrave Macmillan), pp. 126–8.

—(1988) Technical Change and the Theory of Regulation. In G. Dosi, C. Freeman, R. R. Nelson, G. Silverberg and L. Soete (eds) *Technical Change and Economic Theory*. London: Pinter, pp. 67–94.

—(1990) *The Regulation School: A Critical Introduction*. New York: Columbia University Press.

—and Drache, Daniel (eds) (1996) *States Against Markets: The Limits of Globalization*. New York: Routledge.

Braithwaite, John (2000) The New Regulatory State and the Transformation of Criminology. *British Journal of Criminology* 40 (2), pp. 222–38.

—and Drahos, Peter (2000) *Global Business Regulation*. Cambridge: Cambridge University Press.

Brewer, Anthony (1980) *Marxist Theories of Imperialism: A Critical Survey*. London: Routledge Kegan Paul.

Brown, Andy, O'Connor, Justin and Cohen, Sara (2000) Local Music Policies within a Global Music Industry: Cultural Quarters in Liverpool, Manchester and Sheffield. *Geoforum* 31 (4), pp. 431–51.

Bruns, Axel (2005) *Gatewatching: Collaborative Online News Production*. New York: Peter Lang.

Buchanan, Ian (2004) Introduction: Deleuze and Music. In I. Buchanan and M. Swiboda (eds) *Deleuze and Music*. Edinburgh: Edinburgh University Press, pp. 1–19.

Budd, Alan, Entman, Robert and Steinman, Clay (1990) The Affirmative Character of U.S. *Cultural Studies. Critical Studies in Mass Communication* 7 (2), pp. 169–84.

Burch, Sally (2004) Global Media Governance: Reflections from the WSIS Experience. *Media Development* 1, pp. 1–6.

Calabrese, Andrew (1999) The Information Age According to Manuel Castells. *Journal of Communication* 49 (3), pp. 172–86.

Campbell, John and Lindberg, Leon (1990) Property Rights and the Organization of Economic Activity by the State. *American Sociological Review* 55 (4), pp. 634–47.

Canclini, Néstor García (1992) Cultural Reconversion. In G. Yúdice, J. Franco and J. Flores (eds) *On Edge: The Crisis of Contemporary Latin American Culture*. Minneapolis: University of Minnesota Press, pp. 29–43.

—(1995) *Hybrid Cultures: Strategies for Entering and Leaving Modernity*. Minneapolis: University of Minnesota Press.

—(2000) Cultural Policy Options in the Context of Globalization. In G. Bradford, M. Gary and G. Wallach (eds) *The Politics of Culture: Policy Perspectives for Individuals, Institutions, and Communities*. New York: New Press, pp. 302–26.

—(2001) *Consumers and Citizens: Globalization and Multicultural Conflicts*. Intro. and trans. George Yúdice. Minneapolis: University of Minnesota Press.

Castells, Manuel (1978) *City, Class, and Power*. London: Verso.

— (1996) *The Rise of the Network Society*. Volume 1 of *The Information Age: Economy, Society, and Culture*. Oxford: Blackwell.

— (1998) *The Power of Identity*. Volume 2 of *The Information Age: Economy, Society, and Culture*. Oxford: Blackwell.

— (2000a) *End of Millennium*. Volume 3 of *The Information Age: Economy, Society, and Culture*. Oxford:

Blackwell.

—(2000b) Materials for an Exploratory Theory of the Network Society. *British Journal of Sociology* 51 (1), pp. 5–24.

—(2001) E-Business and the New Economy. In Manuel Castells, *The Internet Galaxy: Reflections on the Internet, Business, and Society*. Oxford: Oxford University Press, pp. 64–115.

—(2004) Afterword: Why Networks Matter. In H. McCarthy, P. Miller and P. Skidmore (eds) *Network Logic: Who Governs in an Interconnected World?* London: DEMOS, pp. 221–4.

Castles, Stephen (1997) Multicultural Citizenship: A Response to the Dilemma of Globalization And National Identity?. *Journal of Intercultural Studies* 18 (1), pp. 5–22.

—and Davidson, Alastair (2000) *Citizenship and Migration: Globalization and the Politics of Belonging*. Basingstoke: Macmillan (now Palgrave Macmillan).

Caughie, John (1990) Playing at Being American: Games and Tactics. In P. Mellencamp (ed.) *Logics of Television: Essays in Cultural Criticism*. Bloomington: Indiana University Press, pp. 44–58.

Caves, Richard (2000) *Creative Industries: Contracts Between Art and Commerce*. Cambridge, MA: Harvard University Press.

Centre for Cultural Policy Research (CCPR) (2003) *Baseline Study of Hong Kong's Creative Industries*. University of Hong Kong, September. Available from www.ccpr.hku.hk/BaselineStudyonHKCreativeIndustries-eng.pdf. Accessed 13 September 2006.

Chan, Joseph Man (2004) Global Media and the Dialectics of the Global. *Global Media and Communication* 1(1), pp. 24–8.

Chandler, Alfred (1977) *The Visible Hand: The Managerial Revolution in American Business*. Cambridge, MA: Harvard University Press.

Chenoweth, Neil (2002) *Virtual Murdoch: Reality Wars on the Information Highway*. London: Vintage.

Chomsky, Noam (2001) 9–11. New York: Seven Stories.

—and Herman, Edward S. (1988) *Manufacturing Consent: The Political Economy of the Mass Media*. New York: Pantheon.

Christensen, Clayton (1997) *The Innovator's Dilemma*. New York: HarperCollins. Christopherson, Susan (2002) Why do National Labor Market Practices Continue to Diverge in the Global Economy? The 'Missing Link' of Investment Rules. *Economic Geographer* 78 (1), pp. 1–20.

Chua, Beng Huat (2004) Conceptualizing an East Asian Popular Culture. *Inter-Asia Cultural Studies* 5 (2), pp. 200–21.

Civil Society WSIS (2003) *Shaping Information Societies for Human Needs: Civil Society Declaration to the World Summit on the Information Society*, WSIS Civil Society Plenary, Geneva, 8 December.

Clegg, Stewart, Boreham, Paul and Dow, Geoff (1986) *Class, Politics and the Economy*. London: Routledge & Kegan Paul.

—, Kornberger, Martin and Pitsis, Tyrone (2005) *Management and Organizations*. London: Sage.

Cohen, Hart (2000) Revisiting McLuhan. *Media International Australia* 94, pp. 5–12.

Collins, Richard (1990) *Culture, Communication and National Identity: The Case of Canadian Television*. Toronto: University of Toronto Press.

—(1998) *From Satellite to Single Market: The Europeanization of Television 1982–1992*. London: Routledge.

—, Garnham, Nicholas and Locksley, Gareth (1988) *The Economics of Television: The UK Case*. London: Sage.

—and Murroni, Christina (1996) *New Media, New Policies*. Cambridge: Polity. Compaine, Benjamin (2000) Distinguishing between Concentration and Competition. In B. M. Compaine and D. Gomery, *Who Owns the Media? Competition and Concentration in the Mass Media Industry*, 3rd edition. Mahwah: Lawrence Erlbaum, pp. 537–81.

—(2001) The Myths of Encroaching Global Media Ownership. *Open Democracy*. Available from www.

opendemocracy.net/debates/debate-8-24.jsp. Posted 8 November. Accessed 14 November 2004.

Condit, Celeste (1989) The Rhetorical Limits of Polysemy. *Critical Studies in Mass Communication* 6 (1), pp. 103–22.

Connell, John and Gibson, Chris (2003) *Soundtracks: Popular Music, Identity and Place.* London: Routledge.

Considine, Mark (1994) *Public Policy: A Critical Approach.* Melbourne: Macmillan (now Palgrave Macmillan).

Control Room (2004). Director: Jehane Noujaim.

Cooke, Philip (2002) New Media and New Economy Cluster Dynamics. In L. Lievrouw and S. Livingstone (eds) *The Handbook of New Media*, 1st edition. London: Sage, pp. 287–303.

Cooper, David (1992) *A Companion to Aesthetics.* Oxford: Oxford University Press. Corbridge, Stuart (1986) *Capitalist World Development: A Critique of Radical Development Geography.* Totowa: Rowman &c Littlefield.

Coriat, Benjamin and Dosi, Giovanni (2002) The Institutional Embeddedness of Economic Change: An Appraisal of the 'Evolutionary' and 'Regulationist' Research Programmes. In G. Hodgson (ed.) *A Modern Reader in Evolutionary and Institutional Economics.* Cheltenham: Edward Elgar, pp. 95–123.

Couldry, Nick and Curran, James (2003) The Paradox of Media Power. In N. Couldry and J. Curran (eds) *Contesting Media Power: Alternative Media in a Networked World.* Lanham: Rowman & Littlefield, pp. 3–16.

Cowen, Tyler (2002) *Creative Destruction: How Globalization Is Changing the World's Cultures.* Princeton: Princeton University Press.

Cowling, Keith (1982) *Monopoly Capitalism.* New York: John Wiley.

Cox, Kevin (1997) Globalization and the Politics of Distribution. In K. Cox (ed.) *Spaces of Globalization: Reasserting the Power of the Local.* New York: Guilford, pp. 115–36.

Craik, Jennifer, Davis, Glyn and Sutherland, Naomi (2002) Cultural Policy and National Identity. In G. Davis and M. Keating (eds) *The Future of Governance: Policy Choices.* Sydney: Allen & Unwin, pp. 177–209.

Crotty, James, Epstein, Gerald and Kelly, Patricia (1998) Multinational Corporations in the Neo-Liberal Regime. In D. Baker, G. Epstein and R. Pollin (eds) *Globalization and Progressive Economic Policy.* Cambridge: Cambridge University Press, pp. 117–43.

Cunningham, Stuart (1992) *Framing Culture: Criticism and Policy in Australia.* Sydney: Allen & Unwin.

—(2002) From Cultural to Creative Industries: Theory, Industry and Policy Implications. *Media International Australia* 102, pp. 54–65.

—(2005a) Culture, Services, Knowledge: Television between Policy Regimes. In J. Wasko (ed.) *A Companion to Television.* Oxford and Malden: Blackwell, pp. 199–214.

—(2005b) Creative Enterprises. In J. Hartley (ed.) *Creative Industries.* Oxford: Blackwell, pp. 282–98.

—(2006) *What Price a Creative Economy?* Platform Papers No. 9. Sydney: Currency.

—and Jacka, Elizabeth (1996) Australian Television in World Markets. In J. Sinclair, E. Jacka and S. Cunningham (eds) *New Patterns in Global Television: Peripheral Vision.* Oxford: Oxford University Press, pp. 192–228.

—and Flew, Terry (2000) De-westernizing Australia? Media Systems and Cultural Co-ordinates. In J. Curran and M.-J. Park (eds) *De-Westernizing Media Studies.* Londqn: Routledge, pp. 237–48.

—, Cutler, Terry, Hearn, Greg, Ryan, Mark and Keane, Michael (2004) An Innovation Agenda for the Creative Industries: Where is the R&D?. *Media International Australia* 112, pp. 174–85.

Curran, James (1977) Capitalism and Control of the Press, 1800–1975. In J. Curran, M. Gurevitch and J. Woollacott (eds) *Mass Communication and Society.* London: Edward Arnold, pp. 195–230.

—(1990) The New Revisionism in Mass Communication Research: A Reappraisal. *European Journal of Communication* 5 (2-3), pp. 135–64.

—(2002) Global Media Concentration: Shifting the Argument. *Open Democracy.* Available from www.

opendemocracy.net/debates/article-8-24-37.jsp. Posted 23 May. Accessed 12 August 2004.

—and Park, Myung-Jin (2000) Beyond Globalization Theory. In J. Curran and M.-J. Park (eds) *De-Westernizing Media Studies*. London: Routledge, pp. 3–18.

Curtin, Michael (2003) Media Capital: Towards the Study of Spatial Flows. *International Journal of Cultural Studies* 6 (2), pp. 202–28.

—(2005) Murdoch's Dilemma, or 'What's the Price of TV in China?'. *Media, Culture and Society* 27 (2), pp. 155–75.

—and Streeter, Thomas (2001) Media. In R. Maxwell (ed.) *Culture Works: The Political Economy of Culture*. Minneapolis: University of Minnesota Press, pp. 225–49.

Dahlgren, Peter (1995) *Television and the Public Sphere*. London: Sage.

Dajani, Nabil (2005) Television in the Arab East. In J. Wasko (ed.) *A Companion to Television*. Oxford and Malden: Blackwell, pp. 580–601.

David, Paul (1999) Digital Technology and the Productivity Paradox: After Ten Years, What Has Been Learned?. Paper prepared for *Understanding the Digital Economy: Data, Tools and Research*. Washington, DC: US Department of Commerce, 25–26 May.

—and Foray, Dominique (2002) An Introduction to the Economy of the Knowledge Society. *International Social Science Journal* 171, February-March, pp. 9–23.

Davis, Howard and Scase, Richard (2000) *Managing Creativity: The Dynamics of Work and Organization*. Buckingham and Philadelphia: Open University Press.

de Certeau, Michel (1984), *The Practice of Everyday Life*. Trans. S. Rendell. Berkeley: University of California Press.

de Kerckhove, Derrick (2001) *The Architecture of Intelligence*. Basel: Birkhauser.

Dean, Mitchell (1999) *Governmentality: Power and Rule in Modern Society*. London: Sage.

Deleuze, Gilles and Guattari, Félix (1987) *A Thousand Plateaus*. Trans. B. Massumi. Minneapolis: University of Minnesota Press.

Deloitte Research (2003) *The World's Factory: China Enters the 21st Century*. Available from www.dc.com/ research. Accessed 11 June 2005.

Demers, David (2002) *Global Media: Menace or Messiah?* Cresskill: Hampton.

Department of Communications and the Arts (DoCA) (1994) *Creative Nation: Commonwealth Cultural Policy*. Canberra: Commonwealth of Australia. Department of Communications, Information Technology and the Arts (DCITA) (2004) *Digital Content Industry Action Agenda*. Available from www.culturean- drecreation. gov.au/actionagenda/. Accessed 30 July 2006.

Department of Culture, Media and Sport (1998) *Mapping the Creative Industries*. Available from www.culture. gov.uk/creative/creativeindustries.html. Accessed 5 May 2001.

Deuze, Mark (2006) Collaboration, Participation and the Media. *New Media and Society* 8 (4), pp. 691–8.

Dicken, Peter (2003a) *Global Shift: Reshaping the Global Economic Map in the 21st Century*. London: Sage.

—(2003b) 'Placing' Firms: Grounding the Debate on the 'Global' . In J. Peck and H. W. Yeung (eds) *Remaking the Global Economy*. London: Sage, pp. 27–44.

Di Maggio, Paul (1983) Cultural Policy Studies: What They Are and Why We Need Them. *Journal of Arts Management and Law* 13 (1), pp. 241–8.

—, Hargittai, Eszter, Neuman, W. Russell and Robinson, John (2001) Social Implications of the Internet. *Annual Review of Sociology* (27), pp. 307–26.

Dirlik, Arif (1994) The Postcolonial Aura: Third World Criticism in the Age of Global Capitalism. *Critical Inquiry* 20 (2), pp. 328–56.

Dodge, Martin and Kitchin, Rob (2001) *Mapping Cyberspace*. London: Routledge.

Dodgson, Mark, Gann, David and Salter, Ammon (2002) The Intensification of Innovation. *International*

Journal of Innovation Management 6(1), pp. 53–83.

Donald, James (1998) Perpetual Noise: Thinking about Media Regulation. *Continuum: Journal of Media and Cultural Studies* 12 (2), pp. 217–32.

Doremus, Paul, Keller, William, Pauly, Lewis and Reich, Simon (1998) *The Myth of the Global Corporation.* Princeton: Princeton University Press.

Dos Santos, Theodor (1973) The Structure of Dependence. In C. K. Wilber (ed.) *The Political Economy of Development and Underdevelopment.* New York: Random House, pp. 109–17.

Douglas, Mary (1987) *How Institutions Think.* London: Routledge & Kegan Paul.

Doyle, Gillian (2002a) *Media Ownership.* London: Sage.

—(2002b) *Understanding Media Economics.* London: Sage.

du Gay, Paul and Pryke, Michael (2002) Cultural Economy: An Introduction. In P. du Gay and M. Pryke (eds) *Cultural Economy: Cultural Analysis and Commercial Life.* London: Sage, pp. 1–19.

Dugger, William and Sherman, Howard (1994) Comparison of Marxism and Institutionalism. *Journal of Economic Issues* 28 (1), pp. 101–27.

Dunleavy, Patrick and O'Leary, Brendan (1987) *Theories of the State: The Politics of Liberal Democracy.* London: Macmillan (now Palgrave Macmillan).

Dunning, John (2000), Regions, Globalization and the Knowledge-Based Economy: The Issues Stated. In J. Dunning (ed.) *Regions, Globalization and the Knowledge-Based Economy.* Oxford: Oxford University Press, pp. 8–41.

—(2001) *Global Capitalism at Bay?* London: Routledge.

During, Simon (1997) Popular Culture on a Global Scale: A Challenge for Cultural Studies?. *Critical Inquiry* 23, pp. 808–33.

Eco, Umberto (1976) *A Theory of Semiotics.* Bloomington: Indiana University Press.

Economist, The (2002a) *Tangled Webs of Media.* Available from www.economist.com/printedition/displayStory. cfm?StoryID=S%27%29H%28%28P%217%24%20% 40%224%0A. printedition/displayStory.cfm?StoryID =S%27%29H%28%28P%217%24%20% 40%224%0A. Posted 23 May. Accessed 5 August 2004.

Economist, The (2003) *A Media Giant is Born.* Available fromwww.economist.com/agenda/displaystory.cfm? storyid=2034123. Posted 4 September. Accessed 11 June 2006.

Elliott, Gregory (1987) *Althusser: The Detour of Theory.* London: Verso.

El-Nawawy, Mohammed and Iskandar, Adel (2002) *Al jazeera: How the Free Arab News Network Scooped the World and Changed the Middle East.* Cambridge, MA: Westview.

El Oifi, Mohammed (2005) Influence without Power: Al Jazeera and the Arab Public Sphere. In M. Zayani (ed.) *The Al Jazeera Phenomenon: Critical Perspectives on New Arab Media.* London: Pluto, pp. 66–79.

Ernst, Dieter and Kim, Lin Su (2002) Global Production Networks, Knowledge Diffusion, and Local Capability Formation. *Research Policy* 31, pp. 1417–29.

European Cinema Journal (2003) The Korean Film Industry, Dramatic Movement over the Next Generation, pp. 4–5.

Fallows, James (2003) The Age of Murdoch. *The Atlantic Online.* Available from www.theatlantic.com/ issues/2003/09/fallows.htm. Accessed 31 August 2003.

Ferguson, Marjory and Golding, Peter (eds) (1997) *Cultural Studies in Question.* London: Sage.

Fewsmith, Joseph (2001) The Political and Social Implications of China's Accession to the WTO. *China Quarterly* 167, pp. 573–91.

Financial Times (2006) *FT Global 500.* Available from www.ft.com/cms/adb61f66-f7bf-11da-9481-0000779e2340.html. Posted 9 June. Accessed 21 November 2006.

Fiske, John (1987) *Television Culture.* New York: Routledge.

—(1992) British Cultural Studies and Television. In R. C. Allen (ed.) *Channels of Discourse, Reassembled.*

London: Routledge, pp. 284-326.

Fitzgerald, Brian and Montgomery, Lucy (2005) Copyright and the Creative Industries in China. *Proceedings of the 2005 Shanghai International IPR Forum: Intellectual Property Protection and Creative Industries Development*, Shanghai, China. Available from www.eprints.qut.edu.au/archive/00002961/01/2961.pdf. Accessed 26 June 2006.

Flew, Terry (2001) The 'New Empirics' in Internet Studies and Comparative Internet Policy. In H. Brown, G. Lovink, H. Merrick, N. Rossiter, D. Teh and M. Willson (eds) *Politics of a Digital Present*. Melbourne: Fibreculture, pp. 105-14.

—(2002) Broadcasting and the Social Contract. In M. Raboy (ed.) *Global Media Policy in the New Millennium*. Luton: University of Luton Press, pp. 113-29.

—(2003a) Creative Industries and the New Economy. In G. Argyrous and F. Stilwell (eds) *Economics as a Social Science: Readings in Political Economy*. Sydney: Pluto, pp. 309-14.

—(2003b) Television, Regulation and Citizenship in Australia. In P. Kitley (ed.) *Television, Regulation and Civil Society in Asia*. London: RoutledgeCurzon, pp. 148-66.

—(2003c) Creative Industries: From the 'Chicken Cheer' to the Culture of Services. *Continuum: Journal of Media and Cultural Studies* 17 (1), pp. 89-94.

—(2004) Creativity, the 'New Humanism' and Cultural Studies. *Continuum: Journal of Media and Cultural Studies* 18 (2), pp. 161-78.

—(2005a) *New Media: An Introduction*. Melbourne: Oxford University Press.

—(2005b) Creative Economy. In J. Hartley (ed.) *Creative Industries*. Oxford: Blackwell, pp. 344-60.

—(2005c) Sovereignty and Software: Rethinking Cultural Policy in a Global Creative Economy. *International Journal of Cultural Policy* 11 (3), pp. 243-59.

—(2006a) The Social Contract and Beyond in Broadcast Media Policy. *Television and New Media* 7 (3), pp. 282-305.

—(2006b) Media and Citizenship. In A.-V. Anttiroiko and M. Malika (eds) *Encyclopedia of Digital Government*. Hershey: Idea, pp. 905-10.

—and Cunningham, Stuart (1997) Media Policy. In A. Parkin, J. Summers and D. Woodward (eds) *Government, Politics, Power and Policy in Australia*, 5th edition. Melbourne: Longman, pp. 468-85.

—, Ching, Gillian, Stafford, Andrew and Tacchi, Jo (2001) *Music Industry Development and Brisbane's Future as a Creative City*. Brisbane: Creative Industries Research and Applications Centre and Brisbane City Council.

—and McElhinney, Stephen (2005) Globalization and New Media Industries. In L. Lievrouw and S. Livingstone (eds) *The Handbook of New Media*, paperback edition. London: Sage, pp. 287-306.

Florida, Richard (2002) *The Rise of the Creative Class*. New York: Basic Books.

Footer, Mary and Graber, Christoph Beat (2000) Trade Liberalization and Cultural Policy. *Journal of International Economic Law* 3(1), pp. 1-32.

Forgacs, David (1993) National-Popular: Genealogy of a Concept. In S. During (ed.) *The Cultural Studies Reader*. London: Routledge, pp. 177-90.

Foster, John Bellamy (1987) Paul Malor Sweezy. In J. Eatwell, M. Milgate and P. Newman (eds) *The New Palgrave: A Dictionary of Economics, Volume 4*. London: Macmillan (now Palgrave Macmillan), pp. 350-5.

—(2000) Monopoly Capital at the Turn of the Millennium. *Monthly Review* 51 (11), pp. 1-17.

Foucault, Michel (1982) The Subject and Power. In H. L. Dreyfus and P. Rabinow (eds) *Michel Foucalt: Between Structuralism and Hermeneutics*. Chicago: University of Chicago Press, pp. 208-26.

—(1984) Space, Knowledge and Power. In P. Rabinow (ed.) *The Foucault Reader*. London: Penguin, pp. 239-56.

—(1986) Of Other Spaces. Trans. J. Miskowiec. *Diacritics* (16), pp. 22-7.

—(1988) On Power. In L. Kritzman (ed.) *Michel Foucault: Politics, Philosophy, Culture: Interviews and Other Writing 1977–1984*. Trans. A. Sheridan. New York: Routledge, pp. 96–109.

—(1991) Governmentality. In G. Burchell, C. Gordon and P. Miller (eds) *The Foucault Effect: Studies in Governmentality*. Brighton: Harvester Wheatsheaf, pp. 87–104.

Freedman, Des (2003) Who Wants to be a Millionaire? The Politics of Television Exports. *Information, Communication and Society* 6(1), pp. 24–41.

Friedland, Roger and Robertson, A. F. (1990) Beyond the Marketplace. In R. Friedland and A. F. Robertson (eds) *Beyond the Marketplace: Rethinking Economy and Society*. New York: de Gruyter, pp. 3–49.

Frobel, Folker, Heinrichs, Jurgen and Kreye, Otto (1980) *The New International Division of Labour*. Cambridge: Cambridge University Press.

Frow, John and Morris, Meaghan (1996) Australian Cultural Studies. In J. Storey (ed.) *What Is Cultural Studies? A Reader*. London: Edward Arnold, pp. 344–67.

Galbraith, John Kenneth (1973) *Economics and the Public Purpose*. Harmondsworth: Penguin.

Galperin, Hernan (1999) Cultural Industries Policy in Regional Trade Agreements: The Case of NAFTA, the European Union and MERCOSUR. *Media, Culture and Society* 21 (5), pp. 627–48.

Gandy, Oscar H., Jr (2002) The Real Digital Divide: Citizens versus Consumers. In L. Lievrouw and S. Livingstone (eds) *Handbook of New Media*, 1st edition. Thousand Oaks: Sage, pp. 448–60.

Garcia, Beatriz (2004) Urban Regeneration, Arts Programming and Major Events: Glasgow, 1990, Sydney, 2000, Barcelona, 2004. *International Journal of Cultural Policy* 10 (1), pp. 103–18.

Garnham, Nicholas (1987) Public Policy nnd the Cultural Industries. *Cultural Studies* 1 (1), pp. 23–37.

—(1990) *Capitalism and Communications*. London: Sage.

—(1995) Political Economy and Cultural Studies: Reconciliation or Divorce? *Critical Studies in Mass Communication* 12 (1), pp. 62–71.

—(2004) Information Society Theory as Ideology. In F. Webster (ed.) *The Information Society Reader*. London: Routledge, pp. 165–83.

—(2005) From Cultural to Creative Industries: An Analysis of the Implications of the 'Creative Industries' Approach To Arts And Media Policy Making in the United Kingdom. *International Journal of Cultural Policy* 11 (1), pp. 15–29.

Gasher, Mike (2002) *Hollywood North: The Feature Film Industry in British Columbia*. Vancouver: UBC Press.

Gauntlett, David (1998) Ten Things Wrong with the 'Effects' Model. In R. Dickinson, R. Harindranath and O. Linné (eds) *Approaches to Audiences: A Reader*. London: Edward Arnold, pp. 120–30.

—(ed.) (2004) *Web. Studies*. London: Arnold.

Gellner, Ernest (1983) *Nations and Nationalism*. Oxford: Basil Blackwell.

Gertler, Meric (2003a) A Cultural Economic Geography of Production. In K. Anderson, M. Domosh, S. Pile and N. Thrift (eds) *Handbook of Cultural Geography*. London: Sage, pp. 131–46.

—(2003b) The Spatial Life of Things: The Real World of Practice within the Global Firm. In J. Peck and H. W. Yeung (eds) *Remaking the Global Economy*. London: Sage, pp. 101–13.

Gibson, Chris (2003) Cultures at Work: Why 'Culture' Matters in Research on the 'Cultural' Industries. *Social and Cultural Geography* 4 (2), pp. 201–15.

Giddens, Anthony (1990) *The Consequences of Modernity*. Oxford: Polity.

—(2000) *The Third Way and its Critics*. Oxford: Polity.

—(2002) Media and Globalization. Keynote presentation to the 22nd Conference of the International Association for Media and Communications Research, Barcelona, Spain, 17–22 July. Broadcast on *The Media Report*, 19 September. Available from www.abc.net.au/rn/talks/8.30/mediarpt/stories/s678261.htm. Accessed 9 October 2003.

Gilder, George (1994) *Life After Television*. New York: W. W. Norton.

Girard, Augustin (1982) Cultural Industries: A Handicap or a New Opportunity for Cultural Development? In *Cultural Industries: A Challenge for the Future of Culture*. Paris: UNESCO, pp. 24–39.

Glyn, Andrew and Sutcliffe, Bob (1999) Still Underwhelmed: Indicators of Globalization and their Misinterpretation. *Review of Radical Political Economics* 31 (1), pp. 111–31.

Golding, Peter and Murdock, Graham (1973) For a Political Economy of Mass Communication. In R. Miliband and J. Saville (eds) *The Socialist Register 1973*. London: Merlin, pp. 205–34.

—(1989) Information Poverty and Political Inequality: Citizenship in the Age of Privatized Communication. *Journal of Communication* 39 (3), pp. 180–95.

—(2000) Culture, Communications, and Political Hconomy. In J. Curran and M. Gurevitch (eds) *Mass Media and Society*, 3rd edition. London: Edward Arnold, pp. 70–92.

Goldsmith, Ben (2002) Cultural Diversity, Cultural Networks and Trade. *Media International Australia* 102, pp. 35–53.

—and O'Regan, Tom (2003) *Cinema Cities, Media Cities: The Contemporary International Studio Complex*. Sydney: Australian Film Commission.

Gordon, David (1988) The Global Economy: New Edifice or Crumbling Foundations?. *New Left Review* 168, pp. 24–65.

Gordon, Ian and McCann, Philip (2001) Industrial Clusters: Complexes, Agglomeration, and/or Social Networks?. *Urban Studies* 37 (3), pp. 513–32.

Grant, Peter and Wood, Chris (2004) *Blockbusters and Trade Wars: Popular Culture in a Globalized World*. Vancouver: Douglas 6c McIntyre.

Granovetter, Mark (1985) Economic Action and Social Structure. *American Journal of Sociology* 91 (3), pp. 481–510.

Grewal, Bhajan, Xue, Lan, Sheehan, Peter and Sun, Fiona (eds) (2002) *China's Future in the Knowledge Economy: Engaging the New World*. Melbourne: Centre for Strategic Economic Studies/Tsinghua University Press.

Grossberg, Lawrence (1995) Cultural Studies vs. Political Economy: Is Anyone Else Bored with this Debate?. *Critical Studies in Mass Communication* 12 (1), pp. 72–81.

Habermas, Jürgen (1977) The Public Sphere. In A. Mattelart and S. Siegelaub (eds) *Communications and Class Struggle, Volume 1*. New York: International, pp. 199–202.

Hage, Ghassan (1998) *White Nation: Fantasies of White Supremacy in a Multicultural Society*. Sydney: Pluto.

Hagström, Peter and Hedlund, Gunnar (1999) A Three-Dimensional Model of Changing Internal Structure in the Firm. In A. D. Chandler, Jr, P. Hagström and Ö. Sölvell (eds) *The Dynamic Firm: The Role of Technology, Strategy, Organization, and Regions*. Oxford: Oxford University Press, pp. 166–91.

Hall, Peter (1998) *Cities in Civilization: Culture, Innovation and Urban Order*. London: Phoenix Grant.

—(2000) Creative Cities and Economic Development. *Urban Studies* 37 (4), pp. 639-49.

—and Taylor, Rosemary (1996) Political Science and the Three New Institutionalisms. *Political Science* 44, pp. 936–57.

Hall, Stuart (1977) Culture, the Media, and the 'Ideological Effect'. In J. Curran, M. Gurevitch and J. Woollacott (eds) *Mass Communication and Society*. London: Edward Arnold, pp. 315–48.

—(1982) The Rediscovery of 'Ideology': Return of the Repressed in Media Studies. In M. Gurevitch, T. Bennett, J. Curran and J. Woollacott (eds) *Culture, Society and the Media*. London: Methuen, pp. 56–90.

—(1986) Cultural Studies: Two Paradigms. In R. Collins, J. Curran, N. Garnham, P. Scannell, P. Schlesinger and C. Sparks (eds) *Media, Culture and Society: A Reader*. London: Sage, pp. 33–48.

—(1993a) Culture, Community, Nation. *Cultural Studies* 7(1), pp. 349–63.

—(1993b) Encoding, Decoding. In S. During (ed.) *The Cultural Studies Reader*. London: Routledge, pp. 90–103.

—(1996) On Postmodernism and Articulation: An Interview with Stuart Hall (with Lawrence Grossberg). In D. Morley and K.-H. Chen (eds) *Stuart Hall: Critical Dialogues in Cultural Studies*. London: Routledge, pp. 131–50.

—and Jefferson, Tony (eds) (1976) *Resistance Through Rituals: Youth Sub-Cultures in Post-War Britain*. London: Hutchinson.

Ham, Christopher, and Hill, Michael (1993) *The Policy Process in the Modern Capitalist State*. Brighton: Harvester Wheatsheaf.

Hamelink, Cees (1997) MacBride with Hindsight. In P. Golding and P. Harris (eds) *Beyond Cultural Imperialism: Globalization, Communication and the New International Order*. London: Sage, pp. 69–93.

Hardt, Michael and Negri, Antonio (2000) *Empire*. Cambridge, MA: Harvard University Press.

—and—(2005) *Multitude*. London: Penguin.

Harries, Dan (ed.) (2002) *The New Media Book*. London: British Film Institute.

Hartley, John (1996) *Popular Reality: Journalism, Modernity, Popular Culture*. London: Edward Arnold.

—(1999) *Uses of Television*. London: Routledge.

—(2002) *Communication, Cultural and Media Studies: The Key Concepts*. London: Routledge.

—(2003) *A Short History of Cultural Studies*. London: Sage.

—(ed.) (2005) *Creative Industries*. Oxford: Blackwell.

Harvey, David (1982) *The Limits to Capital*. Oxford: Blackwell.

—(1985) The Geopolitics of Capitalism. In D. Gregory and J. Urry (eds) *Social Relations and Spatial Structures*. London: Macmillan (now Palgrave Macmillan), pp. 128–63.

—(1989) *The Condition of Postmodernity*. Cambridge, MA: Blackwell.

Hassan, Robert (2004) *Media, Politics and the Network Society*. Maidenhead: Open University Press.

Hawkins, Gay (1993) *From Nimbin to Mardi Gras: Constructing Community Arts*. Sydney: Allen & Unwin.

Headrick, Daniel (1981) *The Tools of Empire: Technology and European Imperialism in the Nineteenth Century* New York: Oxford University Press.

Held, David (2004) *Global Covenant: The Social Democratic Alternative to the Washington Consensus*. Cambridge: Polity.

—, McGrew, Anthony, Goldblatt, David and Perraton, Jonathon (1999) *Global Transformations: Politics, Economics and Culture*. Stanford: Stanford University Press.

—and McGrew, Anthony (2002) *Globalization/Anti-Globalization*. Cambridge: Polity.

Henderson, Jeffrey, Dicken, Peter, Hess, Martin, Coe, Neil and Yeung, Henry Wai- Chung (2002) Global Production Networks and the Analysis of Economic Development. *Review of International Political Economy* 9 (3), pp. 436–64.

Herman, Edward S. (1981) *Corporate Control, Corporate Power*. New York: Twentieth Century Fund.

—(1997) The Externalities Effects of Commercial and Public Broadcasting. In P. Golding and G. Murdock (eds) *The Political Economy of the Media, Volume 1*. Cheltenham: Edward Elgar, pp. 374–404.

—and Chomsky, Noam (1988) *Manufacturing Consent: The Political Economy of the Media*. New York: Pantheon.

—and McChesney, Robert W. (1997) *The Global Media: The New Missionaries of Global Capitalism*. London: Cassell.

Herz, J. C. (2002) The Broadband Capital of the World. *WIRED* 10.08, August.

Hesmondhalgh, David (2001) Ownership Is Only Part of the Media Picture. *Open Democracy*. Available from www.opendemocracy.net/debates/debate-8-24.jsp. Posted 29 November. Accessed 12 August 2004.

—(2002) *The Cultural Industries*. London: Sage.

—and Pratt, Andy (2005) Cultural Industries and Cultural Policy. *International Journal of Cultural Policy* 11 (1), pp. 1–13.

Hilferding, Rudolf (1985 [1910]), *Finance Capital*. London: Routledge & Kegan Paul.

Hill, Michael (1997) *The Policy Process in the Modern State*. New York: Prentice-Hall.

Hindess, Barry (1989) *Political Choice and Social Structure: An Analysis of Actors, Interests and Rationality*. Aldershot: Edward Elgar.

—(1991) Imaginary Presuppositions of Democracy. *Economy and Society* 20 (2), pp. 173−95.

—(1993) Multiculturalism and Citizenship. In C. Kukathas (ed.) *Multicultural Citizens: The Philosophy and Politics of Identity*. Sydney: Centre for Independent Studies, pp. 33−45.

Hirst, Paul and Thompson, Grahame (1996) *Globalization in Question*. Cambridge: Polity.

Ho, K. C., Kluver, Randolph and Yang, Kenneth (2003) *Asia.com: Asia Encounters the Internet*. London: RoutledgeCurzon.

Hobsbawm, Eric (1990) *Nations and Nationalism Since 1780: Programme, Myth, Reality*. Cambridge, Cambridge University Press.

Hodgson, Geoffrey (1988) *Economics and Institutions*. Cambridge: Polity.

—(2000) Socio-economic Consequences of the Advance of Complexity and Knowledge. In Organization for Economic Co-operation and Development, *The Creative Society of the 21st Century*. Paris: OECD, pp. 89−112.

—(2002) Varieties of Capitalism and Varieties of Economic Theory. In G. Hodgson (ed.) *A Modern Reader in Institutional and Evolutionary Economics*. Cheltenham: Edward Elgar, pp. 201−29.

Hofstede, Geert (1980) *Culture's Consequences: International Differences in Work-Related Values*. London: Sage.

Hoogvelt, Ankie (2001) *Globalization and the Postcolonial World: The New Political Economy of Development*. Baltimore: Johns Hopkins University Press.

Horwitz, Robert (1989) *The Irony of Regulatory Reform: The Deregulation of American Telecommunications*. New York: Oxford University Press.

Hoskins, Colin, McFadyen, Stuart and Finn, Adam (1997) *Global Television and Film: An Introduction to the Economics of the Business*. Oxford: Clarendon.

Howells, Jeremy (2000) Knowledge, Innovation and Location. In J. R. Bryson, P. Daniels, N. Henry and J. Pollard (eds) *Knowledge, Space, Economy*. London: Routledge, pp. 50−62.

Howkins, John (2001) *The Creative Economy: How People Make Money from Ideas*. London: Allen Lane/ Penguin.

—(2005) The Mayor's Commission on the Creative Industries, London. In J. Hartley (ed.) *Creative Industries*. Oxford: Blackwell, pp. 117−25.

Hunter, Ian (1988) Setting Limits to Culture. *New Formations* 4, pp. 103−22.

—(1994) *Rethinking the School*. Sydney: Allen & Unwin.

Huntington, Samuel (2000) The Clash of Civilizations?. In F. Lechner and J. Boli (eds) *The Globalization Reader*. Oxford and Malden: Blackwell, pp. 27−33.

Hutchison, David (2004) Protecting the Citizen, Protecting Society. In R. C. Allen and A. Hill (eds) *The Television Studies Reader*. London: Routledge, pp. 64−78.

Hymer, Stephen (1975) The Multinational Corporation and the Law of Uneven Development. In H. Radice (ed.) *International Firms and Modern Imperialism*. Harmondsworth: Penguin, pp. 37−64.

Innis, Harold A. (1991 [1951]) *The Bias of Communication*. Intro. P. Heyer and D. Crowley. Toronto: University of Toronto Press.

International Journal of Cultural Studies (2006) Special Issue on 'Creative Industries and Innovation in China' 9 (3), September.

Iwabuchi, Koichi (2002) *Recentering Globalization: Popular Culture and Japanese Transnationalism*. Durham, NC: Duke University Press.

—(2004) Feeling Glocal: Japan in the Global Television Format Business. In A. Moran and M. Keane (eds) *Television Across Asia: Television Industries, Programme Formats and Globalization*. London: RoutledgeCurzon, pp. 21–35.

Jenkins, Henry (2006) *Convergence Culture: Where Old and New Media Collide*. New York: New York University Press.

Jessop, Bob (1990) *State Theory: Putting Capitalist States in their Place*. University Park: Pennsylvania State University Press.

—(2002) The Social Embeddedness of the Economy and its Implications for Economic Governance. In F. Adaman and P. Devine (eds) *Economy and Society: Money, Capitalism and Transition*. Montreal: Black Rose, pp. 192–222.

Johnson, Gerry, Scholes, Kevan and Whittington, Richard (2005) *Exploring Corporate Strategy: Text and Cases*, 7th edition. London: Prentice-Hall.

Johnston, Les (1986) *Marxism, Class Analysis and Socialist Pluralism*. London: Allen & Unwin.

Jordan, Tim (1999) *Cyberpower: The Culture and Politics of Cyberspace and the Internet*. London: Routledge.

Keane, Michael. (2004a) Asia: New Growth Areas. In A. Moran and M. Keane (eds) *Television Across Asia: Television Industries, Programme Formats and Globalization*. London: RoutledgeCurzon, pp. 9–20.

—(2004b) A Revolution in Television and a Great Leap Forward for Innovation? China in the Global Television Format Business. In A. Moran and M. Keane (eds) *Television Across Asia: Television Industries, Programme Formats and Globalization*. London: RoutledgeCurzon, pp. 88–104.

—(2004c) Brave New World: Understanding China's Creative Vision. *International Journal of Cultural Policy* 10 (3), pp. 265–79.

—(2005) Television Drama in China: Remaking the Market. *Media International Australia* 105, May, pp. 82–93.

—(2006) Once Were Peripheral: Creating Media Capacity in East Asia. *Media, Culture and Society* 28 (6), pp. 833–55.

Keen, Steve (2001) *Debunking Economics: The Naked Emperor of the Social Sciences*. Sydney: Pluto.

Kellner, Douglas (1990) *Television and the Crisis of Democracy*. Boulder: Westview.

— (1995) Cultural Studies, Multiculturalism and Media Culture. In G. Dines and J. M. Humez (eds) *Gender, Race and Class in Media: A Text-Reader*. Thousand Oaks: Sage, pp. 5–17.

Klein, Hans (2003) *Understanding WSIS: An Institutional Analysis of the UN World Summit on the Information Society*. Atlanta: Internet and Public Policy Project, School of Public Policy, Georgia Institute of Technology.

Klein, Naomi (2000) *No Logo*. London: Flamingo.

Korean Film Observatory (2004) *A Review of the 2004 Korean Film Industry*. Seoul: Korean Film Council.

Korzeniewicz, Miguel (2000) Commodity Chains and Marketing Strategies: Nike and the Global Athletic Footwear Industry. In F. J. Lechner and J. Boli (eds) *The Globalization Reader*. Malden and Oxford: Blackwell, pp. 155–66.

Landry, Charles (2000) *The Creative City: A Toolkit for Urban Innovators*. London: Earthscan.

—(2005) London as a Creative City. In J. Hartley (ed.) *Creative Industries*. Oxford: Blackwell, pp. 233–43.

—, Greene, Lesley, Matarasso, François and Bianchini, Franco (1996) *The Art of Urban Regeneration: Urban Renewal through Cultural Activity*. London: Comedia.

—and Wood, Phil (2003) *Harnessing and Exploiting the Power of Culture for Competitive Advantage*. A report by Comedia for Liverpool City Council and the Core Cities Group. London: Comedia, March.

Larrain, Jorge (1983) *Marxism and Ideology*. London: Macmillan (now Palgrave Macmillan).

Lash, Scott and Urry, John (1987) *The End of Organized Capitalism*. Cambridge: Polity.

—and—(1994) *Economies of Signs and Space*. London: Sage.

Lavery, David (ed.) (2002) *This Thing of Ours: Investigating the Sopranos*. New York: Columbia University Press.

Lenin, V. I. (1983 [1917]) *Imperialism: The Highest Stage of Capitalism*. Moscow: Progress.

Leo, Petrina and Lee, Terence (2004) The 'New' Singapore: Mediating Culture and Creativity. *Continuum: Journal of Media and Cultural Studies* 18 (2), pp. 205–18.

Leong, Anthony C. Y. (2002) *Korean Cinema: The New Hong Kong*. Victoria, BC: Trafford.

Lerner, Daniel (1958) *The Passing of Traditional Society: Modernizing the Middle East*. New York: Free Press.

Levinson, Paul (2001) *Digital McLuhan: A Guide to the Information Millennium*. London: Routledge.

Lewis, Glen (2003) The Thai Movie Revival and Thai National Identity. *Continuum: Journal of Media and Cultural Studies* 17 (1), pp. 69–78.

Lewis, Justin and Miller, Toby (2003) Introduction. In J. Lewis and T. Miller (eds) *Critical Cultural Policy Studies: A Reader*. Oxford and Malden: Blackwell, pp. 1–9.

Lievrouw, Leah and Livingstone, Sonia (2005) Introduction to the Updated Student Edition. In L. Lievrouw and S. Livingstone (eds) *Handbook of New Media*, Updated Student Edition. London: Sage, pp. 1–14.

Lim, Tania (2004) Let the Contests Begin! 'Singapore Slings' into Action. In A. Moran and M. Keane (eds) *Television Across Asia: Television Industries, Programme Formats and Globalization*. London: RoutledgeCurzon, pp. 105–21.

Lipietz, Alain (1987) *Mirages and Miracles: The Crises of Global Fordism*. London: Verso.

Litman, Barry (1990) Network Oligopoly Power: An Economic Analysis. In T. Balio (ed.) *Hollywood in the Age of Television*. Boston: Unwin Hyman, pp. 115–44.

Livingstone, Sonia (1999) New Media, New Audiences. *New Media and Society* 1(1), pp. 59–68.

Looseley, David (1995) *The Politics of Fun: Cultural Policy and Debate in Contemporary France*. Oxford: Berg.

Lull, James (1991) *China Turned On: Television, Reform, and Resistance*. New York: Routledge.

Lury, Celia (1994) Planning a Culture for the People?. In R. Keat, N. Whiteley and N. Abercrombie (eds) *The Authority of the Consumer*. London: Routledge, pp. 138–53.

Ma, Eric Kit-Wai (1999) *Culture, Politics and Television in Hong Kong*. London: Routledge.

MacBride, Sean and Roach, Colleen (2000) The New International Information Order. In F. J. Lechner and J. Boli (eds) *The Globalization Reader*. Oxford and Malden: Blackwell, pp. 286–92.

MacBride Report (1980) *Many Voices, One World: Communications and Society Today and Tomorrow*. International Commission for the Study of Communication Problems. Paris: UNESCO.

Magder, Ted (2004a) The End of TV 101: Reality Programs, Formats, and the New Business of Television. In S. Murray and L. Ouellette (eds) *Reality TV: Remaking Television Culture*. New York: New York University Press, pp. 137–56.

—(2004b) Transnational Media, International Trade and the Idea of Cultural Diversity. *Continuum: Journal of Media and Cultural Studies* 18 (3), pp. 380–97.

Makeham, Paul (2005) Performing the City. *Theatre Research International* 30 (2), pp. 1–12.

Malmberg, Anders and Maskell, Peter (2002) The Elusive Concept of Localization Economies: Towards a Knowledge-Based Theory of Spatial Clustering. *Environment and Planning A* 34, pp. 429–49.

Mani, Lata (1992) Cultural Theory, Colonial Texts: Reading Eyewitness Accounts of Widow Burning. In L. Grossberg, C. Nelson and P. Treichler (eds) *Cultural Studies*. New York: Routledge, pp. 392–408.

March, James G. and Olsen, Johan P. (1989) *Rediscovering Institutions: The Organizational Basis of Politics*. New York: Free Press.

Markusen, Ann (1996) Sticky Places in Slippery Space: A Typology of Industrial Districts. *Economic Geography* 72 (3), pp. 293–313.

Marshall, Alfred (1961 [1890]) *Principles of Economics*. New York: Macmillan (now Palgrave Macmillan).

Marshall, David (2000) The Mediation Is the Message: The Legacy of McLuhan for the Digital Era?. *Media International Australia* 94, pp. 29–38.

—(2004) *New Media Cultures*. London: Arnold.

Marshall, T. H. (1949) Citizenship and Social Class. In T. H. Marshall, *Class, Citizenship and Social Development*. Chicago: University of Chicago Press, pp. 81–121.

Martin, Hans-Peter and Schumann, Harald (1997) *The Global Trap: Globalization and the Assault on Democracy and Prosperity*. Trans P. Camiller. London: Zed.

Martin, Ron and Sunley, Peter (2003) Deconstructing Clusters: Chaotic Concept or Policy Panacea?. *Journal of Economic Geography* 3, pp. 3–35.

Martín-Barbero, Jesús (1993) *Communication, Culture and Hegemony: From the Media to Mediations*. Intro. Philip Schlesinger. Trans. Elizabeth Fox and Robert A. White. London: Sage.

Marx, Karl (1976 [1867]) *Capital: A Critique of Political Economy, Volume 1*. Intro. Ernest Mandel. Trans. Ben Fowkes. London: Penguin.

Mason, Sir Anthony (1996) The Internationalization of Domestic Law. 'Reshaping Australian Institutions', Australian National University Public Lecture, 2 August.

Massey, Doreen (1984) *Spatial Divisions of Labour: Social Structures and the Geography of Production*. London: Macmillan (now Palgrave Macmillan).

—(1985) New Directions in Space. In D. Gregory and J. Urry (eds) *Social Relations and Spatial Structures*. London: Macmillan (now Palgrave Macmillan), pp. 9–19.

Mastrini, Guillermo and de Charras, Diego (2005) Twenty Years Mean Nothing: From NWICO to WSIS. *Global Media and Communication* 1 (3), pp. 273–88.

Mathijs, Ernest and Jones, Janet (eds) (2004) *Big Brother International: Formats, Critics and Publics*. London: Wallflower.

Mattelart, Armand (1994) *Mapping World Communication: Wary Progress, Culture*. Trans. S. Emanuel and J. A. Cohen. Minneapolis: University of Minnesota Press.

—(2003) *The Information Society: An Introduction*. Trans. S. G. Taponier and J. A. Cohen. London: Sage.

McChesney, Robert (1999) *Rich Media, Poor Democracy: Communication Politics in Dubious Times*. Urbana: University of Illinois Press.

—(2001a) Global Media, Neoliberalism, and Imperialism. *Monthly Review* 52 (10), pp. 1–19.

—(2001b) Policing the Unthinkable. *Open Democracy*. Available from www.open- democracy.net/debates/article-8-24-56.jsp. Posted 25 October. Accessed 14 November 2004.

—(2003) Corporate Media, Global Capitalism. In S. Cottle (ed.) *Media Organization and Production*. London: Sage, pp. 27–40.

—and Foster, John Bellamy (2003) The Commercial Tidal Wave. *Monthly Review* 54 (10), pp. 1-16.

—and Schiller, Dan (2003) The Political Economy of International Communication: Foundations for the Emerging Global Debate about Media Ownership and Regulation. United Nations Research Institute for Social Development. Technology, Business and Society, Programme Paper No. 11, October.

—, Wood, Ellen Meiskins and Foster, John Bellamy (1998) *Capitalism and the Information Age: Political Economy of the Global Communications Revolution*. New York: Monthly Review Press.

McGuigan, Jim (1996) *Culture and the Public Sphere*. London: Routledge.

McKee, Alan (2002) I Don't Want to be a Citizen (If It Means I Have to Watch the ABC). *Media International Australia* 103, pp. 14–23.

—(2005) *The Public Sphere: An Introduction*. Melbourne: Cambridge University Press.

McLuhan, Marshall and Powers, B. R. (1969) *The Global Village*. Oxford: Oxford University Press.

McQuail, Denis (2005) *Mass Communication Theory*, 5th edition. London: Sage.

McRobbie, Angela (1996) All the World's a Stage, Screen or Magazine: When Culture Is the Logic of Late

Capitalism. *Media, Culture and Society* 18 (3), pp. 335-42.

—(2005a) Clubs to Companies. In J. Hartley (ed.) *Creative Industries*. Oxford: Blackwell, pp. 375-90.

—(2005b) *The Uses of Cultural Studies*. London: Sage.

Meier, Werner and Trappel, Josef (1998) Media Concentration and the Public Interest. In D. McQuail and K. Siune (eds) *Media Policy: Convergence, Concentration and Commerce*. London: Sage, pp. 38-59.

Mercer, Colin (1994) Cultural Policy: Research and the Governmental Imperative. *Media Information Australia* 73, August, pp. 16-22.

Meredyth, Denise (1997) Invoking Citizenship: Education, Competence and Social Rights. *Economy and Society* 26 (2), pp. 273-95.

Meyrowitz, Joshua (1994) Medium Theory. In D. Crowley and D. Mitchell (eds) *Communication Theory Today*. Cambridge: Polity, pp. 50-77.

Michael, James (1990) Regulating Communications Media: From the Discretion of Sound Chaps to the Arguments of Lawyers. In M. Ferguson (ed.) *Public Communications: The New Imperatives*. London: Sage, pp. 40-60.

Miège, Bernard (1989) *The Capitalization of Cultural Production*. Paris: International General.

Miliband, Ralph (1973) *The State in Capitalist Society*. London: Quartet.

Miller, Daniel and Slater, Don (2000) *The Internet: An Ethnographic Approach*. Oxford: Berg.

Miller, Peter and Rose, Nikolas (1992) Political Power Beyond the State: Problematics of Government. *British Journal of Sociology* 43 (2), pp. 173-205.

Miller, Toby (1994) Culture with Power: The Present Moment in Cultural Policy Studies. *Southeast Asian Journal of Social Science* 22, pp. 264-82.

—, Govil, Nitin, McMurria, John and Maxwell, Richard (2001) *Global Hollywood*. London: British Film Institute.

—and Yúdice, George (2002) *Cultural Policy*. London: Sage.

Milner, Andrew (1991) *Contemporary Cultural Theory*, 2nd edition. Sydney: Allen & Unwin.

Ministry of Trade and Information (MTI) (2003) *Economic Contribution of Singapore's Creative Industries*. Singapore: Ministry of Trade and Information.

Mitchell, Don (2000) *Cultural Geography: A Critical Introduction*. Oxford: Blackwell.

Mitchell, William, Inouye, Alan and Blumenthal, Marjory (2003) *Beyond Productivity: Information Technology, Innovation and Creativity*. Committee on Information Technology and Creativity, National Research Council of the National Academies. Washington, DC: National Academies Press.

Mittell, Jason (2004) A Cultural Approach to Television Genre Theory. In R. C. Allen and A. Hill (eds) *The Television Studies Reader*. New York: Routledge, pp. 171-81.

MKW Wirtschaftsforschung GmbH (2001) *Exploitation and Development of the Job Potential in the Cultural Sector in the Age of Digitization*. Final Report - Summary. Commissioned by European Commission DG Employment and Social Affairs, June.

Modelski, George (2000) Globalization. In D. Held and A. McGrew (eds) *The Global Transformations Reader*. Cambridge: Polity, pp. 55-9.

Mommaas, Hans (2004) Creative Clusters and the Post-Industrial City: Towards the Remapping of Urban Cultural Policy. *Urban Studies* 41 (3), pp. 507-32.

Moran, Albert (1998) *Copycat Television: Globalization, Program Formats and Cultural Identity*. Luton: University of Luton Press.

—(2004) Television Formats in the World/The World of Television Formats. In A. Moran and M. Keane (eds) *Television Across Asia: Television Industries, Programme Formats and Globalization*. London: RoutledgeCurzon, pp. 1-8.

—and Keane, Michael (eds) (2004) *Television Across Asia: Television Industries, Programme Formats and*

Globalization. London: RoutledgeCurzon.

Morley, David (1980) *The 'Nationwide' Audience*. London: British Film Institute.

——(1992) *Television, Audiences, and Cultural Studies*. London: Routledge.

——and Robins, Kevin (1997) *Spaces of Identity: Global Media, Electronic Landscapes and Cultural Boundaries*. London: Routledge.

Morris, Meaghan (1992) The Man in the Mirror: David Harvey's 'Condition' of Postmodernity. In E. Jacka (ed.) *Continental Shift: Globalization and Culture*. Sydney: Local Consumption, pp. 25–51.

Mosco, Vincent (1996) *The Political Economy of Communication: Rethinking and Renewal*. London: Sage.

Mulgan, Geoff (1989) *Communications and Control*. Cambridge: Polity.

——and Wilkinson, Helen (1992) The Enabling State. In P. Ekins and M. Max-Neef (eds) *Real-Life Economics: Understanding Wealth Creation*. London: Routledge, pp. 340–57.

Murdock, Graham (1992) Citizens, Consumers and Public Culture. In M. Skovmand and K. C. Schrφder (eds) *Media Cultures: Rethinking Transnational Media*. London: Routledge, pp. 17–41.

——(1993) Communications and the Constitution of Modernity. *Mediat Culture and Society* 15 (3), pp. 521–39.

——(2000) Reconstituting the Ruined Tower: Contemporary Communications and Questions of Class. In J. Curran and M. Gurevitch (eds) *Mass Media and Society*, 3rd edition, pp. 7–26.

——(2004) Past the Posts: Rethinking Change, Retrieving Critique. *European Journal of Communication* 19 (1), pp. 19–38.

——and Golding, Peter (1973) For a Political Economy of Mass Communications. In R. Miliband and J. Saville (eds) *The Socialist Register 1973*. London: Merlin, pp. 205-34.

——and Golding, Peter (1977) Capitalism, Communication and Class Relations. In J. Curran, M. Gurevitch and J. Woollacott (eds) *Mass Communication and Society*. London: Edward Arnold, pp. 12-43.

Murray, Susan and Ouellette, Laurie (eds) (2004) *Reality TV: Remaking Television Culture*. New York: New York University Press.

Nelson, Cary, Treichler, Paula and Grossberg, Lawrence (1992) Cultural Studies: An Introduction. In L. Grossberg, C. Nelson and P. Treichler (eds) *Cultural Studies*. New York: Routledge, pp. 1-22.

Neuman, W. Russell (1991) *The Future of the Mass Audience*. Cambridge: Cambridge University Press.

Newbold, Chris (1995a) The Media Effects Tradition. In O. Boyd-Barrett and C. Newbold (eds) *Approaches to Media: A Reader*. London: Edward Arnold, pp. 118-23.

——(1995b) Approaches to Cultural Hegemony within Cultural Studies. In O. Boyd- Barrett and C. Newbold (eds) *Approaches to Media: A Reader*. London: Edward Arnold, pp. 328-31.

Nielsén, Tobias (2004) *Understanding the Experience Industry: A Swedish Perspective on Creativity*. Stockholm: QNB Analys & Kommunikation AB.

Nixon, Sean (2004) *Advertising Cultures*. London: Sage.

Noam, Eli (1991) *Television in Europe*. New York: Oxford University Press.

Nolan, Peter (2004) *Transforming China: Globalization, Transition and Development*. London: Anthem.

Nordenstreng, Kaarle and Schiller, Herbert (eds) (1993), *Beyond National Sovereignty: International Communications in the 1990s*. Norwood, NJ: Ablex.

Northfield, Diane (1999) *The Information Policy Maze: Global Challenges-National Responses*. Melbourne: Centre for International Research into Communications and Information Technologies.

Nye, Joseph (2004) *Soft Power: The Means to Success in World Politics*. New York: Public Affairs.

Oakley, Kate (2004) Not so Cool Britannia: The Role of the Creative Industries in Economic Development. *International Journal of Cultural Studies* 7(1), pp. 67-77.

Obar, Jonathon (2004) Designing Globality: An Examination of the Relationship between Globalization and Popular Film Content. Paper presented to 'Communication and Globalization' meeting, Centre for Global Media Studies, Seattle, 16-17 July.

O'Connor, Justin (1999) *The Definition of 'Cultural Industries'*. Manchester Institute for Popular Culture. Available from www.mipc.mmu.ac.uk/iciss/reports/defin.pdf. Accessed 2 August 2004.

—(2004) 'A Special Kind of City Knowledge': Innovative Clusters, Tacit Knowledge and the Creative City. *Media International Australia* 112, August, pp. 131-49.

—(2005) Cities, Culture and 'Transitional Economies': Developing Cultural Industries in St Petersburg. In J. Hartley (ed.) *Creative Industries*. Oxford: Blackwell, pp. 244-58.

Ohmae, Kenichi (1995) *The End of the Nation-State*. New York: Free Press.

Ong, Aihwa (1999) *Flexible Citizenship: The Cultural logic of Transnationalism*. Durham, NC: Duke University Press.

O'Regan, Tom (1993) *Australian Television Culture*. Sydney: Allen & Unwin.

—(2002) Too Much Culture, Too Little Culture: Trends and Issues for Cultural Policy- Making. *Media International Australia* 102, February, pp. 9-24.

—(2004) The Utility of a Global Forum: UNESCO's Significance for Communication, Culture and ICTs. *Media International Australia* 111, May, pp. 63-80.

Organization for Economic Co-operation and Development (OECD) (1998) *Content as a New Growth Industry*. Paris: OECD.

—(1999) *Policy and Regulatory Issues for Network-based Content Services*. Paris: OECD.

—(2001) *The New Economy: Beyond the Hype*. Paris: OECD.

Ó Siochrú, Seán (2004) Civil Society Participation in the WSIS Process: Promises and Reality. *Continuum: Journal of Media and Cultural Studies* 18 (3), pp. 330-44.

—and Girard, Bruce, with Mahan, Amy (2003) *Global Media Governance: A Beginner's Guide*. Lanham: Rowman & Littlefield.

Owen, Bruce, Beebe, Jack and Manning, Willard (1974) *Television Economics*. Lexington: D. C. Heath.

Padovani, Claudia (2005) Debating Communication Imbalances from the MacBride Report to the World Summit on the Information Society: An Analysis of a Changing Discourse. *Global Media and Communication* 1 (3), pp. 316-38.

—and Tuzzi, Arjuna (2004) The WSIS as a World of Words: Building a Common Vision of the Information Society?. *Continuum: Journal of Media and Cultural Studies* 18 (3), pp. 360-79.

Pakulski, Jan (1997) Cultural Citizenship. *Citizenship Studies* 1 (1), pp. 73-86.

Paquet, Darcy (2005) A Short History of Korean Film. Available from www.korean- film.org/history.html. Accessed 22 July 2005.

Paré, Daniel (2003) *Internet Governance in Transition: Who Is the Master of the Domain*? Lanham: Rowman & Littlefield.

Park, Myung-Jin, Kim, Chang-Nam and Sohn, Byung-Woo (2000) Modernization, Globalization and the Powerful State: The Korean Media. In J. Curran and M.-J. Park (eds) *De-Westernizing Media Studies*. London: Routledge, pp. 111-23.

Park, Sangyoub and Shin, Eui Hang (2004) Patterns of Market Polarization and Market Matching in the Korean Film Industry. *Journal of East Asian Studies* 4, pp. 285-300.

Pasquali, Antonio (2005) The South and the Imbalance in Communication. *Global Media and Communication* 1 (3), pp. 289-300.

Pearce, Matthew (2000) Perspectives on Australian Broadcasting Policy. *Continuum: Journal of Media and Cultural Studies* 14 (3), pp. 367-82.

Peck, Jamie (2002) Political Economies of Scale: Fast Policy, Interscalar Relations, and Neoliberal Workfare. *Economic Geography* 78 (3), pp. 331-60.

—(2005) Struggling with the Creative Class. *International Journal of Urban and Regional Research* 29 (4), pp. 740-70.

Peters, R. Guy (1999) *Institutional Theory in Political Science: The New Institutionalism*. London: Continuum.

Picard, Robert (1989) *Media Economics: Concepts and Issues*. Newbury Park: Sage.

Piertse, Jan Nederveen (2004) *Globalization and Culture: Global Melange*. Lanham: Rowman & Littlefield.

Pine, B. Joseph and Gilmore, James H. (1999) *The Experience Economy: Work Is Theatre and Every Business a Stage*. Boston: Harvard Business School Press.

Pink, Daniel (2004) The MFA Is the New MBA. *Harvard Business Review February*, pp. 21–2.

Polanyi, Karl (1944) *The Great Transformation*: *The Political and Economic Origins of Our Time*. New York: Rinehart.

—(1957) The Economy as an Instituted Process. In K. Polanyi, C. M. Arensberg and H. W. Pearson (eds) *Trade and Market in the Early Empires: Economies in History and Theory*. New York: Free Press, pp. 29–52.

Polodny, Joel and Page, Karen (1998) Network Forms of Organization. *Annual Review of Sociology* 24, pp. 57–76.

Pontusson, Jonas (1995) From Comparative Public Policy to Political Economy: Putting Political Institutions in Their Place and Taking Interests Seriously. *Comparative Political Studies* 28 (1), pp. 117–47.

Porter, Michael (1998a) Clusters and the New Economics of Competition. *Harvard Business Review* 76 (6), pp. 77-91.

—(1998b) *Competitive Advantage: Creating and Sustaining Superior Performance*. New York: Free Press.

—(1998c) *On Competition*. Cambridge, MA: Harvard Business School Press.

—(2001) Location, Competition and Economic Development. *Economic Development Quarterly* 14 (1), pp. 15–34.

—and Sölvell, Örjan (1999) The Role of Geography in the Process of Innovation and the Sustainable Competitive Advantage of Firms. In A. D. Chandler, Jr, P. Hagström and Ö. Sölvell (eds) *The Dynamic Firm: The Role of Technology, Strategy, Organization, and Regions*. Oxford: Oxford University Press, pp. 440–57.

Poster, Mark (ed.) (1988), *jean Baudrillard: Selected Writings*. Cambridge: Polity.

—(2005) Culture and New Media. In L. Lievrouw and S. Livingstone (eds) *Handbook of New Media*, 2nd edition. Thousand Oaks: Sage, pp. 134–40.

Poulantzas, Nicos (1972) The Problem of the Capitalist State. In R. Blackburn (ed.) *Ideology in Social Science: Readings in Critical Social Theory*. London: Fontana, pp. 238–53.

Pratt, Andy (2000) New Media, the New Economy and New Spaces. *Geoforum* 31 (4), pp. 425–36.

—(2002) Hot Jobs in Cool Places: The Material Cultures of New Media Product Spaces: The Case of South of the Market, San Francisco. *Information, Communication and Society* 5(1), pp. 27–50.

Price, Monroe E. (1995) *Television, the Public Sphere, and National Identity*. Oxford: Clarendon.

Raboy, Marc (2002) Media Policy in the New Communications Environment. In M. Raboy (ed.) *Global Media Policy in the New Millennium*. Luton: University of Luton Press, pp. 3–16.

—(2004) The WSIS as a Political Space in Global Media Governance. *Continuum*: *Journal of Media and Cultural Studies* 18 (3), pp. 345–59.

Redhead, Steve (2004a) Creative Modernity: The New Cultural State. *Media International Australia* 112, August, pp. 9–27.

—(2004b) *Paul Virilio: Theorist for an Accelerated Culture*. Edinburgh: Edinburgh University Press.

Reich, Robert (1992) *The Work of Nations*. New York: Vintage.

Rennie, Elinor (2005). *Creative World*. In J. Hartley (ed.) *Creative Industries*. Oxford: Blackwell, pp. 42–54.

—(2006) *Community Media*: *A Global Introduction*. Lanham: Rowman & Littlefield.

Rentschler, Ruth (2002) *The Entrepreneurial Arts Leader: Cultural Policy, Change and Reinvention*. Brisbane: University of Queensland Press.

Ritzer, George (1993) *The McDonaldization of Society*. London: Sage.

Roach, Colleen (1997) The Western World and the NWICO? United They Stand?. In P. Golding and P. Harris (eds) *Beyond Cultural Imperialism: Globalisation, Communication and the New International Order.* London: Sage, pp. 94–116.

Robbins, Bruce (1998) Actually Existing Cosmopolitanism. In P. Cheah and B. Robbins (eds) *Cosmopolitics: Thinking and Feeling Beyond the Nation.* Minneapolis: University of Minnesota Press, pp. 1–19.

Roberts, J. Timmons and Hite, Amy (eds) (2000) *From Modernization to Globalization: Perspectives on Development and Social Change.* Oxford: Blackwell.

Robertson, Roland (1991) Mapping the Global Condition: Globalization as the Central Concept. In M. Featherstone (ed.) *Global Culture: Nationalism, Globalization and Modernity.* London: Sage, pp. 15–30.

Rogers, Mark, Epstein, Michael and Reeves, Jimmie (2002) *The Sopranos* as HBO Brand Equity: The Art of Commerce in the Age of Digital Reproduction. In D. Lavery (ed.) *This Thing of Ours: Investigating The Sopranos.* New York: Columbia University Press, pp. 42–57.

Rohm, Wendy Goldman (2002) *The Murdoch Mission: The Digital Transformation of a Media Empire.* New York: John Wiley.

Romer, Paul (1994) The Origins of Endogenous Growth. *Journal of Economic Perspectives* 8(1), pp. 3–22.

Rosaldo, Renato (1994) Cultural Citizenship and Educational Democracy. *Cultural Anthropology* 9 (3), pp. 402–11.

Roscoe, Jane (2004) *Big Brother* Australia: Performing the 'Real' Twenty-Four Seven. In R. C. Allen and A. Hill (eds) *The Television Studies Reader.* New York: Routledge, pp. 311–21.

Rose, Nikolas (1999) *Powers of Freedom: Reframing Political Thought.* Cambridge: Cambridge University Press.

Rugman, Alan (2000) *The End of Globalization.* London: Random House.

Rutherford, Malcolm (1996) *Institutions in Economics: The Old and the New Institutionalism.* Cambridge: Cambridge University Press.

Ryan, Bill (1992) *Making Capital from Culture: The Corporate Form of Capitalist Cultural Production.* Berlin: de Gruyter.

Sakr, Naomi (2001) *Satellite Realms: Transnational Television, Globalization and the Middle East.* London: I.B. Tauris.

—(2005) Maverick or Model? Al Jazeera, s Impact on Arab Satellite Television. In J. Chalaby (ed.) *Transnational Television Worldwide.* London: I.B. Tauris, pp. 66-95.

Sánchez-Tabernero, Alfonso, Trabanco, Alfonso, Denton, Alison, Lochon, Pierre-Yves, Mounier, Philippe and Woldt, Runar (1993), *Media Concentration in Europe: Commercial Enterprise and the Public Interest.* Dusseldorf: European Institute for the Media.

Santino, Carlos (2004) The Contentious Washington Consensus: Reforming the Reforms in Developing Markets. *Review of International Political Economy* 11 (4), pp. 828–44.

Sarikakis, Katharine (2005) Defending Communicative Spaces: The Remits and Limits of the European Parliament. *Gazette: The International Journal for Communication Studies* 67 (2), pp. 155–72.

Sassen, Saskia (2000) *Cities in a World Economy.* Oxford: Blackwell.

—(2001) *The Global City: New York, London, Tokyo,* 2nd edition. Princeton: Princeton University Press.

—(2002) Locating Cities on Global Circuits. In S. Sassen (ed.) *Global Networks, Linked Cities.* New York: Routledge, pp. 1–36.

Sayer, Andrew (1995) *Radical Political Economy: A Critique.* Oxford: Blackwell.

Schiller, Dan (1999) *Digital Capitalism: Networking the Global System.* Cambridge, MA: MIT Press.

Schiller, Herbert I. (1969) *Mass Communications and American Empire.* Boston: Beacon.

—(1976) *Communication and Cultural Domination.* New York: International Arts and Sciences Press.

—(1996) *Information Inequality: The Deepening Social Crisis in America.* London: Routledge.

—(1997) Not Yet the Post-Imperialist Era. In T. O'Sullivan and Y. Jewkes (eds) *The Media Studies Reader*. London: Edward Arnold, pp. 361–71.

Schlesinger, Philip (1991a) *Media, State and Nation: Political Violence and Collective Identities*. London: Sage.

—(1991b) Media, the Political Order and National Identity. *Media, Culture and Society* 13 (3), pp. 297–308.

—(1997) From Cultural Defence to Political Culture: Media, Politics and Collective Identity in the European Union. *Media, Culture and Society* 19 (3), pp. 369–91.

Schramm, Wilbur (1964) *Mass Media and National Development: The Role of Information in the Developing Countries*. Stanford: Stanford University Press.

Schudson, Michael (1994) Culture and the Integration of Modern Societies. *International Social Science Journal* 46 (1), pp. 63–80.

Schultz, Julianne (ed.) (1994) *Not Just Another Business: Journalists, Citizens and the Media*. Sydney: Pluto.

Schuster, J. Mark (2002) Sub-national Cultural Policy - Where the Action Is? Mapping State Cultural Policy in the United States. *International Journal of Cultural Policy* 8 (2), pp. 181–96.

Scott, Allen (1999) Regional Motors of the World Economy. In W. E. Halal and K. B. Taylor (eds) *Twenty-First Century Economics: Perspectives of Socio-Economics for a Changing World*. New York: St. Martin's, pp. 77–105.

—(2000) *The Cultural Economy of Cities: Essays on the Geography of Image - Producing Industries*. London: Sage.

—(2004a) The Other Hollywood: The Organizational and Geographical Bases of Television-Program Production. *Media, Culture and Society* 26 (2), pp. 183–205.

—(2004b) Cultural-Products Industries and Urban Economic Development: Prospects for Growth and Market Contestation in Global Context. *Urban Affairs Review* 39 (4), pp. 461–90.

Scott, John (1985) *Corporations, Classes and Capitalism*, 2nd edition. London: Hutchinson.

Scott, W. Richard (1995) *Institutions and Organizations*. Thousand Oaks: Sage.

Shaw, Martin (1997) The Theoretical Challenge of Global Society. In A. Sreberny- Mohammadi, D. Winseck, J. McKenna and O. Boyd-Barrett (eds) *Media in Global Context: A Reader*. London: Edward Arnold, pp. 27–36.

Shawcross, William (1992) *Rupert Murdoch: Ringmaster of the Information Circus*. London: Chatto & Windus.

Shrikhande, Seema (2001) Competitive Strategies in the Internationalization of Television: CNN and BBC World in Asia. *Journal of Media Economics* 14 (3), pp. 147–68.

Sinclair, John (1997) The Business of International Broadcasting: Cultural Bridges and Barriers. *Asian Journal of Communication* 7 (1), pp. 137–55.

—(1999) *Latin American Television: A Global View*. New York: Oxford University Press.

—and Harrison, Mark (2004) Globalization, Nation and Television in Asia. *Television and New Media* 5 (1), pp. 41–54.

—, Jacka, Elizabeth and Cunningham, Stuart (1996) Peripheral Vision. In J. Sinclair, E. Jacka and S. Cunningham (eds) *New Patterns in Global Television: Peripheral Vision*. Oxford: Oxford University Press, pp. 1–32.

Sklar, Robert (1994) *Movie-Made America: A Cultural History of American Movies*. New York: Vintage.

Skocpol, Theda (1985) Bringing the State Back In: Current Research. In P. B. Evans, D. Rueschmeyer and T. Skocpol (eds) *Bringing the State Back In*. Cambridge: Cambridge University Press, pp. 3–37.

Smeers, Joost (2004) A Convention on Cultural Diversity: From WTO to UNESCO. *Media International Australia* 111, May, pp. 81–96.

Smith, Anthony (1991) Towards a Global Culture?. In M. Featherstone (ed.) *Global Culture: Nationalism, Globalization and Modernity*. London: Sage, pp. 171–92.

Smith, Lenny (2001) The New Golden Age of Korean Cinema. *MovieMaker* 44. Available from www.

moviemaker.com/issues/44/index.html. Accessed 22 July 2005. Smith, Neil (1990) *Uneven Development*. Oxford: Blackwell.

—(2000) Whatever Happened to Class?. *Environment and Planning A* (32), pp. 1011−32.

Söderstrom, Ola (2005) Representation. In D. Atkinson, P. Jackson, D. Sibley and N. Washbourne (eds) *Cultural Geography: A Critical Dictionary of Key Concepts*. London: I.B. Tauris, pp. 11−15.

Soja, Edward (1989) *Postmodern Geographies: The Reassertion of Space in Critical Social Theory*. Oxford: Blackwell.

Sparks, Colin (2004) The Impact of the Internet on Existing Media. In A. Calabrese and C. Sparks (eds) *Towards a Political Economy of Culture: Capitalism and Communication in the Twenty-First Century*. Lanham: Rowman & Littlefield, pp. 307−26.

—(2005) What's Wrong with Globalization?. Paper presented to International Communications Association Conference, New York, May.

Spivak, Gaytari Chakravorty (1990) *The Post-Colonial Critic: Interviews, Strategies, Dialogues*. Ed. S. Harasym. New York: Routledge.

Star, Susan Leigh and Bowker, Geoffrey C. (2005) How to Infrastructure. In L. Lievrouw and S. Livingstone (eds) *Handbook of New Media*, 2nd edition. London: Sage, pp. 230−45.

Steger, Manfred (2003) *Globalization: A Very Short Introduction*. Oxford: Oxford University Presst

Stevenson, Deborah (2004) 'Civic Gold' Rush: Cultural Planning and the Politics of the 'Third Way'. *International Journal of Cultural Policy* 10 (1), pp. 119−31.

Stevenson, Nick (1995) *Understanding Media Culture: Social Theory and Mass Communications*. London: Sage.

Stiglitz, Joseph (2002) The Roaring Nineties. *Atlantic Monthly* 290 (3), pp. 75−89.

Stilwell, Frank J. B. (2002) *Political Economy: The Contest of Economic Ideas*. Melbourne: Oxford University Press.

Storper, Michael (1997a) *The Regional World*. New York: Guilford.

—(1997b) Territories, Flows and Hierarchies in the Global Economy. In K. Cox (ed.) *Spaces of Globalization: Reasserting the Power of the Local*. New York: Guilford, pp. 19−44.

—(2000) Geography and Knowledge Flows: An Industrial Geographer's Perspective. In J. Dunning (ed.) *Regions, Globalization and the Knowledge-Based Economy*. Oxford: Oxford University Press, pp. 42−62.

—(2001) The Poverty of Radical Theory Today: From the False Promises of Marxism to the Mirage of the Cultural Turn. *International Journal of Urban and Regional Research* 25 (1), pp. 155−79.

—and Walker, Richard (1989) *The Capitalist Imperative: Territory, Technology and Industrial Growth*. Oxford: Blackwell.

Strange, Susan (1988) *States and Markets: An Introduction to International Political Economy*. London: Pinter.

Stratton, Jon and Ang, Ien (1996) On the Impossibility of a Global Cultural Studies: 'British' Cultural Studies in an 'International' Frame. In D. Morley and K.-H. Chen (eds) *Stuart Hall: Critical Dialogues in Cultural Studies*. London: Routledge, pp. 361−91.

Straubhaar, Joseph (1991) Beyond Media Imperialism: Assymetrical Interdependence and Cultural Proximity. *Critical Studies in Mass Communication* 8(1), pp. 39−59.

—(1997) Distinguishing the Global, Regional and National Levels of World Television. In A. Sreberny-Mohammadi, D. Winseck, J. McKenna and O. Boyd- Barrett (eds) *Media in Global Context: A Reader*. London: Edward Arnold, pp. 284−98.

Streeter, Thomas (1995) *Selling the Air: A Critique of the Policy of Commercial Broadcasting in the United States*. Chicago: University of Chicago Press.

Sweezy, Paul (1987) Monopoly Capitalism. In J. Eatwell, M. Milgate and P. Newman (eds) *The New Palgrave: Marxian Economics*. London: Macmillan (now Palgrave Macmillan), pp. 297−303.

Syvertsen, Trine (2003) Challenges to Public Television in the Era of Convergence and Commercialization. *Television and New Media* 4 (2), pp. 155-75.

Tambini, Damian (2002) The New Public Interest. Paper presented to the Australian Broadcasting Authority Conference, Canberra, 26–28 May.

Tay, Jinna (2005) Creative Cities. In J. Hartley (ed.) *Creative Industries*. Oxford: Blackwell, pp. 220–32.

Taylor, Peter (1996) Embedded Statism and the Social Sciences: Opening Up to New Spaces. *Environment and Planning A* 28 (11), pp. 1917–28.

—, Walker, D. R. F. and Beaverstock, J. V. (2002) Firms and Their Global Service Networks. In S. Sassen (ed.) *Global Networks, Linked Cities*. New York: Routledge, pp. 93–115.

The Corporation (2004). Documentary by M. Achbar, J. Abbott and J. Bakan. Produced by M. Achbar and B. Simpson.

Thomas, Amos Owen (2005) *Imagi-Nations and Borderless Television: Media, Culture and Politics Across Asia*. New Delhi: Sage.

Thompson, Grahame (2003) *Between Hierarchies and Networks: The Logic and Limits of Network Forms of Organization*. Oxford: Oxford University Press.

Thompson, John B. (1991) *Ideology and Modern Culture*. Cambridge: Polity.

—(1995) *The Media and Modernity: A Social Theory of the Media*. Cambridge: Polity.

Thorburn, David (2004) *The Sopranos*. In H. Newcomb (ed.) *Encyclopedia of Television*, 2nd edition. New York: Taylor & Francis, pp. 2134–7.

Thrift, Nigel (2000) Pandora's Box: Cultural Geographies of Economies. In G. Clark, M. Feldman and M. Gertler (eds) *The Oxford Handbook of Economic Geography*. Oxford: Oxford University Press, pp. 689–704.

—(2005) *Knowing Capitalism*. London: Sage.

Thussu, Daya Kishan (2006) *International Communication: Continuity and Change*, 2nd edition. London: Edward Arnold.

Tomlinson, John (1991) *Cultural Imperialism*. London: Pinter.

—(1999) *Globalization and Culture*. Chicago: University of Chicago Press.

—(2003) The Agenda of Globalization. *New Formations* 50, pp. 10–21.

—(2004) Globalization and National Identity. In J. Sinclair and G. Turner (eds) *Contemporary World Television*. London: British Film Institute, pp. 24–8.

Tracey, Michael (1988) Popular Culture and the Economics of Global Television. *Intermedia* 16 (3), pp. 53-69.

Turner, Bryan (1997) Citizenship Studies: A General Theory. *Citizenship Studies* 1(1), pp. 5–18.

Turner, Graeme (1990) *British Cultural Studies: An Introduction*. London: Unwin Hyman.

United Nations Conference on Trade and Development (UNCTAD) (2000) *World Investment Report: Cross Border Mergers and Acquisitions and Development*. New York and Geneva: United Nations.

—(2003) *World Investment Report: FDI Policies for Development: National and International Perspectives*. New York and Geneva: United Nations.

—(2004) *High Level Panel on Creative Industries*. Eleventh session, São Paulo. Summary prepared by the UNCTAD Secretariat, 13 June. Available from www.unctad.org/en/docs/tdl379en.pdf. Accessed 27 February 2005.

—(2005) *World Investment Report 2005: Transnational Corporations and the Internationalization of R&D*. New York and Geneva: United Nations.

—(2006) *World Investment Report 2006: FDI from Developing and Transitional Economies–Implications for Development*. New York and Geneva: United Nations.

United Nations Educational, Scientific and Cultural Organization (UNESCO) (1982) *World Conference on Cultural Policies: Final Report*. Paris: UNESCO.

—(2001) *Universal Declaration on Cultural Diversity*. Adopted by the 31st session of the General Conference of UNESCO, Paris, 2 November. Paris: UNESCO.

—(2003) *Culture, Trade and Globalization: Questions and Answers*. Available from www.unesco.org/culture/industries/trade/htmleng. Accessed 4 June 2003.

—(2004) *UNESCO and the Question of Cultural Diversity: Review and Strategy, 1946-2004*. Division of Cultural Policies and Intercultural Dialogue. Paris: UNESCO.

—(2005a) *International Flows of Selected Cultural Goods and Services, 1994-2003: Defining and Capturing the Flows of Global Cultural Trade*. Paris: UNESCO.

—(2005b) *Convention on the Protection and Promotion of the Diversity of Forms of Cultural Expression*. Paris: UNESCO, 20 October.

Urry, John (1989) The End of Organized Capitalism. In S. Hall and M. Jacques (eds) *New Times: The Changing Face of Politics in the 1990s*. London: Lawrence & Wishart, pp. 94-102.

van Zoonen, Liesbet and Aslama, Minna (2006) Understanding Big Brother: An Analysis of Current Research. *Javnost-The Public* 13 (2), pp. 85-96.

Venturelli, Shalini (2005) Culture and the Creative Economy in the Information Age. In J. Hartley (ed.) *Creative Industries*. Oxford: Blackwell, pp. 391-8.

Verhulst, Stefan (2005) The Regulation of Digital Content. In L. Lievrouw and S. Livingstone (eds) *The Handbook of New Media*, Updated Student Edition. London: Sage, pp. 329-49.

Waisbord, Silvio (2000) Media in South America: Between the Rock of the State and the Hard Place of the Market. In J. Curran and M.-J. Park (eds) *De-Westernizing Media Studies*. London: Routledge, pp. 50-62.

—(2002) *Grandes Gigantes*: Media Concentration in Latin America. *Open Democracy*. Available from www.opendemocracy.org/debates/article-8-24-64.jsp. Posted 27 February. Accessed 12 August 2004.

Wallerstein, Immanuel (1991) The National and the Universal: Can There Be Such a Thing as World Culture?. In A. D. King (ed.) *Culture, Globalization and the World-System*. Albany: State University of New York Press, pp. 91-106.

Wang, Jing (2004) The Global Reach of a New Discourse: How Far Can 'Creative Industries' Travel?. *International Journal of Cultural Studies* 7 (1), pp. 9-19.

Wark, McKenzie (1994) *Virtual Geographies*. Bloomington: Indiana University Press.

—(1998) *The Virtual Republic*. Sydney: Allen & Unwin.

—(2003) *How Hollywood Works*. London: Sage.

Wasko, Janet (2003) *How Hollywood Works*. London: Sage.

Waters, Malcolm (1995) *Globalization*. London: Routledge.

Wayne, Michael (2003) Post-Fordism, Monopoly Capitalism, and Hollywood's Media Industrial Complex. *International Journal of Cultural Studies* 6 (1), pp. 82-103.

Weber, Steven (2004) *The Success of Open Source*. Cambridge, MA: Harvard University Press.

Webster, Frank (2002) *Theories of the Information Society*, 2nd edition. London: Routledge.

Weiss, Linda (1997) Globalization and the Myth of the Powerless State. *New Left Review* 225, pp. 3-27.

—(2003) Introduction: Bringing Domestic Institutions Back In. In L. Weiss (ed.) *States in the Global Economy: Bringing Domestic Institutions Back In*. Cambridge: Cambridge University Press, pp. 1-33.

Wellman, Barry (2004) The Three Ages of Internet Studies: Ten, Five and Zero Years Ago. *New Media and Society* 6(1), pp. 123-9.

Williams, Raymond (1965) *The Long Revolution*. Harmondsworth: Penguin.

—(1976) *Keywords: A Vocabulary of Culture and Society*. London: Fontana.

—(1977) *Marxism and Literature*. Oxford: Oxford University Press.

—(1980) *Problems in Materialism and Culture*. London: Verso.

—(1981) *Culture*. London: Fontana.

—(1989) Politics and Policies: The Case of the Arts Council. In R. Williams, *The Politics of Modernism: Against the New Conformists*. London: Verso, pp. 141-50. Williamson, Oliver E. (1975) *Markets and Hierarchies*. New York: Free Press.

—(1985) *The Economic Institutions of Capitalism*. New York: Free Press.

Winseck, Dwayne (2002a) Wired Cities and Transnational Communications: New Forms of Governance for Telecommunications and the New Media. In L. Lievrouw and S. Livingstone (eds) *The Handbook of New Media*, 1st edition. London: Sage, pp. 393–409.

—(2002b) The WTO, Emerging Policy Regimes and the Political Economy of Transnational Communication. In M. Raboy (ed.) *Global Media Policy in the New Millennium*. Luton: University of Luton Press, pp. 19–38.

World Summit on the Information Society (WSIS) (2003) *Declaration of Principles. Building the Information Society: A Global Challenge in the New Millennium*. United Nations and International Telecommunications Union. Available from www.itu.int/dmspub/itu-s/md/03/wsis/doc/S03-WSIS-DOC-0004!!PDF-E.pdf. Accessed 15 February 2004.

—(2005) *Tunis Agenda for the Information Society*. United Nations and International Telecommunications Union. Available from www.itu.int/wsis/docs2/tunis/off/ 6revl.pdf. Accessed 13 September 2006.

Yeatman, Anna (1998) Activism and the Policy Process. In A. Yeatman (ed.) *Activism and the Policy Process*. Sydney: Allen & Unwin, pp. 16–35.

Yeung, Henry Wai-chung (2002) The Limits to Globalization Theory: A Geographical Perspective on Global Economic Change. *Economic Geography* 78 (3), pp. 285–305.

Young, Robert (1990) *White Mythologies: Writing History and the West*. London: Routledge.

Yúdice, George (1992) Postmodernity and Transnational Capitalism in Latin America. In G. Yúdice, J. Franco and J. Flores (eds) *On Edge: The Crisis of Contemporary Latin American Culture*. Minneapolis: University of Minesota Press, pp. 1–28.

—(2003) *The Expediency of Culture: Uses of Culture in the Global Era*. Durham, NC: Duke University Press.

Yusuf, Shahid (2003) *Innovative East Asia: The Future of Growth*. Washington, DC: World Bank.

Zamagni, Stefano (1987) *Microeconomic Theory: An Introduction*. Oxford: Basil Blackwell.

Zayani, Mohamed (2005) Introduction–Al Jazeera and the Vicissitudes of the New Arab Mediascape. In M. Zayani (ed.) *The Al Jazeera Phenomenon: Critical Perspectives on New Arab Media*. London: Pluto, pp. 1–46.

Zelizer, Barbie (2004) *Taking Journalism Seriously: News and the Academy*. London: Sage.

Zha, Jainying (1995) *China Pop: How Soap Operas, Tabloids, and Bestsellers are Transforming a Culture*. New York: New Press.

Zhu, Tianbiao (2003) Building Institutional Capacity for China's New Economic Opening. In L. Weiss (ed.) *States in the Global Economy: Bringing Domestic Institutions Back In*. Cambridge: Cambridge University Press, pp. 142–60.

索 引*

9/11，34，66，163，183

Abramovitz, Moses, 阿布拉莫维兹，莫西，100

Abramson, Bram Dov, 阿布拉姆松，布拉姆·多夫，181

Absorptive capacity, 吸收能力，113

Acland, Charles, 阿克兰，查尔斯，25

action culturelle, 文化行动，175，177

action socioculturelle, 社会行动，175，177

Adám, Gyorgy, 亚当，卢卡奇，76

adaptiveness of national media Organizations, 国家媒介组织的适应能力，122

advertising, 广告业，3，9，10，34，64，71，75，77，131，152，185，188，196

aesthetics, 美学，19，52，139

Aglietta, Michel, 阿列塔，米歇尔，45

Al Jazeera, 半岛电视台，181-4，205

alliance capitalism, 资本主义联盟，93

Althusser, Louis, 阿尔都塞，路易 20，217

Altvater, Elmar, 阿尔瓦特，艾尔玛，119，120

Americanization, 美国化，125，126

Amin, Ash, 阿敏，阿什，53，54，63，64，120

Amin, Samir, 阿明，萨米尔，75

Amnesty International, 国际特赦组织，68，201

Anderson, Benedict, 安德森，本尼迪克特，18，147

Ang, Len, 昂，伦恩，40，41，125，126，145

Annihilation of space and time, 时间和空间的灭绝，119

Anti-colonial movements, 反殖民主义运动，37

APEC (Asia Pacific Economic Co-Operation), 亚太经贸合作组织，67，192

Appadurai, Arjun, 阿帕杜莱，阿尔琼，41，42，43

Armstrong, Gillian, 阿姆斯特朗，吉利安，132

art, 艺术，19，122，123，139，172，174，175，187，190

artefacts, 人工制品，2，17，23，36，67，146

Arthur, Brian, 亚瑟，布莱恩，53

articulation, 接合，8，39，42，159

Asian values debate, 亚洲价值观，161

asymmetrical interdependce, 非对称相互依赖，28，121-2，155，210

attention economy, 注意力经济，9

Auerbach, paul, 奥尔巴赫，保罗，102

Balibrea, Mari Paz, 189, 巴利伯，马里，帕斯，190

Baran, Paul, 巴朗，保罗，75

Barber, Benjamin, 巴伯，本杰明，163，211

Barnes, Trevor, 巴恩斯，特雷佛，51，52，53

Barney, Darin, 巴内，达林，106，181

Barrett, Michèle, 巴雷特，米歇尔，20，33

Baudrillard, Jean, 鲍德里亚，让，140

Beniger, James, 贝尼格，詹姆斯，15

Benkler, Yochai, 贝克拉，尤查，100

Bennett, Tony, 班尼特，托尼，48，49，143，144，148，211

Best, Michael, 贝斯特，迈克尔，103

Bhabha, Homi, 巴巴，霍米，162

Blogging, 博客，23

Bourdieu, Pierre, 布尔迪厄，皮埃尔，122

Boyer, Robert, 波伊尔，罗伯特，45，61

Braithwaite, John, 布雷斯韦特，约翰，117，130，181

broadcasting, 广播节目，1，9，17，21，32，46，79，89，104，105，121，123，127，128，149，173，175，181，182，183，194，205

---

* 索引中页码为原书页码，即本书页边码。

Spivak, Gaytari Chakravorty, 斯皮瓦克, 162
Star, Susan Leigh, 斯塔尔, 苏珊·利, 2
state agencies, 国家机构, 47, 49, 118, 206
    enabling, 授权, 178-81, 186, 213
    protective, 防护, 170, 174-6, 181, 213
    regulatory, 管理, 171-3, 181
    welfare, 福利, 157, 160, 173
Steger, Manfred, 斯蒂格, 曼弗雷德, 60, 73
Stevenson, Deborah, 史蒂文森, 黛伯拉, 142, 184, 187
Stevenson, Nick, 史蒂文森, 尼克, 26, 39
'sticky places', 黏性空间, 109
Stiglitz, Joseph, 斯蒂格利茨, 约瑟夫, 61
Stilwell, Frank J. B., 史蒂威, 弗兰克 J.B., 44, 47, 102
Storper, Michael, 斯托伯, 迈克尔, 51, 52, 62, 93, 94, 95, 108, 114, 130, 209
Strange, Susan, 斯特兰奇, 苏珊, 5
Stratton, Jon, 斯特拉顿, 乔恩, 40, 41
Straubhaar, Joseph, 斯特劳哈尔, 约瑟夫, 121, 122, 126, 210
Streeter, Thomas, 斯特里特, 托马斯, 17, 50, 104, 105, 172, 173
'strong globalization' theories, 强全球化理论, 27, 54-65, 72, 77, 82, 86, 205, 207
structuralism, 结构主义, 19, 20, 47
sub-national media and cultural policy, 184-90, 亚国家媒介和文化政策
supra-national media and cultural policy, 超国家媒介和文化政策, 29, 58, 60, 61, 171, 191, 193, 196, 197, 206, 213
surveillance, 监督, 26, 200
Sutcliffe, Bob, 萨克里夫, 鲍勃, 61, 62, 82, 86
Sweezy, Paul, 斯威齐, 保罗, 75
symbolic
    forms, 象征格式, 1, 2, 19, 141, 163
    power, 权力, 5, 6, 8, 18, 27, 31
Syvertsen, Trine, 赛弗森, 特莱因, 149

Tambini, Damian, 谭宾尼, 达米安, 173
tariffs, 关税, 67
Tay, Jinna, 泰, 金娜, 162, 185, 188, 190
Taylor, Peter, 泰勒, 彼得, 169, 185
Taylor, Rosemary, 泰勒, 罗丝玛丽, 44, 45
technologies, 技术, 4, 10, 15, 18, 21-4, 25, 26, 30, 37, 41, 63, 67, 73, 77, 78, 80,
94, 108, 128, 138, 141, 145, 161, 164, 176, 180, 202, 205, 206, 212, 213
of government, 政府, 48, 143
technoscapes, 技术景观, 41
telecommunications, 电信学, 32, 35, 67, 71, 80, 82, 83, 86, 87, 173, 178, 193, 199, 208
telephony, 电话学, 1, 23, 127
telenovela, 肥皂剧, 121, 126
television, 电视, 1, 2, 11, 12, 13, 18, 22, 25, 36, 40, 64, 73, 76, 78, 79, 88, 89, 90, 104, 105, 109, 112, 115, 116, 117, 118, 121, 122, 127, 128, 131, 132, 134, 136, 138, 140, 149, 160, 161, 172, 173, 178, 182, 196
territorialization, 按地区分配, 94, 参见 deterritorialization text, 2, 20, 21, 22, 23, 34, 39, 40, 43, 67, 78, 140, 203
Third World, 第三世界, 7, 75, 76, 78, 201, 202
Thomas, Amos Owen, 托马斯, 阿摩斯·欧文, 127, 128
Thompson, E. P, 汤普森, E.P, 20
Thompson, Grahame, 汤普森, 格雷厄姆, 61, 107, 108, 165, 181
Thompson, John B., 汤普森, 约翰.B, 1-2, 3, 5-6, 19, 124, 141
Thomson Corporation, 汤姆森公司, 71, 85
Thorburn, David, 索布恩, 大卫, 105
Thrift, Nigel, 斯里夫特, 奈杰尔, 52, 53, 120
Thussu, Daya Kishan, 达索, 达亚·基尚, 33, 71
Time Warner, 时代华纳, 76, 83, 84, 86, 121, 208
TNCs (transnational corporations), 跨国公司, 27, 57, 58, 59, 60, 70, 73
TNI (transnationality index), 跨国指数, 59, 70, 85-8
Tomlinson, John, 汤姆林森, 约翰, 119, 120, 125, 145, 155, 162, 168, 169, 202, 211
tourism, 旅游业, 142, 147, 176, 177, 184, 185, 188
Tracey, Michael, 特雷西, 迈克尔, 122, 127
TRIPS (Trade-Related Intellectual Property Services), 与贸易有关的知识产权, 213
Turner, Bryon, 特纳, 布里因, 157
Turner, Graeme, 特纳, 格雷姆, 21
Tuzzi, Arjuna, 阿朱娜, 203